제3판

아동수학지도

서소정 · 문혁준 · 김정희 · 부성숙
신희이 · 강인숙 · 김민석

창지사

머리말

21세기 현대사회에서는 수학적 · 과학적 탐구능력이나 문제해결능력, 창의력, 의사소통기술 등과 같은 역량을 갖춘 인재를 어떻게 양성하는가에 따라 국력이 좌우된다. 최근 뇌과학 연구결과에 따르면 이러한 핵심역량, 특히 수학적 능력이나 문제해결능력 발달을 담당하는 대뇌의 전두엽은 만 3~6세 시기에 집중적으로 발달한다고 한다. 따라서 정보화, 첨단 과학기술시대를 살아가는 데 있어 가장 보편적이고 필수적 능력의 하나인 수학능력을 발달시키는 데 기초를 형성하는 영유아기에 수학교육에 대한 최신 연구동향을 탐독하고, 이에 기초한 교육내용과 교수-학습법, 평가 등에 관한 전반적인 내용을 다루어 보는 것은 매우 시의적절하다고 본다.

하지만 유아교육 및 보육 현장에서 일하는 현직 교사들 역시도 수학교육에 대해서는 다른 분야에 비해 다소 소극적이거나 교수법에 관하여 상대적으로 어려워하는 경향이 있는 것으로 나타났다. 영유아기에 형성되는 수학적 소양과 토대는 단지 초등학교 수학을 일찍 학습할 수 있도록 선행학습을 시키는 것이 아니라, 일상생활 속 비형식인 다양한 수학적 경험을 통해 수학의 기본 개념을 습득하고, 규칙과 논리를 구성해 가는 의미 있는 경험의 축적된 결과를 의미한다. 즉, 영유아기는 주변에 대한 왕성한 호기심으로 끊임없이 질문을 제기하고 이러한 지적 호기심과 탐구심은 사고력 및 문제해결 발달에 중요한 자양분이 된다. 이 시기의 수학적 능력은 직관이나 구체적 경험을 통한 관찰에서 시작하여 추상적인 수학적 관계나 원리의 이해로 발달한다. 따라서 영유아기는 이러한 수학적 능력의 토대를 구축하는 시기이므로, 일상 속에서 교사는 다양한 수학적 비형식적인 경험을 제공하는 것이 중요하다.

상술한 바와 같이, 첨단 과학기술이 급속도로 발달하는 현대사회에서 합리적 · 논리적 특성의 수학적 사고능력과 태도를 영유아기부터 올바르게 형성하는 것은 이후 개인의 삶에도 중요한 영향을 미친다. 이에 영유아가 주변 환경에 호기심을 가지고 탐구하며 일상생활 속에서 수학적으로 생각하는 능력과 태도를 기르려면 유치원 및 어린이집 현직 교사는 잘 가르쳐야 하며, 아울러 미래의 영유아의 수학교육을 담당하게 될 예비유아교사 역시 영유아기 수학교육의 중요성에 대한 올바른 이해가 선행되어야 할 것이다.

이에 우리 정부에서도 학령 전기(영유아기)의 질 높은 수학교육의 중요성을 인식하여 2013년에 만 3~5세 누리과정(아동수학지도 관련 수학적 탐구하기 영역)을 제정하였다. 그 이후에도 몇 차례의 부분 개정을 통해 국가적 수준에서 유치원과 어린이집에서 적용할 수 있도록 영유아 수학교육과정의 목표, 방향, 내용 구성 및 운영 전반에 관하여 지침을 마련하고 이를 관련 현장에 지원해 왔다. 그러나 연령별로 엄격하게 교육내용을 세분화하였다는 점과 더불어 교육내용이 너무 과다하다는 등 지속적인 현장의 논란에 대한 대안으로, 2019년 정부는 미래사회에 부응할 수 있는 기본 역량을 중심으로 누리과정을 전면적으로 개편하였다.

2019 개정 누리과정에서는 새로운 시대의 요구에 따라 교육내용을 간략화하고 기존의 교사 중심 교수-학습에서 탈피하여 유아가 주도하는 놀이를 통해 배움과 학습이 구현될 수 있도록 유아놀이 중심 교육과정에 초점을 두고 있다. 특히, 2019 개정 누리과정에서는 국가수준의 공통 기준을 최소화하여 교사의 자율성과 다양성을 존중하였으며, 유아 중심의 놀이를 통해 교사는 유아와 함께 교육과정을 함께 실천해 가는 것을 본 개정 누리과정의 목표로 두었다.

본서는 크게 제1부 '아동수학지도의 이해', 제2부 '아동수학교육의 내용', 제3부 '아동수학교육의 방법', 그리고 제4부 '아동수학교육의 실제'로 구분되며, 총 9장으로 구성되어 있다. 제1부 아동수학지도의 이해(1~3장)에서는 영유아의 발달특성에 적합한 수학지도를 위한 이론적 토대를 제공하는 제반 이론들과 최신 연구 경향을 요약하여 제시하였다. 제2부 아동수학교육의 내용(4장)에서는 국가적 수준의 0~2세 표준보육과정과 3~5세 개정 누리과정에서의 수학교육의 목표와 내용을 다루었다. 제3부 아동수학교육의 방법(5~7장)에서는 바람직한 영유아기 수학지도를 위한 교사의 역할과 상호작용, 물리적 환경 구성의 기본조건, 그리고 영유아의 수학능력을 평가하기 위한 다양한 평가방법에 관한 내용으로 구성되었다. 마지막으로 제4부 아동수학교육의 실제(8~9장)에서는 최근 연구동향과 교육 접근의 흐름을 반영하여 영유아의 일상생활 속에서 다른 분야와 연계하여 통합적으로 수학적 기본지식과 기술능력을 발달시킬 수 있는 다양한 활동들을 소개하였다.

이상과 같은 체계와 내용으로 구성된 본서를 집필하는 데 있어 서소정, 문혁준, 김정희, 부성숙, 신희이, 그리고 강인숙, 김민석 교수님께서 수고해 주셨다. 본서 내용을 참고하여 아동수학지도를 이론적으로 학습하고, 2019 개정 누리과정에서 추구하는 유아 중심의 놀이활동 속에서 교육적 경험으로 이어질 수 있도록 예비교사로서의 실천 역량을 키울 수 있기를 바란다. 또한, 본서를 집필하고 출간하는 과정에서 발견된 미흡한 부분들은 이후 지속적인 보완작업을 통해 완성도를 높여 나갈 수 있을 것으로 기대하며, 아낌없는 조언을 부탁드린다.

마지막으로 본서가 출간되기까지 적극적인 지원을 제공해 주신 창지사 관계자 여러분께 진심으로 감사드린다.

2020년 2월

저자 일동

차례

제2부 아동수학교육의 내용

제3부 아동수학교육의 방법

제1부 아동수학지도의 이해

1장 아동수학지도의 기초

'수학교육은 언제부터 시작해야 하는가?'에 대한 답은 '태어나면서부터'이다. 왜냐하면 수학은 일상생활과 연관이 있고, 수학을 통하지 않고서는 일상생활이 전개될 수 없기 때문이다. 무엇보다 영아기부터 수학적인 호기심이 본능적으로 형성되고 활용되고 있기 때문이다.
본 장에서는 아동수학지도의 기초가 되는 측면들을 살펴보고자 한다. 먼저 아동수학지도의 개념에 대해 정리하고, 아동수학지도가 왜 중요한지를 몇 가지 관점에서 제시한다. 또한, 아동수학지도의 목표를 정리해 보고 관련된 교사의 역할을 조명해 보고자 한다. 이어서 아동수학지도가 나아가야 할 방향에 대해 살펴보고자 한다.

1 아동수학지도의 개념

수학은 물건을 헤아리거나 측정하는 것에서 시작되는 수(數)와 양(量)에 관한 학문으로 다른 학문의 기초가 되기도 하며, 인류의 역사상 가장 오래전부터 발달해 온 학문이다(두산백과). 많은 사람들은 수학(數學, mathematics)을 단순히 수를 이용한 계산기술로 보거나 생활과는 거리가 먼 어렵고 딱딱한 학문으로 여긴다. 그러나 수학을 의미하는 'mathematics'라는 단어의 어원은 그리스어의 '배우는 모든 것(mathema)'과 '학습을 즐거워하는 마음(mathematikos)'이라는 뜻에서 유래되었다(문연심, 2009).

수학을 한 문장으로 정의하는 것은 쉽지 않은데, 수학의 개념과 정의는 시대에 따라 변화해 왔다. 과거에는 수학을 '수와 크기의 과학(科學, science)'이라고 했으나, 현재 수학은 수와 크기라는 개념으로만 함축할 수 없는 고도의 추상적인 개념들을 다루고 있다. 수학은 수, 크기, 꼴에 대한 사고로부터 유래한 추상적인 대상들을 다루는 학문으로, 숫자와 기호를 사용하여 이러한 대상들과 대상들의 관계를 공리적 방법으로 탐구하는 학문이라고 할 수 있다(네이버 지식백과).

이처럼 수학은 역사적으로 여러 학문의 기초가 되었으며, 생활에 필요한 중요한 수단이 되었음에도 불구하고 많은 아동이 수학에 대한 공포감을 갖고 가장 싫어하는 과목으로 인식하고 있다. 이는 수학이 잘못된 고정관념에서 출발했음을 확인할 수 있다.

수학에 관한 잘못된 인식

- 수학은 잘하는 사람과 못하는 사람이 따로 있다.
- 수학은 산수와 같은 것이다.
- 수학을 가르치려면 교과서나 교재가 필요하다.
- 계산기는 머리를 녹슬게 할 것이다.
- 셈하기에는 연필과 종이가 필요하다.
- 수학활동을 위해 고안된 조작 교구가 수학을 가르친다.
- 연습을 많이 하고 설명을 들으면 수학을 배울 수 있다.
- 능력별로 집단을 나누어 수학교육을 해야 한다.
- 실제 활동 중에는 평가를 할 시간이 충분하지 않다.

출처: Smith(1997); 라정숙(2012) 재인용.

미국수학교사협회(NCTM: The National Council of Teachers of Mathematics, 2000)에서는 수학교육 사상 처음으로 영유아기부터 12학년까지의 연계적인 수학교육 기준을 제시하였다. 고도로 발달된 현대사회를 살아가는 영유아는 누구나 자신이 가지고 있는 수학적 능력을 활용하여 생활의 문제를 논리 · 수학적으로 해결해야 한다는 것이다. 영아도 이미 간단한 수학능력을 가지고 태어남을 인식하고, 수학에 대한 흥미와 태도를 형성하는 결정적인 시기임을 고려하여 발달에 적합한 수학적 소양을 갖추도록 하는 것은 중요하다고 본다.

실제로 영유아는 태어날 때부터 산술적 추론능력과 양과 관련된 간단한 덧셈과 뺄셈 등 연산능력을 가지고 있으며, 수학적 감각을 지닌 문제해결자이다(라정숙, 2012). 왜냐하면, 유아는 주변의 흥미 있고 신기한 것들에 관해 그냥 지나치지 않고 스스로 사고하고 문제를 해결하기 위해 끊임없이 질문하고 활동하기 때문이다. 유아가 경험하는 수학은 생활 주변에서 쉽게 부딪힐 수 있는 수학적 상황이나 재료들을 통해 일상 속에서 늘

경험하고 있는 것으로, 일상생활과 거리가 먼 것이 아니라 놀이 상황이나 생활 속에서 익숙하게 다루어지고 있는 것임을 알 수 있다.

유아가 생활 속에서 부딪히는 수학적 상황

- 우리 반 친구는 모두 몇 명일까? 오늘 두 명이 결석했으니까 몇 명이 유치원에 온 걸까?
- 선생님의 전화번호는 무엇일까? 숫자가 모두 몇 개지?
- 오늘은 며칠이지? 몇 밤을 자면 소풍을 가게 될까?
- 컵에 있는 주스 중 가장 양이 많은 것은 어떤 것일까?
- 피자가 8조각인데 친구는 모두 다섯 명이네. 어떻게 나누어야 공평할까?
- 가게에서 산 물건값은 모두 얼마지? 가장 비싼 것과 싼 것은? 내가 지불하고 남은 돈은 얼마일까?
- 우리 반에서 가장 무거운 놀잇감과 가장 가벼운 놀잇감은 무엇일까?
- 과일꼬치 만들기 요리활동 후 친구의 꼬치와 내가 만든 꼬치의 차이점은 무엇일까?
- 우리 반 친구들이 가장 좋아하는 반찬은 어떻게 알아낼 수 있을까?
- 화장실에 있는 물건 중 가장 큰 것과 두 번째로 큰 것, 가장 작은 것은 무엇일까?
- 우리 집에서 가장 넓은 공간과 가장 좁은 공간은 어디일까?
- 견학을 가야 하니까 키 순서대로 줄을 서야 하는데, 나는 몇 번째일까?
- 벌집의 모양은 어떻게 생겼을까? 내 몸에서 동그란 모양은 어느 부분일까?

이와 같이 유아가 수를 인식하고 상징을 이해하며 수학을 배우는 과정은 자신이 주위의 사물과 환경을 어떻게 지각하고 수량화하며 이를 일상생활과 어떻게 연관 짓느냐에 영향을 받게 된다. 그러기에 교사는 생활 속의 수학적 상황이나 유아의 수학적 질문에 적질하게 반응해 주어야 한다.

여러 학자가 정리한 아동수학지도의 개념을 살펴보면 다음과 같다. Shaw와 Blake (1998)는 '수학이란 일상생활 속에서 규칙성을 지각하고 자료를 이해하며 올바른 판단과 행동을 하게 하는 것'이라고 보았다. 예를 들면, 유아교육기관에서 이루어지는 하루일과를 규칙적으로 경험하면서 앞으로 이루어질 상황에 대한 계획된 행동이나 준비를 수

월하고 안정적으로 할 수 있게 된다. 이처럼 수학은 단순한 덧셈과 뺄셈의 계산기술뿐만 아니라 생활 경험을 재조직하고 주변을 편리하게 다루기 위한 방법까지도 포함한다.

Kamii(1988)는 아동수학지도를 '수학현상을 탐구할 때 수학자들과 동일한 사고과정을 유아가 일상생활 중에 부딪히는 문제에 자율적으로 적용하는 과정'으로 보았다. 즉, 수학은 질서를 부여하고 세상을 조직하는 원리로서, 일상생활에 응용되고 생활 속에서 다루는 사물이 수학적인 자료가 될 수 있다.

Baroody(2000)는 '어림셈, 측정, 계산이 포함된 수 감각의 발달을 강조하고, 일상생활의 다양한 상황을 수 관계를 가르치는 데 사용해야 함'을 아동수학지도의 핵심 개념으로 강조한다. 이를 통해 교실에서 수 세기, 비교하기, 측정하기가 가능한 한 많이 일어나도록 해야 함을 주장한다.

국내의 권영례(2003)는 아동수학지도를 '유아의 발달 수준과 기존의 지식과 경험, 흥미를 고려하여 수학의 기초원리와 개념을 학습하도록 돕고, 수학적 기능을 통해 문제를 해결해 나갈 수 있게 지원하고 촉진하는 환경을 제공하는 일'이라고 본다. 더불어 유아 스스로가 물체를 탐색하고 조작하며, 교사와 또래와의 언어적 상호작용을 기초로 실제 문제 상황을 수학적으로 추리하여 해결하는 경험을 제공하는 것으로 정의한다.

김현자 외(2008)의 경우 수학지도의 대상과 내용적 · 방법적 측면을 고려하여 개념을 정리하고 있다. '영유아의 독특한 발달적 특징을 고려하여 교육현장 및 일상생활 속에서 수학활동과 관련된 다양한 경험을 통해 수학의 기본 개념과 원리를 학습할 수 있는 기회를 제공하는 것'과 '이러한 경험을 통하여 습득된 수학적 지식과 기술, 나아가 복합적 사고능력을 가지고 유아가 자신의 삶을 구성해 나가는 데 있어 부딪히는 많은 문제들을 창의적으로 해결하여 긍정적인 수학태도를 형성하도록 도와주는 것'이 아동수학지도의 개념에 해당한다.

정리해 보면, 아동수학지도의 개념은 '수학적 성향을 지닌 영유아가 일상생활 가운데 수, 양, 도형, 시간, 공간, 패턴, 측정, 확률 등의 여러 관계를 구체적으로 경험하고 분석하며 문제해결을 하는 수학적 과정을 통해 수학의 기본적인 감각을 기르고 개념을 습득하며, 수학에 대한 가치와 필요성을 알고 수학에 관한 호기심과 긍정적인 태도를 촉진시키는 것'이라 할 수 있다. 이와 관련한 교사의 역할은 독립된 인격체인 유아가 스스로 주변에서 수학에 관한 정보를 수집하고, 수학 내용을 추론하며, 그 문제를 해결해 나가도록 배려하고 권장하는 환경을 조성하는 것으로 볼 수 있다.

2 아동수학지도의 중요성

수학은 산업화 · 정보화 사회를 살아가는 인간생활을 위한 필수적인 도구이다. 일상생활과 친밀한 관계를 맺고 있는 수학은 자신의 환경에 대한 인식을 도모하여 문제를 해결하기 위한 수단이 된다.

유아를 대상으로 한 교육은 유아기의 발달을 고려해서 발달적 요구에 적합해야 한다. 수학도 예외가 아니다. 유아기의 발달특성은 인지적으로 구체물을 통해 지각하고 추론하는 인지적 한계를 가지고 있다. 즉, 유아는 상징을 통한 추론을 하기 어렵기 때문에 유아기의 독특한 특성을 고려해서 수학교육이 진행되어야 한다. 유아는 일상생활 속에서 충분한 수학적 경험을 형성하고 있으나 머릿속에서는 조직되지 못하고 있다. 그러므로 수학적 경험을 적절히 조직하여 그 안에서 수학적 관련성을 형성할 수 있도록 지원하는 역할이 필요하다.

유아를 능동적으로 성장 발달해 가는 존재로 볼 때, 유아가 스스로 주변에서 정보를 수집하고 사고를 형성할 수 있는 기회를 주는 것이 요구된다. 특히, 유아는 성장하면서 주변의 세계와 사물, 사건을 인식하고 수와 양, 형태 간의 관계를 지각하면서 수학의 기본 감각 및 개념을 형성해 나간다. 사고의 발달은 이러한 수학적 기본 감각과 개념을 형성하는 것을 기초로 이루어지므로 유아를 대상으로 한 수학지도는 중요한 역할을 한다. 또한, 유아기에 획득한 수학에 대한 태도는 이후에 계속적으로 학습에 영향을 미칠 수 있다는 측면에서 적절한 수학지도가 필요하다고 볼 수 있다.

수학은 인간의 삶에서 필수적인 도구로서 일상생활과 밀접한 관계를 가지면서 문제를 해결하기 위한 수단이 된다. 이상의 측면을 감안할 때 유아기의 수학지도는 다음과 같은 이유로 중요성을 정리해 볼 수 있다.

첫째, 일상생활에서 경험하는 문제들을 사고하고 해결해 보는 수학적 과정을 통해 보다 합리적이고 객관적인 생활태도를 형성하며 문제해결능력을 발달시킬 수 있다. 수학교육을 통해 유아는 일상생활에서 수학을 이해하고 수학적 기술을 사용하는 능력을 개발하여 수학적 소양을 형성하게 된다. 수학적 소양이 있는 사람은 적절한 시기에 적절한 방법으로 비판적 사고와 질문을 하고, 미신이나 주관적인 감정에 의존하기보다는 합리적인 이성에 기초해서 의사를 결정하는 특징이 있다. 이러한 소양은 유아기부터 다양한 수학활동을 접하면서 형성할 수 있다.

유아기는 자신의 일상생활과 놀이 장면에서 해결해야 할 문제들이 많다. 이때 시행착오와 실수를 경험하면서 다양한 방법으로 문제를 해결해 보는 과정을 통해 수학의 개념과 기술을 깨달을 수 있다. 구체적으로 일상생활과 관련하여 수의 기초개념 이해하기, 분류하기, 순서 짓기, 기초적인 측정하기, 시간과 공간, 도형의 기초개념 이해하기, 기초적인 통계와 관련된 경험하기 등과 관련된 활동을 하면서 수학적인 문제해결방법을 학습한다(김현자, 2008). 예를 들면, 음식점 놀이를 하는데 음식의 종류를 분류해서 놀이 상황을 만들어야 하고, 손님이 몇 명인지에 따라 쟁반과 포크를 나누어 주어야 하고, 음식을 만드는데 소요되는 시간을 어림잡아야 하며, 음식값을 지불할 때 모두 얼마인지와 거스름돈을 얼마나 받아야 하는지를 계산하게 된다.

둘째, 유아기는 수학에 대한 흥미를 경험하기에 최적의 시기이다. 유아기에 형성된 습관과 태도는 평생을 걸쳐 영향을 준다. 유아기에 생활 속에서 즐겁게 수학활동을 경험한다면 수학에 대한 흥미를 이때부터 발달시켜 가고 긍정적인 태도를 형성할 수 있다. 영아기에 형성된 태도와 습관은 성장 후에도 쉽게 변하지 않는다는 발달의 원리를 감안할 때, 수학에 대한 긍정적인 태도와 흥미를 갖게 하는 것은 중요하다. 활동중심의 수학 경험은 수학이 어렵고 지루한 교과라고 인식하기보다는 수학에 대한 가치 및 활용성과 긍정적인 태도를 유아기부터 형성하는 것을 돕는다. 수학에 대한 즐거움과 성취감은 저절로 형성되지 않는다. 그러기 위해 유아에게 적절한 환경이 제공되어야 한다.

영아를 대상으로 한 연구결과에 의하면 이미 출생 시에 영아는 간단한 뺄셈과 덧셈과 같은 수 연산능력을 가지고 태어난다. 이는 태어나면서부터 인간은 자신이 속한 주변 환경에 대해 지속적인 호기심을 갖고 탐색하려는 본능적인 욕구가 있음을 의미한다. 따라서 타고난 영아의 수학적 본능이 잘 발휘될 수 있도록 적절한 수학환경을 제공하는 것이 필요하다. 이러한 영아기 때부터 경험하는 수학에 대한 즐거움과 성취감은 이후의 수학활동에 대한 흥미를 형성하는 데 원동력이 될 것이다.

셋째, 유아기의 수학적 경험은 인지발달의 원동력이 된다(한유미, 2009). 유아기의 수학적 경험은 논리적인 사고와 문제해결의 기초를 형성함으로써 인지발달의 핵심능력이 된다. 유아가 생활 속에서 사회현상이나 자연현상을 생각하고 분석할 때 수학을 사용하기 때문에 수학능력의 획득은 일반적인 인지발달과 연관이 있다. 수를 세거나 양, 길이, 무게, 시간 등을 측정해 볼 수 있는 수학과 관련된 활동 자료들을 제공해 주고, 수학적 과정이나 원리를 함께 추론해 보는 기회를 유아와 교사가 함께 공유하는 것이 필요하다. 또한, 교사는 수학과 관련된 어휘를 사용하여 자연스럽게 유아가 수학용어에 친숙해지고 관련 의미를 개념화시킬 수 있게 돕는 역할을 해야 한다. 이러한 상호작용의 과정을 통해 유아는 이전보다 더 수학에 대한 상위개념이나 원리를 파악할 수 있고 인지발달을 촉진하게 된다.

초등학교의 수학교과에 필요한 학습능력은 유아기의 수학적 경험을 통해 얻어진 논리적 구조나 전략 등이 기초가 된다(김현자 외, 2008). 만약, 유아기에 적절한 수학활동을 충분히 경험하지 못하게 되면 이후의 인지발달이나 초등학교에서 경험하는 학습능력에도 부정적인 영향을 줄 수 있다.

넷째, 유아기의 수학 경험은 신체발달 및 사회성 발달을 촉진한다. 유아기의 수학학습방법은 일반적으로 학습지를 통한 방식이 아닌 오감을 활용하면서 생활 가운데 활용되는 실물이나 교구를 조작하면서 진행된다. 윷놀이를 하거나 퍼즐 조각 맞추기, 양팔저울에 무게 달기, 과녁에 숫자만큼 맞추기 등의 활동을 통해 대근육 발달은 물론 눈과 손의 협응력과 소근육을 사용한 기술이 정교해진다.

이처럼 교사 중심의 주입식 활동이 아닌 수학과 관련된 게임이나 다양한 활동을 또래들과 함께 진행함으로써 유아가 협동심과 공동체 의식을 형성할 수 있게 되고, 양보심, 차례 지키기 등 사회적인 규칙을 습득할 수 있다. 또래 간의 긍정적인 상호작용은 심리적인 안정감을 제공하여 정서발달에도 기여하게 된다.

다섯째, 유아기의 수학 경험은 언어발달을 촉진한다. 여러 사람들과 더불어 살기 위해 필수적인 능력이 의사소통능력이다. 수학활동을 하는 가운데 유아는 또래나 교사와 상호작용하면서 새롭고 다양한 수학적 어휘를 획득할 수 있고, 책이나 영상 등의 대중매체를 통해서도 수학적 개념을 습득할 수 있다. 수학의 특징이 정확성과 구체성, 객관성 등이라고 볼 때, 수학활동을 하면서 자신과 다른 의견을 가진 사람에게 자신의 생각과 의견을 언어를 통해 정확히 표현할 수 있는 기회를 얻을 수 있다. 이러한 과정 속에서 자신의 생각을 설득시키는 기술과 다른 사람과 타협하는 능력을 공유할 수 있다. 그러므로 유아기 수학활동은 집단 속에서 수학적 원리를 발견하고 공유하는 과정을 겪으며 언어발달과 의사소통능력이 향상될 수 있다.

3 아동수학지도의 목표

아동수학지도의 목표는 초 · 중등학교의 수학교육의 목표와 마찬가지로 수학적 사고의 형성과 촉진을 도모하는 것이다. 이와 연관해서 미국수학교사협회(NCTM, 2000)에서 제시한 수학교육의 목적은 수학적 소양이 반영되어야 함을 강조하면서 유치원에서 12학년에 이르기까지 모든 학생들에게 공통적인 수학교육의 목적을 다음과 같이 제시한다.

첫째, 수학의 가치를 이해한다.
둘째, 수학을 학습하는 자신의 능력에 자신감을 갖는다.
셋째, 수학적 문제해결자가 된다.
넷째, 수학적으로 의사소통하는 것을 학습한다.
다섯째, 수학적으로 추론하는 것을 학습한다.

국내의 김현자 외(2008)는 아동수학지도의 목적을 영유아기부터 일상생활 속에서 수학활동을 통해 수학의 가치와 수학적 기초개념 및 원리를 이해하고, 동시에 현대사회에서 절실히 요구되는 논리적 사고력을 바탕으로 창의적으로 문제를 해결하고, 나아가 문제해결력을 토대로 의사결정능력을 배양하여 자신의 삶에 적극적으로 활용해서 성공적인 경험을 해 봄으로써 수학학습에 대한 관심과 흥미를 갖게 하는 것으로 본다.

권영례와 이순형(2008)은 유아를 대상으로 한 수학교육의 목표를 4가지 차원에서 제시한다.

첫째, 유아는 수학적 문제해결력, 탐구력 및 추리적 사고능력을 기른다.
둘째, 유아는 수학적 지식과 기술을 습득한다.
셋째, 유아는 수학에 대한 긍정적 태도와 수학학습에 대한 가치를 인식한다.
넷째, 유아는 수학적 사고를 통해서 논리능력을 신장시킨다.

이외에도 계산기나 컴퓨터 등의 수학적 기능을 담당하는 기기에 대한 기능 이해를 추가할 수 있다(이순형 외, 2015). 최근에 계산기와 컴퓨터 등의 기기는 수학과정에 더 많이 통합되어 가고 있다. 이 기기들은 수를 계산할 때만 활용되는 것이 아니라 수학 개념과 기술을 명확하게 하기 위해 사용된다. 유아가 어려운 문제에 부딪쳤을 때 이러한 기기를 사용하여 문제를 해결하려는 욕구와 자신감을 더 쉽게 가질 수 있다.

현재 우리나라 국가수준의 표준보육과정과 누리과정 속에 제시된 수학지도의 목표를 살펴보면 〈표 1-1〉과 같다.

〈표 1-1〉 표준보육과정/누리과정에 나타난 영유아 수학교육의 목표

표준보육과정		누리과정
0~1세	2세	3~5세
주변에서 일어나는 수학적 상황을 지각한다.	주변에서 경험하는 수학적 상황을 인식한다.	생활 속의 여러 상황과 문제를 논리·수학적으로 이해하고 해결하기 위한 기초능력을 기른다.

위의 내용들을 정리해 보면, 아동수학지도는 유아의 수학적 사고능력의 발달과 수학적 지식 및 기술의 향상, 수학에 대한 긍정적인 태도를 목표로 둔다.

4 아동수학지도의 방향

수학교육의 목적과 그에 따른 내용 및 방법은 시대의 흐름을 반영한다. 과거에는 수학지식이 관련 직업에 종사하는 수학자나 과학자만 전유하는 능력으로 여겨져 왔지만 고도의 지식정보화 사회인 현재는 모든 사람에게 수학적 소양이 필요하게 되었다. 심리학의 발달이 전성기를 보인 20세기 이후부터는 수학교육의 방법적인 측면에서 많은 변화를 가져왔고, 이에 따라 아동수학지도에 대한 관심이 높아지고 있다. 현대의 발달이론이 제시하는 아동수학지도는 유아가 지식을 형성하는 과정에서 무엇보다 유아 개인의 인지적인 발달 수준과 직접적인 경험이 상호작용하는 것에 중점을 두고 있다. 이러한 측면에서 볼 때, 수학을 지도하는 교사의 역할이 무엇보다 중요한데, 교사는 유아의 인지발달단계뿐만 아니라 개별 유아의 사전 경험과 선지식을 고려해서 유아 스스로 능동적으로 참여할 수 있는 활동을 제공해야 한다.

많은 연구와 교육현장의 목소리를 반영한 아동수학지도의 방향을 몇 가지 차원에서 제시하면 다음과 같다.

첫째, 유아의 일상생활 속에서 의미 있는 수학학습 환경을 강조한다. 형식적인 수학지도를 위해서 특별히 시간을 마련하기보다 유아가 생활하는 일과를 통해 수학지도가 이루어지는 것이 요구된다. 일상 속에서 수학적 사고를 강조한다는 것은 유아의 익숙한 일상생활과 새로운 상황을 수학적 사고와 연결하는 것을 의미한다. 실생활을 통해 수학활동을 경험할 때 자연스럽게 수학적 개념을 습득할 수 있으며, 수학이 일상생활의 문제해결도구로 활용될 수 있음을 인식할 수 있기 때문이다. 예를 들어, "우리 반 친구가 10명인데 두 명이 결석을 했으니까 오늘 온 친구는 모두 몇 명일까?", "신발장에 신발들이 뒤죽박죽되어 있는데 가지런히 짝을 맞추어 정리해 보자." 등과 같이 수학 개념을 확장할 수 있도록 교사가 계획적으로 유아와 상호작용하면서 학습경험을 유도해 낸다. 교사를 포함한 성인이 세심한 관찰과 적절한 상호작용을 하였을 때 유아의 일상적 지식이 보다 수준 높은 수학적 지식으로 발달되고 생활 속에서 활용될 수 있다.

둘째, 유아수학교육을 위한 바람직한 교수–학습방법으로 통합적 접근법을 강조한다. 수학활동은 수학영역에서만 이루어지는 것이 아니다. 수학을 이용하는 상황에서 단순히 정답만을 찾기보다는 유아의 숨어 있는 수학능력을 여러 교수-학습방법으로 발휘하게 도와야 한다. 언어영역이나 미술영역, 역할영역, 과학영역 등 각 영역에서 다양한 형태로 수학을 활용할 때 더 유용하고 흥미 있게 수학능력을 발휘할 수 있다. 통합적 교수-학습방법의 예로는 문학적 접근법, 프로젝트 접근법, 레지오에밀리아 접근법 등이 있다. 통합적 접근은 유아의 지식 형성을 위해 활동결과에 치중하기보다는 과정에 초점을 둔 탐구활동을 강조하고 있다.

셋째, 유아의 수학적 지식 형성은 사물과의 직접 경험과 사회문화적 맥락에 기초해야 한다. 구성주의 관점에서 볼 때, 암기나 반복훈련, 연습, 교사 주도의 수학지도는 바람직하지 못하며, 유아가 스스로 수학활동에 참여할 때 수학적 지식을 구성할 수 있다고 본다. 이를 위해서는 유아 개인에게 의미 있고 흥미로운 수학활동의 기회가 제공되어야 한다. 유아는 자신이 속한 사회문화적인 환경에 따라 수학과 관련된 환경이 다양하게 해석될 수 있다(문연심, 2009). 이것은 사전 경험과 일상생활이 유아의 사고에 영향을 미친다는 것을 의미한다.

넷째, 아동수학지도는 발달적으로 적합하게 구성되어야 한다. 전미유아교육협회(NAEYC)가 제시한 발달에 적합한 실제(Developmentally Appropriate Practice, DAP)의 원리가 아동수학지도에도 반영이 되고 있다. 이는 각 연령마다 보편적인 발달 특징과 수학능력이 있음을 고려해서 교육내용과 방법이 활용되어야 함을 강조한 것이다. 예를 들면, 암기식이나 학습지 위주의 활동은 유아기에는 적합하지 않으며, 0~2세에는 자신의 주변에서 경험하는 수학적 상황을 지각하고 인식하는 것을 경험하고, 3세에는 구체적인 물체를 탐색하며, 4세에는 목적에 따른 물체를 분류하는 활동으로 확장해 나가고, 5세에는 탐색의 과정을 거쳐 원리를 발견하고 문제를 해결해 나가고 창의적인 활용을 하는 것이 적절하다고 본다.

연령 간 차이뿐만 아니라 동일 연령 내에서도 개인차가 있으므로 개별적인 수준에 맞추어 교육과정을 융통성 있게 조절해야 한다. 같은 만 3세라 하더라도 1에서 5까지를 세는 것을 어려워하는 유아와 1에서 10까지를 정확히 세는 유아가 있을 것이다. 이런 경우 동일한 환경이나 과제를 만났더라도 개인적인 능력에 맞춰 다른 과정을 학습할 것이며, 학습의 결과 또한 차이가 발생한다. 유아 개개인이 서로 다른 학습 속도와 학습 양식을 보이고 있음을 유념해야 한다. 즉, 교사는 유아의 보편적 발달특성과 함께 개인차에 따른 발달특성을 고려하고, 근접발달지대(ZPD: Zone of Proximal Development) 내에서 수학지도를 하는 것이 강조된다.

다섯째, 유아를 대상으로 한 수학교육의 내용은 수 개념 위주가 아니라 도형, 공간관계, 어림셈, 측정, 자료 수집과 분류, 통계, 패턴, 컴퓨터와 계산기 활용 등 폭넓은 내용을 포함하며, 이러한 내용들을 서로 연관시켜 경험해야 한다. 그러나 유아에게 과도하게 수학적 개념을 다루기보다는 기초적인 개념을 일상생활 속에서 활용할 수 있도록 지도해야 한다. 이를 위해 유아 주도의 놀이와 활동뿐만 아니라 교사에 의해 주요 핵심 개념의 탐색과 습득이 이루어질 수 있도록 의도적인 학습경험도 제공되어야 한다. 또한, 수학적 과정과 수학적 태도라 할 수 있는 정의적 측면도 함께 강조되고 있다. 유아를 대상으로 한 수학지도는 수학에 대한 긍정적인 태도와 수학에 대한 가치를 인식하는 것을 중요시한다.

2장

아동수학지도의 이론적 배경

이 장에서는 인지발달 이론에 근거한 피아제 이론과 비고츠키 이론, 브루너 이론을 중심으로 주요 개념과 수학에 적용할 부분과 아동수학지도에 주는 시사점을 다루고자 한다. 더불어 다중지능에 기초한 가드너 이론과 행동주의 이론을 통해 아동수학지도에 적용할 수 있는 내용을 살펴본다.

1 피아제 이론과 아동수학지도

1) 피아제 이론의 주요 개념

Piaget는 인간의 인지발달은 유기체와 환경 간의 상호작용에 의해 이루어진다고 보았다. 인지발달의 과정은 크게 동화와 조절, 평형화의 세 가지 과정을 거쳐 이루어진다고 주장한다.

(1) 도식

도식이란 사물이나 사건에 대한 전반적인 윤곽, 이해의 틀로 여러 가지 경험이 정신적 표상 과정을 통해 개념화된 것이다. 인간은 끊임없이 새로운 환경과의 상호작용을 통해 새로운 도식을 창조하고 변화시키고 조작해 감으로써 인지발달을 이루게 된다. 적응과정을 통해 새로운 도식을 개발하고 기존의 것을 변화시킨다.

(2) 동화와 조절

인지발달의 적응과정은 동화와 조절이라는 두 가지 수단을 통해 진행된다. 동화는 새로운 정보를 접할 때, 이미 자신에게 구성되어 있는 도식에 새로운 정보를 적용시키려는 경향성을 의미한다. 이는 기존의 인지구조 자체는 변화를 초래하지 않고, 단지 정보에 있어 양적인 변화를 이루게 된다. 새로운 정보를 자신이 이미 알고 있는 지식에 맞추는 경우 동화가 일어난다.

반면, 조절은 새로운 정보나 경험에 의해 기존의 도식을 수정하는 것을 의미하는데, 새로운 자극에 알맞게 이미 있던 도식이나 구조를 변형하는 인지과정이다. 기존의 인지구조에 있어서의 질적 변화가 일어나는 경우이다.

(3) 평형화

기본적 인지구조로서의 도식은 새로운 정보나 지식 등의 새로운 환경과의 상호작용을 통해 변화해 가는데, 기존의 인지구조와 새로운 환경이 맞지 않을 때 일시적인 불균형 상태를 경험하게 된다. 이때 유기체는 환경과의 균형 상태를 추구하는 평형의 욕구를 지니며, 인지적 갈등 상태를 극복하게 되면서, 유기체 내부의 인지적 요소들 간의 평형 상태에 이르게 된다. 즉, 평형화는 동화와 조절의 균형 상태를 의미하는 것이며, 적응을 통한 자기조절기제가 된다.

예 '개'라는 도식이 있는 유아가 '말'을 접하였을 때 '큰 개'라고 반응을 하는 경우, 이 유아에게 동화가 되었다고 할 수 있다. 그러나 엄마가 영아에게 '개'와 '말'의 차이를 설명해 주므로 유아가 '말'이라는 새로운 도식을 만드는 경우로 조절되었다고 본다. 이때 유아는 자신이 알고 있던 기존 도식에 부합되지 않는 경험을 하면서 불균형 상태를 경험한다. 그러나 엄마의 설명을 통해 영아는 그 차이를 인식하고 자신의 기존 도식을 수정하는 조절과정 속에서 불안한 상태가 제거되거나 혹은 감소되어 다시 평온해진다. 이 같은 현상을 평형 상태라고 한다.

(4) 인지발달 단계

Piaget는 영유아기의 인지발달 단계에 따라 사고가 질적으로 차이가 있다고 제시한다. 〈표 2-1〉은 4단계의 인지발달 수준을 나타낸다.

〈표 2-1〉 피아제의 인지발달 단계

단계	시기	특징
감각운동기	출생~2세	• 대상영속성의 시작 • 목표 지향적 행동의 초기
전조작기	2~7세	• 물활론적 사고 • 보존개념의 결여 • 자아중심적 사고 • 불완전한 분류 능력
구체적 조작기	7~11세	• 보존개념의 습득 • 조망수용능력 • 유목화와 서열화
형식적 조작기	11세 이후	• 가설-연역적 문제해결력 • 추상적 사고

2) 피아제 이론의 수학 적용

(1) 능동적 탐색을 격려하는 교수-학습방법

Piaget의 인지이론은 활동의 친숙함 정도, 제시방법, 다루는 범위가 유아의 인지발달 수준에 부합되어야 함을 주장한다. 교수-학습방법 면에서는 교사에 의한 학습지나 반복적 연습의 방법이 아닌 유아가 선택한 과제나 활동의 조작적 경험을 통한 교수-학습방법을 적용해야 한다고 보았다. 유아 스스로 주도적인 탐색활동을 통해서 수학적 지식을 능동적으로 학습해야 한다고 보며, 교사는 유아의 탐색과정을 관찰하며 적절한 개입이나 도움을 제공하는 지원자 역할을 해야 한다고 본다.

(2) 수학 내용: 보존개념, 수, 공간, 분류화, 서열화

① 보존개념

보존개념은 어떤 수나 양, 길이, 면적, 부피 등의 차례나 모양이 바뀌어도 그 특징이 본질적으로 변하지 않는다는 것을 이해하는 능력이다. Piaget의 인지발달이론에서는 보존개념이 구체적 조작기가 되어야 형성될 수 있다고 본다. 보존개념을 형성하였다는 것은 논리적인 규칙을 발달시켰음을 확인할 수 있는 것으로 수학지도에 영향을 미친다. 보존개념을 이해하기 위해서는 동일성, 보상성, 가역성 등의 세 가지 원리에 대한 이해가 필요하다. 이 중 동일성이란 아무것도 첨가되거나 제거되지 않는 한 그 물질은 동일한 상태임을 이해하는 것이다. 보상성은 한 방향으로의 변화는 또 다른 방향의 변화에 의해 보상될 수 있음을 이해하는 것이다. 가역성은 변화된 것을 다시 원래대로 돌릴 수 있음을 이해하는 것이다.

② 수

Piaget에 의하면, 유아의 수 개념은 정신적 발달에서 나타나는 논리성의 구성과 함께 이루어진다. 전조작기의 유아는 수에 대한 개념에 앞서 일대일 대응의 원리를 습득해야 하며, 사물을 셀 때 한 번만 세어야 한다는 것을 알아야 한다. 수 조작은 수를 세고 사물을 분류하고 길이나 높이에 따라 외적 활동을 통해서 발달된다. 유아가 직관적으로 이해하는 수는 3세는 3까지, 4세는 4까지, 5세는 5까지 지각적 숫자 정도에서 다룰 수 있으므로, 덧셈, 뺄셈, 곱셈, 나눗셈은 7세가 지나야 이해가 가능하다고 본다. 유아는 기수와 서수의 원리를 깨닫는 데 시간이 오래 걸리며, 가역성의 부족으로 수에 관한 이해를 충분히 못 한다고 본다. 그러므로 유아가 수학에 대해 사고하고 실제적인 문제를 해결하기 위해서는 구체적인 자료를 통해 수학 경험을 해야 하며, 덧셈과 뺄셈의 원리를 이해하기 위해서는 실물 조작을 통한 구체적 경험이 많이 필요하다. 구체적인 조작의 중요성과 직접적인 활동을 통한 유아의 수 개념 학습을 Piaget는 강조하고 있다.

③ 공간

Piaget는 유아가 위상도형을 먼저 이해하고, 3세부터는 개방도형과 폐쇄도형을 구분

〈표 2-2〉 보존개념 획득연령

조작	제1단계	제2단계	전조작적 사고(오답)	조작획득 연령
수	 두 줄의 점들이 동일한 간격으로 놓여 있다.	 아래 줄의 점들 사이의 간격을 넓힌다.	아래 줄의 점들이 윗줄보다 더 많다.	6세
길이	 두 개의 막대기	 막대기를 엇비슷하게 놓는다.	위(혹은 아래)의 막대기가 더 길다.	6~7세
면적	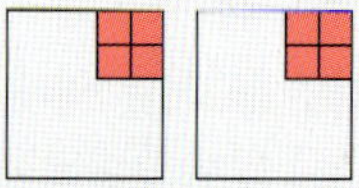 큰 사각형 속에 네 개의 작은 사각형이 있다.	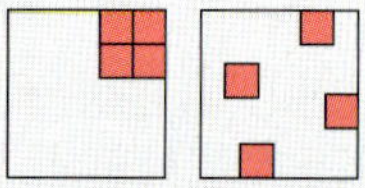 한 개의 큰 사각형 속의 작은 사각형을 흩어 놓는다.	왼쪽 사각형 속에 남아 있는 공간이 더 넓다.	7~8세
액체(양)	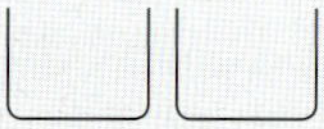 동일한 두 개의 유리컵에 동일한 양의 물이 담겨 있다.	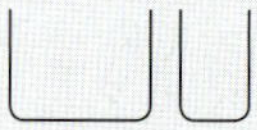 하나의 컵에 있는 물을 길고 가는 컵에 옮겨 붓는다.	왼쪽(또는 오른쪽) 물이 더 많다.	7~8세
질량	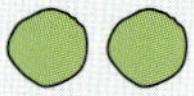 공 모양의 같은 크기의 찰흙	 한 개를 납작하게 만든다.	왼쪽(혹은 오른쪽)이 더 무겁다.	7~8세
부피	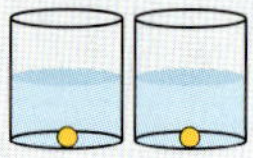 동일한 양의 액체가 들어 있는 컵 속에 동일한 무게의 진흙공이 담겨 있다.	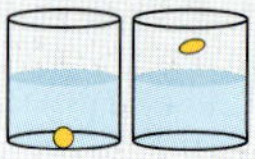 하나의 진흙공을 물에서 꺼내어 모양을 변형시킨 다음 다시 물속에 넣는다.	오른쪽 액체의 높이가 더 높아질 것이다.	11~12세

출처: 이화도(2009).

한다고 본다(신현옥 외, 2004). 위상도형은 수축이나 확장 등에 의해 모양, 크기는 변하지만 근접, 순서, 개폐, 분리 등의 특성은 변하지 않는 도형을 의미한다. 3세에게 정사각형을 보고 그리라고 하면 폐쇄된 원을 그리며, 개방된 정사각형을 그리라고 하면 개방된 원에 가까운 모양을 그리는 원리가 해당된다. 5세에게 정사각형을 그리라고 하면 유클리드 기하학이 요구하는 것과 같은 사각형의 변과 각을 그릴 수 있다. Piaget는 3세경부터 주위의 친숙한 물건의 인식을 통하여 위상관계의 특성인 근접, 순서, 개폐, 분리를 습득한 다음, 유클리드 도형과 사영공간의 개념을 동시에 발달시킨다고 본다. 유클리드 도형은 회전하거나 뒤집거나 이동을 하면 위치는 변해도 위상학적, 사영학적 특성 이외의 크기나 모양, 각도는 불변한다. 사영공간은 공간의 다른 방향에서 투사된 경우, 크기와 모양은 변하지만 위상 특성은 보존된다. 이러한 유클리드 도형과 사영 공간은 상호 의존적이다. 그러므로 일상생활과 연관된 공간의 인식, 변별을 통해 익힌 위상학적 특성은 유클리드 공간개념구성의 기초가 된다.

④ 분류화

분류란 사물의 공통적인 범주를 중심으로 사물을 모으거나 종류별로 나누어 놓을 수 있는 능력으로 Piaget는 분류의 과정을 〈표 2-3〉과 같이 세 단계로 제시한다.

〈표 2-3〉 분류화 단계

단계	연령	특징
분류이전단계	2~5세	분류기준보다는 시각적으로 보기 좋은 모양끼리 배열하는 단계 유아가 대상들 사이의 유사성을 조금은 파악하더라도 어떤 대상이 어디에 속하는지 완전한 이해는 못 함
유사분류단계	5~7세	큰 유목별로 분류할 수 있지만 유목포함(상위유목과 하위유목 간 관계, 즉 전체와 부분의 관계를 이해하는 능력)은 하지 못함. 대상들을 위계적으로 배열할 수 있지만 포함관계는 이해하기 힘듦
진정한 분류단계	7~11세	전체적인 분류와 부분적인 분류를 동시에 할 수 있는 위계적인 유목화가 가능함

⑤ 서열화

서열화는 사물들 간의 차이점을 근거로 큰 것부터 작은 것으로 또는 반대로 순서적인 배열을 할 수 있는 능력이다. 구체적 조작기 초반 무렵 사물을 길이, 크기 등의 기준에 따라 순서 짓는 서열조작능력을 획득한다. 이 시기에는 막대기의 색을 달리하는 등의 지각적으로 혼란을 일으키는 요인이 첨가되었을 경우 서열조작에 실패하는 전조작기의 한계를 극복하고 비교적 안정된 서열조작능력을 보인다. 5~6세는 크기나 색깔 중 하나의 기준에 따라 순서대로 배열할 수 있으나, 7~8세경에 이르러 크기와 색깔의 두 기준을 동시에 고려하여 순서 짓는 다중서열능력이 나타난다.

3) 아동수학지도에 주는 시사점

첫째, 전조작기의 유아는 성인과는 매우 다른 사고를 하므로 성인과는 다른 체제로 수학교육에 접근해야 한다. 유아의 발달특성을 고려할 때, 자발적인 놀이와 활동을 하면서 구체적인 경험을 할 때 가장 잘 학습한다. 피아제 이론은 유아의 수학지식을 발달시키기 위해서는 행동주의이론에 근거한 반복, 훈련을 통한 학습지나 지필식 학습방법이 부적절하다고 본다.

둘째, 유아는 탐구과정을 통해 스스로 지식을 구성하므로 수학교육에 있어서 내용보다는 과정을 더욱 중시해야 한다. 따라서 영유아를 위한 수학지도는 외부 환경과의 상호작용을 통해 스스로 발견하고 탐구하고 실험해 보는 과정에서 성취감을 맛볼 수 있도록 기회를 제공해야 한다.

셋째, 교사의 역할은 영유아가 수학활동에 직접 참여하여 지식을 구성해 낼 수 있도록 도와주고 또래와의 상호작용을 하면서 다양한 경험을 할 수 있는 환경을 조성하는 안내자 역할과 자원제공자 역할을 해야 한다.

2 비고츠키 이론과 아동수학지도

1) 비고츠키 이론의 주요 개념

(1) 근접발달영역

비고츠키(Vygotsky)에 의하면, 인간의 인지발달 수준은 실제적 발달 수준과 잠재적 발달 수준으로 구분되며, 이 두 수준 사이에 존재하는 영역을 근접발달영역(ZPD)이라고 한다. 근접발달영역은 유아가 혼자서는 문제를 해결할 수 없지만 성인의 도움이나 유능한 또래의 도움을 받으면 성공적으로 학습이 이루어질 수 있는 영역을 의미한다. 예를 들면, 퍼즐을 혼자 힘으로 맞추지 못하고 있는 유아에게 엄마가 옆에서 힌트를 주거나 조언을 해 주면 유아는 퍼즐 맞추기를 완성할 수 있게 된다. 이때 실제적 발달 수준은 퍼즐을 맞추지 못하는 수준이며, 잠재적 발달 수준은 엄마의 도움으로 퍼즐을 맞출 수 있는 수준이 해당된다. 근접발달영역은 발달 수준이 같더라도 개인에 따라 다를 수 있다. 인지발달에 있어 교육의 역할은 근접발달영역 안에서 보다 숙달된 다른 사람과의 상호작용의 경험을 통해 유아의 실제적 수준보다 잠재적 수준에 이를 수 있도록 학습경험을 제공하는 것이다. 이는 학습이 발달을 선행하여 이끌어 줌을 의미하는 것이다(이화도, 2009).

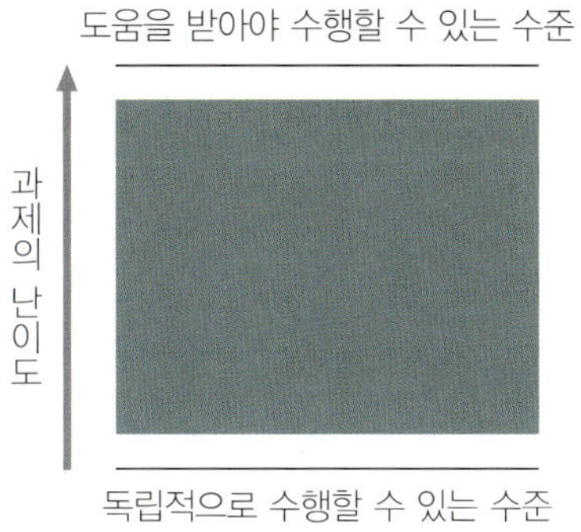

[그림 2-1] 근접발달영역

근접발달영역에서 중요한 것은 성인의 일방적인 가르침이 아니라 성인의 가르침을 받아 유아가 능동적으로 새로운 지식과 기술을 구성한다는 점이다. 즉, 외부로부터 도움을 받아 사고의 발달을 촉진할 수 있지만 주도적인 역할을 하는 것은 유아 자신임을 의미한다.

〈표 2-4〉 근접발달의 4단계 과정

단계	특징
1단계: 타인조절	유능한 또래나 교사 등의 타인에 의해 도움을 받아 이루어지는 과제수행단계
2단계: 자기조절	자기안내나 자기조절과 같은 자기 자신에 의해 도움을 받는 수행단계로 유아가 혼자서 과제를 수행하는 단계
3단계: 자동화	과제수행이 발전되어 자동화·내면화되는 단계로 외부의 도움이 필요하지 않은 단계
4단계: 탈자동화	새로운 능력의 발달을 위해 근접발달지대로 회귀하는 단계

(2) 비계설정

비계설정(scaffolding)이란 유아가 스스로의 힘으로 문제해결을 할 수 있도록 성인이나 유능한 또래로부터 얻는 도움을 의미하며, 지지대 또는 발판화라고도 부른다. 이것은 근접발달영역과 밀접한 연관이 있는 개념으로 Vygotsky의 사회문화인지이론의 핵심 아이디어라고 볼 수 있다. Vygotsky는 유아의 인지발달이 자신이 속한 사회에서 보다 성숙한 구성원과의 상호작용을 통해 이루어진다고 본다. 유아보다 성숙한 구성원인 부모나 교사, 또는 유능한 또래가 유아에게 비계를 설정해 주므로 인지발달을 이루어 간다고 하였다. 유아가 어떤 문제를 해결할 수 있도록 부모나 교사 또는 유능한 또래는 도움을 제공할 수 있는데, 조언, 실마리, 암시, 단서, 질문, 설명, 시범, 토론, 격려, 주의집중시키기 등이 해당한다(정희영 외, 2014). 학습은 도움을 받는 발견을 의미하며, 교사나 유능한 또래의 적절한 비계설정은 유아의 인지발달에 도움이 된다고 본다.

(3) 언어와 인지발달

Vygotsky는 사고의 발달에 있어 언어의 중요성을 강조하였는데, 언어는 사고와 인지발달을 촉진하는 매개체 역할을 하기 때문이다. 언어는 유아가 자신의 지식을 내면화하는 과정에 필수적인 도구다. 유아가 혼잣말을 하는 것은 스스로 문제해결을 하는 데 도움을 주기 때문인데, Vygotsky는 이를 사적 언어라고 한다. 사적 언어는 공유지식을 개인지식으로 변환시키는 기제가 되고 자기 생각을 조절하고 반영하는 수단이 된다. 여러 연구결과, 혼잣말을 많이 사용하는 유아는 그렇지 않은 유아보다 복잡한 수준의 과제들을 잘 수행하고 더 효과적으로 학습하는 것으로 나타났다(Emerson & Miyake, 2003). 또한, 언어는 단순한 의사소통 수단만이 아닌 사회구성원들의 생각과 사물을 이해하는 방식을 서로 공유할 수 있게 하는 문화적 도구의 역할을 한다. 부모나 성인은 유아와의 언어적 상호작용을 통해 자녀를 사회화하며 유아는 그 사회의 문화와 가치, 요구들을 배운다.

2) 비고츠키 이론의 수학 적용

(1) 상황이나 맥락의 활용, 또래학습을 통한 교수-학습방법

Vygotsky는 유아가 학교에서 겪는 수학학습의 어려움은 수학의 연산이나 문제해결방법 등이 지식을 획득하는 사회적 맥락과 떨어져 있기 때문으로 본다. 학교에서 제공되는 학습이 유아의 지식 획득이 이루어지는 생활 맥락과 연계되어야 함을 강조한다. 즉, 유아가 속한 사회적 · 문화적 맥락이 반영된 수학활동들이 제공되는 것이 중요하다. 동화를 활용한 수학지도나 게임이나 역할놀이를 통한 수학지도, 간식시간이나 견학활동 등을 통한 수학활동이 이러한 이론을 반영한 것으로 볼 수 있다.

비고츠키 이론은 또래와의 상호작용을 통한 정보나 생각을 공유하는 학습의 활성화에 기여하고 있다. 이와 관련하여 수학활동 시 혼합연령 집단으로 구성하거나 공동으로 조사와 발표를 하게 되는 협동작업을 들 수 있으며, 다양한 수준의 사회적 상호작용을 촉진하는 교수–학습방법이 적용되고 있다. 교사나 또래와의 상호작용을 통해 얻게 되는 지도, 설명, 시범, 도움 등은 근접발달영역의 범위에 있게 된다고 보고 있기에(홍혜경, 2010) 여러 유아가 함께 참여하여 공유하는 경험과 아이디어를 중요하게 여긴다.

(2) 유아수학과 언어

언어는 주의집중이나 암기, 문제해결 등 여러 가지 정신적 기능을 익히기 위한 매개체로 이용되며, 복잡한 사고과정은 언어의 도움을 받아야 적절하게 나타낼 수 있다. 수의 개념도 한 사회의 문화적 도구인 언어에 따라 수 이해과정에서 다르게 내면화된다. Vygotsky는 언어의 근원은 사회적인 것이라 보았는데, 아동수학지도에도 적용된다. 숫자를 읽을 때, 우리나라는 '일, 이, 삼…'으로, 영어권에서는 'one, two, three…'로 읽는다. 두 자릿수의 경우 우리나라는 '십, 이십, 삼십…'으로, 영어권에서는 'ten, twenty, thirty…'로 읽는다. 이러한 언어의 차이는 수학학습에 영향을 줄 수 있다. Miller와 Stigler(1987, 신현옥 외, 2004 재인용)가 미국과 대만의 4~6세 유아를 대상으로 한 비교연구에 의하면, 미국 유아들은 '10대'를 세는 데 아주 어려워한 반면, 대만의 유아들은 추론적인 수 세기를 잘했으며, '10대'의 수 세기 능력 또한 훨씬 나았다. 이를 분석한 결과 중국어가 영어보다 수의 규칙성이 더 많은 것이 원인이 될 수 있다고 보고했다.

일반적인 수 체계는 10의 수에 기초하여 위계적으로 구성되어 있다. 10대, 100대, 1,000대…. 이러한 수의 구조는 수학생활의 핵심이며 한 사회의 문화적인 창작품이다. 이러한 관점에서 Vygotsky는 그 사회에서 창안하여 사용하는 언어인 문화적 도구를 강조한다. 문화적 도구인 언어는 유아가 수의 구조를 이해하는 과정을 분석하는 데 도움이 되기 때문이다. 한 사회에서 통용되는 언어체계에 따라 유아의 수학활동을 더 촉진시킬 수 있으며, 수학 과제가 복잡할수록 문제해결을 위한 도구로서 언어의 역할은 더 중요해진다.

(3) 교사의 단계적 지지

교사가 유아의 수학 과제 해결을 도와준다고 하는 것은 직접적으로 수학 문제를 풀어 주는 것이 아니라, 수학 과제 해결에 참여할 수 있는 적극적인 동기를 부여하는 것이다. 교사가 주의해야 할 것은 유아의 수학능력은 개인차가 있다는 것이며, 각 유아에게 적합하고 의미 있는 과제 제공이 필요하다는 것이다. 비고츠키 이론에 근거하여 수학지도를 할 경우, 교사와 유아 간의 사회적 상호작용 과정을 통해 유아의 실제적 수준과 잠재적 수준 간의 차이를 줄여 수학능력을 증진시킬 수 있다. 즉, 교사는 아동수학지도에서 효율적으로 단계별 지지를 수행해야 하는데 그 원리는 다음과 같다(Kirova & Bhargava, 2002).

① 유아의 근접발달영역 안에서 수학 문제해결을 도울 수 있는 협력활동을 통하여 유아의 자기조절을 촉진하여 개입한다.

② 유아가 도움을 요청할 때 도와주며, 수학능력이 향상되면 도움을 중단하여 유아의 자율성을 격려한다.

③ 근접발달영역 안에서 유아가 도움을 필요로 할 때 유아 자신이 의미 있게 사용할 수 있는 상징적 표상을 사용하여 도움을 주거나 능력에 따라 도움의 종류를 조절한다.

④ 교사와 유아 간이나 유능한 또래와의 대화를 통한 활동은 효율적인 학습활동이 된다. 교사는 수학 어휘를 구체적이고 정확하게 제시하여 수학과 관련된 언어를 발달시킨다.

⑤ 과제의 첫 도입 부분에서 유아가 어려움을 많이 느낀다면 과제 자체를 교사가 함께 충분히 공유해 주는 시간을 갖는다.

⑥ 때로는 구체적인 시범을 유아 앞에서 보여 문제해결력을 높여 준다.

⑦ 유아 스스로가 해결한 수학 과제에 대해 문제해결과정을 언어로 설명해 보게 하여 다음 계획과 활동을 검토해 보게 한다.

3) 아동수학지도에 주는 시사점

첫째, Vygotsky는 유아의 수학적 활동이 개인이 속한 사회문화적 상황에 의해 결정된다고 본다. 따라서 유아가 속한 사회문화적 환경에 따라 수학교육의 내용과 방법이 융통성 있게 운영되어야 함을 강조한다. 이는 유아에게 적합한 수학교육의 내용을 제공하고 있으며, 수학활동의 시기 및 방법을 결정할 때 이론적 토대가 되고 있다.

둘째, 교육은 발달에 선행되어야 하고, 발달에 필수적이라고 함으로써 유아의 발달단계에 국한하기보다는 유아 개인의 수준보다 더 높은 수준의 수학지도를 해야 함을 강조한다. 교사는 개별 유아의 근접발달지대가 무엇인지를 파악하고 근접발달지대 범위 내의 내용을 제시해야 함을 시사한다.

셋째, Vygotsky는 교사 및 또래 간의 상호작용을 통한 협동학습의 중요성을 강조한다. 교사는 유아와 함께 수학 문제를 해결하기 위해 질문이나 단서를 제공하는 등의 적극적인 언어적 상호작용을 해야 한다. 의미 있는 맥락에서 수학적 언어를 제공해 주면 유아는 모호한 수학적 상황을 명료하게 개념화시킬 수 있다고 본다. 또한, 유아가 상황에 따른 정확한 수학적 용어를 사용할 때 교사도 유아가 학습한 것에 주의를 기울일 수 있다.

3 브루너 이론과 아동수학지도

1) 브루너 이론의 주요 개념

(1) 지식의 구조

브루너(Bruner)는 각 교과의 구조를 중심으로 교과내용을 선정해야 한다고 주장한다. 이는 한 교과의 교육과정은 그 교과의 구조를 나타내는 일반적인 원리를 가장 깊이 이해하고 있는 사람들에 의해 결정되어야 함을 의미한다. 여기서 교과의 구조란 해당 학문의 기초를 이루는 일반적인 아이디어나 기본 개념 및 원리 등을 말하는 것이다. 각 교과가 학문에 기반한다는 점에서 '학문의 구조'라고도 불리고, 지식으로서 교과의 구조를 가르쳐야 한다는 의미에서 '지식의 구조'라고도 말한다. Bruner는 지식의 구조를 가르치는 방법상의 원리로서 발견학습을 제안한다.

(2) 발견학습

Bruner는 지식의 기본 개념과 원리는 각각의 상호 연관 속에서, 학문의 전체적인 구조와의 관련 속에서 학습해야 한다고 본다. 지식은 교사의 설명에 의해 개념이 획득되는 것이 아니라고 보고, 어떤 것이든 탐색하고자 하는 유아의 본성을 교육에 적용하였다(라정숙, 2012). Bruner는 어떤 교과든지 지적으로 올바른 형식으로 표현하면 어떤 발달단계에 있는 아동에게도 효과적으로 가르칠 수 있다고 주장한다(가영희 외, 2010). 어떤 것이든 탐색하고자 하는 유아의 본성을 교육에 적용하였는데, 유아 스스로 관계성을 찾아 지식을 구성하도록 하는 능동적 학습인 발견학습을 강조한 것이다. 발견학습은 유아에게 의미 있는 학습이며, 내적 학습을 위한 동기유발에 효과적인 방법이다. 시간이 많이 소모될 수 있지만 발견학습에 의해 얻어진 지식은 망각되지 않으며, 유사한 다른 학습과제의 학습을 수월하게 해 준다.

(3) 표상양식

표상이란 어떤 대상이나 상황을 사진 찍듯이 그대로 묘사하는 것이 아니라 그 대상으로부터 지각되는 특성을 중심으로 머릿속에 저장하는 것을 의미한다(이화도, 2009). 즉, 표상은 대상이나 상황 그 자체가 아니라 그것들을 나타내는 특징적인 무언가를 가지고 있다고 할 수 있다. 동일한 지식 내용도 상이한 표상양식으로 사용될 수 있기 때문에 표상 양식만 조절하면 유아에게도 성인의 내용을 가르칠 수 있다는 견해를 지닌다. 즉, 어떠한 지식도 유아가 이해할 수 있는 간단한 형태로부터 상징적이고 추상적인 형태로 제시될 수 있다. Bruner는 경험이나 지식을 표상하는 형태를 다음의 3가지 차원에서 설명한다.

동작적 표상　　영상적 표상　　상징적 표상

[그림 2-2] 표상의 세 가지 유형

① 동작적 표상

유아는 개념과 원리를 탐구하기 위해 구체적인 물체를 조작한다. 행동에 의해서 사물을 인지해 가는 초보적인 단계이다. 직접 물체를 만져 보고, 탐색함으로써 물체가 지닌 어떤 규칙을 발견한다.

② 영상적 표상

정보를 조직하는 데 시각이나 청각 등 다른 감각적 방법에 의존한다. 사물 대신에 물체의 사진, 그림, 도표 등을 사용하여 효과적으로 학습할 수 있다. 영상을 사용할 능력이 있으므로 인지과정은 확대되며, 물리적으로 존재하지 않는 사건이나 사물을 생각하는 데 도움을 준다.

③ 상징적 표상

경험이나 생각, 과거나 현재, 미래를 표현하기 위해 언어를 사용하거나 추상적인 기호, 문자, 수학공식 등을 사용하여 표현할 수 있는 단계이다. 이것은 가장 강력한 표상의 형태로 이 단계가 발전되면 논리적 사고가 가능한 단계가 된다.

2) 브루너 이론의 수학 적용

(1) 표상양식을 활용한 교수-학습방법

개인의 인지발달 수준은 각각의 지각방식과 학습방식을 가지고 있어 그 단계에 맞는 수학적 개념의 표현방식이 존재한다. 수학적 개념을 가르친다는 것은 유아의 발달단계에 맞는 이해방식을 따라야 한다는 것이다. Bruner의 표상양식 개념은 교육현장에서 유아의 개념 형성을 촉진시킬 수 있도록 적절한 교수매체를 사용할 것을 권장한다(한유미, 2009).

① 동작적 표상

수학적 지식을 움직이는 동작을 통해 표현하는 것으로 수학 원리를 학습하기 위해 구체적인 물체를 직접 조작해 보는 활동을 한다. 예를 들면, 어떤 찰흙 덩어리가 더 무거운지를 알기 위해서는 직접 손으로 들어 보는 활동을 해 보거나 양팔저울을 이용해 결과를 알아가는 것이다.

② 영상적 표상

시각, 청각, 운동적 단서의 기억에 의해 사고함으로써 정신적으로 수학을 하는 것이다. 교사는 수학 과제를 제시할 때 구체적인 실물 대신에 실물과 유사한 사진, 그림, 도표 등을 사용할 수 있는데, 벤다이어그램도 이에 속하는 양식이다.

③ 상징적 표상

눈으로 보거나 직접 경험하지 않은 것에 대해서도 논리적 사고가 가능하고, 가설적인 명제를 조작할 수 있을 때 사용할 수 있는 방법이다. 언어로 문제를 풀거나 숫자, 기호를 이용하여 문제를 해결하는 것이다. 예를 들면, 7×2=□에 머릿속의 추상적인 조작을 통해 답을 알아내는 방법이다.

(2) 나선형의 교육과정

Bruner는 유아가 학습을 진행하는 과정에서 처음 습득한 표상양식을 진보된 표상양식으로 만들어 갈 수 있기 때문에 학습주제는 이전의 학습내용을 반영하면서 동시에 그 이상으로 발전할 수 있어야 한다고 본다(한유미, 2009). 이처럼 한 교과의 개념이나 원리를 유아의 발달단계가 높아짐에 따라 점차 세련된 형태로 가르치도록 계획하는 것이 나선형 교육과정이다. 나선형 교육과정에서는 같은 주제를 반복해서 다루면서도 좀 더 심도 깊게 배우도록 계획된다. 새로운 학습은 이미 습득한 지식 위에 계속해서 더해지므로 하나의 학습주제는 이전의 학습내용을 반영하면서도 그 이상으로 발전하도록 계획되어야 한다. 가능한 한 수학적 개념들에 대해 일찍 학습을 시작하고, 고학년에 올라갈수록 심화교육을 진행해야 한다.

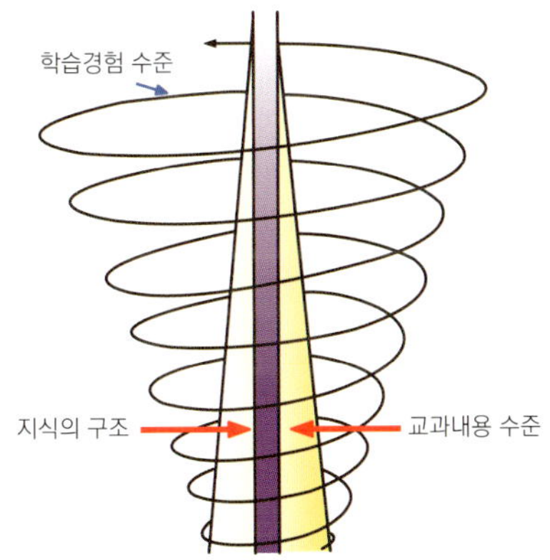

[그림 2-3] 지식의 구조와 나선형 교육과정

이 교육과정은 완전한 이해와 숙달 수준에 이를 때까지 기본적인 아이디어를 반복해서 접하게 하므로 유아도 광범위한 주제를 학습할 수 있게 해 준다. 학습주제는 해마다 순환되지만 학년이 올라갈수록 깊이 있는 이해가 가능하게 된다. 예를 들면, 유아기에 경험하는 덧셈과 뺄셈은 초등학교와 중학교에 올라가면 사칙연산과 방정식, 미분과 적분의 개념으로 발전하지만 그 안에 내재된 지식의 구조는 동일하다고 본다.

3) 아동수학지도에 주는 시사점

첫째, 발견학습에서의 수학 개념은 유아가 스스로 탐구과정을 거쳐 수학 개념이나 원리를 발견해야만 의미가 있다고 본다. 따라서 교사의 지시는 최소한으로 줄이고 유아 스스로 자발적인 발견과정을 통하여 학습하는 것을 권장한다.

둘째, 교사가 유아의 수준에 맞는 표상양식으로 수학의 내용을 제시한다면 유아는 자신의 인지발달 수준 이상의 것도 이해할 수 있다고 본다. 즉, 표상양식만 조절하면 수학 개념을 조기에 도입할 수 있음을 시사한다.

셋째, 교육현장에서 유아의 수 개념 형성을 촉진시킬 수 있도록 다양한 교수매체를 사용할 것을 주장한다. 유아가 학습할 때 자신의 신체감각을 활용하여 직접적으로 표현하거나 조작적 교구를 이용한 신체적인 움직임을 통해 경험하는 기회를 준다. 또한, 시각, 청각 등의 감각적 이미지나 기억에 의해 사고함으로써 정신적인 수학활동의 기회를 제공한다. 이를 위해 사진이나 그림, 도표 등을 사용하여 수학 경험을 촉진한다.

4 가드너 이론과 아동수학지도

1) 가드너 이론의 주요 개념

가드너(Gardner)는 1983년 출간한 『마음의 틀(*Frames of Mind*)』에서 다중지능 이론을 발표하며 지능을 기존의 총체적인 일반 지능개념이 아닌 다양한 종류의 능력으로 구성되어 있다고 보았다. 현재까지 제시한 지능은 8가지로 각 지능에 대한 설명은 〈표 2-5〉와 같다.

〈표 2-5〉 가드너의 다중지능이론

지능	특징
언어적 지능	어휘의 소리와 의미 및 언어의 다양한 기능을 민감하게 파악하게 하는 능력으로 문학가, 언론인에게서 발견된다.

지능	특징
논리수학적 지능	추상적인 추론을 통해 사물을 조작하고 가설을 세우는 등 추상적이고 논리적 관계를 이해하는 능력과 이 능력의 핵심적 요소 중 하나인 수학적 능력이 해당된다. 수학자, 회계사, 과학자 등에게 필요한 능력이다.
공간적 지능	시각적이고 공간적인 정보를 이해하고 활용하는 능력이다. 3차원이 공간적 세계를 지각하고 그 내용을 머릿속에서 변형하고 회전시켜서 새로운 시공간적인 작품을 만드는 미술가, 건축가, 탐험가 등에 필요한 능력이다.
신체운동적 지능	문제해결을 위해 신체의 부분을 활용하는 능력이다. 사물을 조작하며 신체의 일부나 전체를 조절하고 통제하며 신체적으로 아름답고 완벽하게 표현하는 능력이 해당된다. 체육인, 무용가 등에게서 이러한 능력이 나타난다.
음악적 지능	소리로 만들어진 것의 의미를 이해하고 창작해내는 능력이다. 주로 작곡가, 연주가, 성악가 등에게 필요한 능력이다.
대인 간 지능	다른 사람의 기분, 성격, 동기 및 의도 등을 잘 파악하고 적절하게 대처하며 타인과 효과적으로 상호작용하는 능력이다. 교사, 정치가, 상담사, 영업직원 등에게서 나타난다.
개인 내 지능	자신의 감정, 동기, 의도 등의 이해를 통한 자기이해 및 자기통찰능력이 해당한다. 철학자, 종교인, 심리학자 등에게 필요한 능력이다.
자연탐구 지능	자연을 이해하고 자연적 현상이나 상황을 효과적으로 이용하는 능력이다. 동물학자, 정원사 등에게 필요한 능력이다.

출처: Gardner(2006).

2) 가드너 이론의 수학 적용

(1) 교과 간 통합적 적용을 활용한 교수-학습방법

아동수학지도에 다중이론이 반영되어 개별 유아의 특성에 적절한 다양한 교수-학습방법이 활용될 수 있다. 이와 관련하여 교사가 아동수학지도를 도와줄 수 있는 방법은 다음과 같다.

① 개인의 다양성을 존중하여 학습내용의 수준이나 주제를 제한시키지 말고, 개방적인 방법으로 진행하여 호기심을 유발하고 흥미 있는 문제를 해결할 수 있는 경험을 자극한다.

② 유아의 수학능력 발달과 관련하여 교실의 타 영역의 주제와 통합 활동을 유도한다. 다중지능을 활용한 문제해결과정을 창의적으로 경험할 수 있는 기회를 제공한다.

③ 문제해결과정을 중요시하는 학습과정을 이끌어 유아가 탐구과정을 경험하도록 한다.

④ 수학 내용의 문제해결과정에서 개별 유아의 인지능력을 관찰하여 상황에 적절한 효과적인 지능을 분석한다. 해당 문제에 필요한 주요 지능이 없는 경우 대안지능을 찾는다.

⑤ 유아의 경험과 관련된 개별학습이 이루어지게 하며, 각각의 다양한 능력을 인정하는 가운데 협동적인 통합학습을 유도한다.

(2) 다중지능이론과 수학교육

유아를 대상으로 수학지도를 할 때 개인의 흥미와 관련 없이 획일적으로 논리수학적 지능을 활용하는 것보다 유아의 강점 지능을 활용하는 것이 효과적이다. 개인이 가지고 있는 높은 지능이 상대적으로 부족한 지능영역을 자극하여 다양한 형태로 수학적 개념을 표현하고 수학 경험을 촉진할 수 있다. 그 활용의 예는 다음과 같다.

첫째, 언어적 지능은 글이나 동시 등을 활용한 수학 이야기 활동을 통해서 숫자나 공간개념, 순서개념을 효과적으로 사용하는 능력을 키울 수 있다. 또한, 자신이 만든 그림이나 조형물에 대해 수학적 어휘를 활용하여 설명할 수 있다.

둘째, 논리수학적 지능은 수를 세거나 분류하기 위해서는 순서와 법칙이 있다는 것을 인식하게 해 주고, 수량의 보존과 사물 간 비교를 할 때 논리적으로 추론할 수 있게 도와준다. 그림이나 도표 등을 사용하여 다양한 표상활동을 할 수 있다.

셋째, 공간적 지능은 시각화 자료에서 규칙을 탐구할 수 있고 다양한 모양으로 표현하기와 디자인하기 등을 통해 시각적 · 공간적 세계를 인식하고 특정 기준을 이용하여 분류할 수 있게 한다.

넷째, 신체운동적 지능은 유아의 신체를 이용하여 크기나 무게를 임의적으로 측정하는 활동을 할 수 있다. 신체를 활용한 거리개념과 사물과의 관계를 학습할 수 있다.

다섯째, 음악적 지능은 노래를 부르거나 악기를 연주하면서 리듬패턴을 창작할 수 있고, 빠르고 느림의 속도개념, 소리 변별을 가능하게 한다.

여섯째, 대인 간 지능은 문제해결과정에 함께 참여하여 정보를 교류하거나 의사소통하기, 투표하기 등의 활동을 통해 수학적 경험을 집단 속에서 시도할 수 있다.

일곱째, 개인 내 지능은 수학일기를 쓰거나 개별 조작활동을 통해서 수학에 대한 내적 동기유발을 불러일으킬 수 있다. 수학 문제를 혼자 주도해서 해결해 보는 경험을 갖고, 끈기 있게 사고하는 능력과 자율적인 학습계획 세우기 등의 활동에 적용할 수 있다.

여덟째, 자연탐구 지능은 자연물을 수집하거나 분류하고 측정하는 등의 다양한 수학문제를 탐색하고, 예측하고 발견하고 창의적으로 문제를 해결하는 경험을 하는 데 활용된다.

유아가 수학을 학습할 때 논리-수학적 지능이 발달했을 경우에는 어려움이 없겠지만 그렇지 않을 경우 수학학습에 어려움을 겪는다. 교사는 수학지도 시 논리-수학적 지능이 부족한 유아에게 대안적 지능을 사용하다가 적절한 시기에 수학적 방법으로 전환해야 한다.

3) 아동수학지도에 주는 시사점

첫째, 기존의 약점 보완 교육보다는 유아 개개인의 강점을 파악하여 효율적인 개별화 교육을 실시할 것을 주장한다. 즉, 개인별 지능을 고려한 학습을 실시하는 것으로, 유아의 강점 지능을 활용하여 약점 지능과 통합적으로 수학교육의 내용을 구성한다. 예를 들어, 대인지능이 높은 유아들은 소집단으로 모여 토론식의 수업방법으로 수학적 문제 상황을 해결할 수 있는 기회를 준다. 이처럼 유아의 개인차를 반영할 수 있는 다양한 교수전략을 사용할 것을 권장한다.

둘째, 기존의 분리된 교과중심의 교육과정보다는 통합적 교육과정으로 운영하는 것이 바람직함을 시사한다. 유아를 대상으로 수학교육을 실시할 때 논리-수학적 지능만을 고려하는 것이 아니라 논리-수학적 지능이 다른 여러 지능과 상호작용할 수 있도록 고려해야 함을 강조한다.

셋째, 교사가 유아의 수학능력을 평가할 때, 교사 위주의 검사중심 평정척도평가에서 벗어나 수학교육의 내용을 어느 정도 수행했는지에 대한 수행평가방법을 활용할 경우 유아의 능력을 더 구체적이고 정확하게 측정할 수 있음을 시사한다.

5 행동주의이론과 아동수학지도

1) 행동주의이론의 주요 개념

행동주의이론은 인간의 존재를 수동적인 존재로 보며 수학적 능력 또한 출발점에 있어서는 차이가 없다는 백지설의 입장을 취한다. 출생 후 외부의 자극에 대한 반응을 통해 점차 학습해 간다고 보았다. 수학적 자극을 어떻게 경험하고 이에 따른 보상과 강화가 주어졌는지 여부에 따라 수학적 성취에 차이가 있다고 본다. 행동주의 관점에서는 수학교육의 목적을 수학적 사실이나 기술의 습득에 두고 있으며, 기존의 수학적 사실을 습득하기 위해서는 수학 내용과 기술을 체계적으로 분석하고 단순한 것에서 복잡한 것으로, 쉬운 것에서 어려운 것으로, 위계적이고 체계적인 순서로 제공되어야 한다고 본다(홍혜경, 2010).

(1) 강화

강화는 한 행동에 뒤따르는 자극사건이 그 행동을 다시 일으킬 가능성 또는 확률을 증가시킨다는 것을 의미한다.

① 정적 강화

정적 강화는 행동 확률을 높이는 자극으로 실행한 행동에 뒤따르는 자극사건이 그 행동을 다시 일으킬 가능성 또는 확률을 증가시킨다는 것을 의미한다. 바람직한 행동을 증가시키기 위해 물건, 칭찬, 미소 등의 좋은 대상물을 주는 방법이다. 예를 들어, 물건을 정리한 유아에게 칭찬을 해 주면 그 행동이 계속 유지될 확률이 높다.

② 부적 강화

불쾌하거나 혐오스러운 자극의 철회를 통해 그 행동은 강화된다. 부적 강화는 자극의 철회를 통하여 행동이 다시 일어날 확률을 증가시키는 결과를 가져오는 것이다. 바람직한 행동을 증가시키기 위해 유아가 싫어하는 것을 없애는 방법이다. 예를 들면, 시험을 100점 맞은 아이에게 일주일간 싫어하는 숙제를 면제시켜 주는 것이다.

(2) 소거와 벌

① 소거

소거는 어떤 반응에 대한 강화를 중지하는 것으로 이러한 시도로 그 반응의 발생 빈도가 줄거나 사라지게 된다. 소거는 일상생활에서 특정 행동을 무시하는 형태를 의미하는데, 특정 행동이란 이전에 관심을 받아 강화된 것을 말한다. 예를 들면, 교사의 관심을 얻기 위해 큰 소리로 떠드는 경우 교사가 무반응을 보여 떠드는 행동을 그치게 한다. 즉, 바람직하지 않은 행동은 그런 행동이 발생할 때마다 주의를 기울여 주지 않고 계속 내버려 둠으로써 소거시킬 수 있다.

② 벌

벌은 바람직하지 못한 행동을 보여 주었을 때 싫어하는 자극을 제시하는 것을 말한다. 벌의 목적은 바람직하지 못한 행동을 억제하는 것이다. 유아의 행동을 통제하기 위해서 성인은 벌을 일반적으로 많이 사용하지만 행동을 바람직하게 변화시키는 데는 벌보다는 강화가 더 효과적이라고 행동주의이론에서는 주장한다.

(3) 관찰학습

Bandura는 인간은 사회적인 모델을 관찰함으로써 특정 행동을 배울 수 있다고 보는 사회학습이론을 주장하였다. 사회학습이론은 유기체가 직접 참여하지 않고 관찰과 모방에 의해 학습이 이루어진다고 보는 관점이다(이숙 외, 2013). 이러한 관찰학습은 타인의 행동에 대한 관찰을 통해서 하는 학습에 초점을 맞추는데, 이를 모방 또는 모델링이라고 한다. Bandura는 대리적 강화가 행동에 영향을 미칠 수 있다는 점을 강조하였는데, 대리적 강화란 자신이 아닌 모델이 받은 강화를 관찰함으로써 간접적으로 강화를 경험하는 것을 말한다. 형이 보상이나 벌을 받는 것을 관찰한 동생은 그 결과로 보상을 받은 행동은 학습하고 벌 받는 행동은 학습하지 않게 된다.

2) 행동주의이론의 수학 적용

(1) 연습, 보상과 강화를 통한 교수-학습방법

행동주의이론은 바람직한 행동을 습득하도록 하기 위해 스티커나 칭찬과 같은 보상을 제공하여 긍정적인 행동을 강화시키는 방법으로 교육현장에서 많이 사용하는 행동지도방법이다. 교사는 유아의 행동 강화를 통해 수학학습의 동기유발을 할 수 있다. 강화의 종류에는 과자, 쿠폰, 칭찬, 격려, 교사의 미소, 사회적 인정 등이 있다. 즉, 문제를 정확히 해결할 수 있을 때까지 교사는 유아에게 연습의 기회를 제공하고, 성공적으로 문제를 풀었을 때, 강화물을 제공하여 바람직한 수학행동과 수학능력을 증가시킨다.

(2) 행동주의이론과 유아수학교육

행동주의이론에 의한 교육에서 환경은 학습자의 행동을 결정하는 데 중요한 요인이다. 교사는 위계적으로 서열화된 유아수학의 학습목표를 계획하고 적용할 수 있다(신현옥 외, 2004). 이는 유아의 수준을 고려한 학습목표를 계획하여 학습과제를 세분화할 수 있으며, 유아의 행동 변화를 위하여 목표를 세밀하게 나누어 연계하여 사용할 수 있다. 그러므로 하위 수순의 과제에서 상위 수준의 위계화된 수학학습 내용을 계획하여 유아 개인별 수학학습능력에 따른 지도가 가능하다. 또한, 단번에 획득하기 어려운 수학 과제의 경우 연습의 원리를 활용하여 유아의 수학능력을 발전시킬 수 있다. 행동주의에 근거한 효율적인 학습방법은 유아가 연습과 훈련을 반복적으로 충분히 하는 것이다.

교사는 유아의 수학학습의 효과를 극대화하기 위해 강화를 통한 보상체계를 즉각 활용한다. 유아가 반응을 하면 즉시 답이 정답인지 아닌지를 알려주는데, 정답일 경우 보상을 주고 오답일 경우 교정을 해 준다. 유아가 수학 문제를 정확하게 해결하고 정답을 맞추도록 보상과 벌을 적절히 사용할 경우 유아의 수학 성취를 강화할 수 있다.

3) 아동수학지도에 주는 시사점

첫째, 유아의 수 세기를 위하여서는 수 단어를 정확한 순서대로 나열할 수 있어야 하고, 일에서 십까지의 단위목록은 암기해야 하며, 다양한 수 세기와 문제해결의 반복적인 연습이 필요하다. 수 단어의 획득은 유아 스스로 조작하여 알 수 없으며, 성인에 의한 직접적인 지도에 의해 가능하다. 이러한 관점에서 볼 때, 행동주의이론이 유아수학교육에서 적용될 수 있다. 그러므로 유아를 대상으로 무조건 연습을 시키는 학습방법을 배제하기보다 어떤 방식으로 연습하여야 하는지가 고려되어야 한다.

둘째, 행동주의에 의한 유아수학교육 목표는 구체적이고 체계적으로 계획되어야 한다. 이는 유아의 수학지식과 수학전략 등 수학능력 수준을 고려한 학습목표의 제공이 중요함을 시사한다.

셋째, 유아의 반응에 따라 효과적인 강화를 사용하여 학습효과를 극대화한다. 즉, 문제에 대한 정확한 반응을 보였을 경우 보상을 하고, 그렇지 않았을 경우 무시하여, 무엇이 정답이고 아닌지를 즉각적으로 피드백해 주는 것이 필요함을 시사한다.

3장 아동 수학능력의 발달

영유아는 이미 출생 전부터 수에 대한 기본적인 감각과 지식을 가지고 태어난다. 영유아는 자연스러운 일상생활 속에서 다양하게 활용되는 수를 경험하게 되면서 비형식적인 수학적 지식을 형성하고 발달시키게 된다. 본 장에서는 영유아의 수학능력의 발달적 특성을 연령대별(영아기와 유아기)로 구분하여 구체적으로 살펴보고자 한다.

영유아는 어린이집이나 유치원 등 형식적인 교육을 받기 이전부터 일상생활 속에서의 의미 있는 경험을 통해 자발적으로 수학에 대한 많은 비형식적인 수학적 지식을 형성한다. 예를 들면, 아주 어린 영아인 경우에도 3~4개까지의 물체 배열에 대해 민감하게 반응하는, 즉 물체의 수량에 기초하여 물체의 집합체를 변별할 수 있는 능력을 보인다. 또한, 영아 자신이 좋아하는 블록 놀잇감이나 헝겊 인형이 어디에 놓여 있는지를 찾으려면 그 위치를 정확하게 탐색하는 과정에서 여러 가지 놀잇감의 모양과 패턴을 자연스럽게 구별할 수 있다. 유아교육기관의 일과 중 급 · 간식 시간에 제공되는 간식의 종류를 구분하고, 개수를 세어 보거나 또래 친구들과 나누어 먹으면서 자연스럽게 일상생활 속에서 영유아는 자발적으로 수학적 개념을 형성한다. 이처럼 아주 어린 시기인 영아라 하더라도 적은 수에 관하여 3이 2보다 크고 2가 1보다는 크다는 수량에 관한 기본적 이해를 할 수 있는 것으로 나타나 수 관련 기술이 선천적이며, 이는 나중에 형식적인 수학적 지식 및 이해를 기반으로 하는 수학능력 기술로 발현되는 기본 토대가 된다(Gallistel & Gelman, 1992).

본 장에서는 출생 전부터 타고나는 수학적 기본 능력을 포함하여 영유아기 시기 동안 발달되는 수학적 능력에 관하여 연령대별(영아기와 유아기)로 구분하여 살펴보고자 한다.

1 영아기 수학능력의 발달

최근 영아의 인지능력에 대한 연구가 활발하게 이루어짐에 따라 이전에 인식되어 왔던 것보다는 훨씬 일찍부터 아주 어린 영아라 하더라도 기본적인 수학적 지식을 구성할 수 있는 수학적 능력을 가지고 태어난다는 것이 밝혀졌다. 즉, 신생아기에서 걸음마기에 해당하는 영아도 물체의 수량에 기초하여 물체의 집합체를 지각하는 능력, 많고 적음의 차이인 수량적 관계, 그리고 더하고 빼는 것과 같은 기본 산술적 관계를 이해하는 등의 기초 수학적 능력을 가지고 태어난다.

2세경이 되면 영아는 호기심을 가지고 주변 세계에 대해 다양하고 반복적인 탐색을 즐기며 주변의 사물과 자연세계에 대해 알고자 하는 욕구가 증가한다. 이러한 특성은 영아가 일상생활 속에서 일어나는 다양한 수학적 상황을 경험하면서 자연스럽게 수 개념을 인식하게 되는 중요한 기회를 제공한다. 특히, 이 시기 영아는 자신이 궁금해하는 것을 직접 조작해 보고, 오감각을 통해 바로 확인해 봄으로써 적극적으로 탐색하고자 하는 태도가 형성된다. 이는 이후 유아기 및 학령기로 이행되어 수학적 · 논리적 지식 및 사고를 형성하는 데 중요한 토대가 된다.

1) 다수성(numerosity)

영아의 기초적 수 관련 능력에 관한 최초의 대표적 연구는 바로 Starkey와 Cooper (1980) 의해 이루어졌다. 습관화 절차를 통해 4개월 된 영아와 7개월 반 된 영아가 2개의 물체와 3개의 물체를 변별할 수 있었지만, 그보다 많은 4개와 6개는 변별하지 못했음을 보고하였다(Starkey & Cooper, 1980). 그 이후에 다른 유사한 연구에서도 나타난 것과 마찬가지로, 아주 어린 시기의 영아라 하더라도 2~3개에 이르는 물체 항목의 양적 차이를 구분할 수 있음을 밝히고 있어 선천적으로 수량의 차이를 지각할 수 있는 인지체계를 가지고 태어남을 의미한다(Gelman, 1990). 즉, 어린 영아는 2~3개의 물체를 직접 세지 않고 수량을 인식하는 즉지(subitizing)가 가능하며, 이는 이후 수 세기 능력 발달을 위한 토대를 제공한다고 볼 수 있다(Clements, 2004).

2) 서수성(ordinality)

앞서 영아가 적은 수량을 세지 않고 탐지하고 표상할 수 있다고 하더라도 이러한 다수성을 표상하는 것이 순위를 매기는 것과는 같지 않다. 즉, 서수성에 대한 민감성은 생후 1년 6개월 이후가 지나서 형성된다. 예를 들면, 2 다음에 3이 오고, 2는 1 다음에 온다는 것을 인식하는 것은 보다 많음과 적음을 변별할 수 있다는 것이다. 12개월 이전의 영아는 더 많고, 더 적은 수량적 관계를 구분하지 못하고 단지 다르다는 것을 인식하나, 18개월 이후 영아는 같고, 많고, 적음의 관계를 인식하는 능력을 가지는 것으로 보고되었다(Wynn, 1992a).

3) 기본 산술적 관계(arithmetic relations)

출생 후 2년이 지나면 기존의 양에 새로운 물체를 더하거나 빼는 경우에 대한 산술적 관계를 인식할 수 있다. 관련 연구결과(Wynn, 1992b)에 따르면, 영아에게 물체(인형)를 보여 준 다음 스크린으로 가리고 물체를 덜어내거나, 더해지는 실험 상황에서 양적인 변화를 영아에게 직접 보여 준 후, 틀린 양을 제시할 경우 영아는 이러한 오류적 실험 상황을 더 오래 응시하는 것으로 나타났다. 영아가 예상치 못한 사건을 더 오래 응시한다는 것은 1+1=2라는 예상되는 결과를 알고 있음을 시사한다. 2−1=1이라는 예상되는 결과와는 달리 추가적 실험조작 상황에서 2−1=2라는 상황을 제시하였을 때로 스크린을 더 오랫동안 응시하는 것으로 나타났다. 이러한 결과는 영아가 양에 대한 기본적인 덧셈과 뺄셈의 산술적 관계에 대한 선천적인 감각을 가지고 있음을 나타낸다.

4) 수 단어 부여하기

영아는 양에 대한 민감한 능력을 갖고 태어난 후 점차 주변의 관심 있는 사물을 반복하여 주도적으로 탐색하고 접촉함으로써 문화적 유산인 수학적 사고방식을 습득하게 된다. 이 시기에 대표적으로 습득하는 수학적 능력은 바로 수 단어 부여하기 및 수 세기 능력이다.

1세 이후 첫 단어 획득과 함께 영아는 하나, 둘 가량의 수 이름을 말할 수 있다. 일상생활 속에서 다양한 수학적 경험과 활동을 통해 수량과 관련된 어휘들을 습득하게 되는데, 예를 들면 영아에게 과자를 제공할 때, "하나 더 먹을래?", "벌써 두 개나 먹었네!", 블록 등과 같은 놀잇감을 정리할 때에도 "하나가 모자라네.", "그림책 한 권 가져다주세요." 등과 같이 수를 나타내는 다양한 일상에서 수 명칭 또는 단어를 반복적 사용하면서 이들 간의 공통적인 관계를 인식하고 자연스럽게 수의 의미를 구성한다. 즉, '하나'라는 수와 관련된 단어는 과자나 그림책, 블록 등과 같은 물체 자체를 명명하기보다는 이것들의 관계를 나타내는 것으로 영아는 일상 속에서 스스로 '하나'라는 관계성을 능동적으로 습득해 간다.

5) 초기 수 세기 능력(구체물로 일대일 대응하기)

2세 이후 영아는 일상생활에서 넷, 다섯, 여섯, 일곱, 여덟, 아홉, 열 등의 수 이름을 말하며 수 세기 능력을 발달시킨다. 영아마다 개인차가 있지만 구체물을 일대일 대응을 해 보는 경험을 하면서 점차적으로 수량 관계를 인식하고, 구체적인 수 어휘를 표현하면서 수학적 어휘로 의사소통이 이루어지기 시작한다.

6) 주변 공간에 관심 가지기

어린 영아는 주변 사물과 상황을 능동적으로 탐색하면서 다양한 공간과 도형에 관심을 가진다. 2세경이 되면 영아는 자신을 중심으로 익숙한 위치, 장소를 인식할 수 있게 되며, 위치와 방향에 관련된 어휘를 듣고 사용하게 된다. 이 시기에 영아는 주로 생활하는 공간에서 익숙한 위치와 장소, 방향을 나타내는 어휘를 자주 접함으로써 자연스럽게 공간에 관심을 가지게 된다.

7) 주변 사물의 모양/도형에 관심 가지기

2세경이 되면 영아는 주변 사물의 모양에 따라 물체의 속성을 시각적 수준에서 인식하고 관심을 갖고 적극적으로 탐색한다. 특히, 영아는 여러 가지 모양의 생활용품이나 놀잇감, 자연물, 다양한 모양 및 크기의 블록, 공, 2~3조각의 퍼즐, 모래 놀잇감, 밀가루 점토 등을 사용하여 그림 그리기 등을 하면서 주변 사물의 모양과 특성을 인식하게 된다. 이때 자주 접하는 다양한 사물의 모양을 동그라미, 세모, 네모, 별 모양으로 인식하고 이를 표현한다.

8) 비교하기

영아는 자신을 둘러싸고 있는 주변 환경, 즉 사물에 호기심을 가지고 크기, 외형적 속성의 차이를 시각하고 관심을 보인다. 2세경이 되면 영아는 일상생활 속에서 여러 가지 사물의 속성을 탐색하면서 두 물체의 크기와 길이를 비교하고, 관련 어휘를 사용한다. 사물의 물리적 속성을 정확하게 안 다음에 이를 기초로 하여 두 물체 간의 비교하기와 순서 인식하기가 가능해진다. 다른 영아와 키 대보기, 신발 대보기, 손 대보기, 물건 두 개의 크기, 길이, 무게 비교하기 등과 같은 활동을 하면서 주변 사물의 속성의 차이에 자연스럽게 관심을 가지게 된다.

9) 간단한 규칙성 지각하기

영아는 일상에서 경험하는 단순한 반복적인 패턴과 규칙성에 관심을 가진다. 2세경이 되면 벽지나 바닥재의 색이나 무늬의 규칙성, 간단한 리듬이나 반복되는 소리나 어휘가 들어 있는 그림책 읽기, 규칙적으로 반복되는 간단한 노래나 율동을 즐긴다. 또한, 이 시기 영아는 매일 낮과 밤이 반복된다는 것을 이해하고 반복되는 노래나 음악을 듣고 동작을 해 보며 간단한 규칙성과 패턴을 이해하는 기초를 형성하게 된다.

10) 구분하기

2세 이후가 되면 영아는 주변 사물을 한 가지 속성에 따라 같고 다름을 구분할 수 있게 된다. 관심 있는 놀잇감이나 사물의 차이점과 유사점을 인식하면서 자기 나름의 기준에 의해 함께 모을 수 있게 된다. 구분하기 능력은 아주 어린 영아에게서도 발견할 수 있다. 예를 들면, 내 것과 남의 것을 변별하거나, 바깥놀이를 나가기 위해 자신의 외출복을 챙겨 오는 등의 영아의 모습은 이미 구분하기를 시작하고 있음을 알 수 있다. 그러나 2세경의 영아는 주어진 물체가 비슷해 보이기 때문에 구분해 놓은 정도이므로 성인의 관점에서 본다면 주관적이고 일관성이 없을 때가 있다. 하지만 영아기에 나타나는 구분하기 능력은 초기 한 가지 속성에 따라 사물을 비교하는 것부터 시작되어, 이후 다양한 사물 간의 관계를 고려하여 분류하는 능력발달의 기초가 된다.

11) 초기 수학적 과정 기술

영아기에 주로 사용하는 수학적 과정 기술은 영아가 사물을 조작하고 탐색하고 놀이하는 동안 이루어지는 과정과 관련된 기술로 수학과 관련된 놀잇감을 선택하기, 탐색하기, 놀이하기, 공유하기라고 할 수 있다(천혜경 · 홍혜경, 2009). 영아는 자신이 선호하는 주변의 다양한 놀잇감이나 사물을 적극적으로 가지고 탐색활동을 하면서 스스로 놀잇감을 선택하고, 익숙해지게 되면 자신의 방식으로 놀이하면서 또래와 공유하는 과정을 통해 수학적 지식을 구성한다. 따라서 교사나 부모는 영아가 수학적 활동을 통해 탐색하는 과정에서 영아 스스로 놀잇감을 선택하여 자신의 방식으로 탐색할 수 있도록 충분한 기회를 제공하고, 이후 의미 있는 타인과 상호작용함으로써 영아가 수학적 과정 기술을 발달시킬 수 있도록 지원하는 것이 중요하다.

이상과 같이 아주 어린 시기의 영아 역시도 선천적으로 타고난 수학적 감각과 지식을 바탕으로 자연스러운 일상생활 속에서 다양한 수학적 경험을 통해 초기 수학적 지식과 과정 기술을 발달시킨다.

2 유아기 수학능력의 발달

유아의 수학교육의 내용과 방법에 관한 그동안의 많은 연구들은 유아의 일반적인 인지발달에 관한 이해뿐만 아니라 유아기 수학적 개념이 어떻게 발달되는가에 관해서도 연구되어 왔다. 이전의 영아기 시기부터 다양한 여러 상황에서 초보적인 수학적 지식과 기능을 습득하고, 규칙과 논리를 구성해 가는 경험을 통해 자신의 비형식적 수학지식을 보완하고 심화시켜 나가게 된다. 이 시기 유아는 초보적인 수학적 개념과 기능을 습득한 후 일상생활 속에서 부딪히는 다양한 문제 상황에 직면하여 이를 적극적으로 활용하여 수리적으로 사고할 수 있게 된다.

본 장에서는 수와 공간 등 제한된 영역에 한하여 유아기에 형성되는 주요 수학적 개념 및 지식의 특성에 관하여 살펴보고자 한다.

1) 분류하기와 순서 짓기

Piaget(1965)는 사물의 특성을 이해하여 분류하거나 순서화하는 것은 집합(class)과 관계(relations)에 대한 이해를 포함하는 것으로 논리 · 수학적 사고의 기초가 된다고 하였다. 이에 유아기 수학교육에서는 분류와 순서 짓기는 수의 이해를 돕기 위한 사전 학습으로 중요하게 다루어져 왔다.

(1) 분류하기

분류하기는 물체의 속성이 같은 것끼리 하나의 범주로 모으거나 나누는 것으로 정보화시대의 방대한 정보를 체계적으로 처리하는 데 필수적인 능력이다(홍혜경, 2005). 영아의 구분하기 능력은 이후 연령과 경험이 증가하면서 분류 능력도 발달된다. 일반적으로 2~3세경의 유아는 주어진 물체가 비슷해 보이기 때문에 나누어 놓는 정도이지만, 4~6세경의 유아는 주로 색, 모양, 크기와 같은 외형적인 속성을 준거로 분류한다.

분류의 내용에는 크게 짝짓기, 단순분류, 복합분류, 유목포함관계가 있다(Charlesworth, 2000). 우선, 짝짓기는 분류하기의 가장 초보적인 단계로 속성이 같거나 유사한 것, 관계가 있는 것끼리 일대일(one to one correspondence) 대응을 시키는 것이다. 예를 들면, 양말을 신을 때 같은 색과 크기가 같은 짝을 고려하여 선택한다. 유아의 주변에 있는 유사한 속성과 기능을 가진 것들을 준거로 하여 짝짓기를 할 수 있다. 연필과 공책, 실과 바늘, 책상과 걸상이 연결될 수 있다. 유아교육기관에서 생활하는 유아가 자신과 자신의 소지품을 짝짓기하는 활동은 분류능력을 발달시키는 데 기초가 된다.

단순분류는 한 가지 공통된 준거에 따라 사물들의 집합을 만드는 능력이다. 유아는 나의 소유로 시작하여 남자와 여자를 기준으로 사물들을 나누는 경향을 보이는데, 이때 남녀를 구별하는 기준이 객관적이기보다는 색을 기준으로 나누는 경향을 보인다(황의명 · 조형숙 · 서동미, 2014). 단순분류의 준거는 주로 색과 모양으로 이루어지는 경향이 많으며, 처음에는 분류의 준거나 범주에 따라 분류를 하다가도 중도에 주의집중을 잃게 되어 결국에는 불완전하게 분류하는 경향을 보이기도 한다. 5~6세경 유아는 보다 지속적으로 분류의 준거를 적용하여 완전한 단순분류를 할 수 있다.

[그림 3-1] 만 4세 분류하기(재활용품) 활동

[그림 3-2] 분류하기(다양한 모양과 패턴) 활동

복합분류는 한 번에 두 가지 이상의 속성을 고려하여 분류하는 것을 의미한다. 예를 들면, 노랗고 큰 블록과 같이 유아는 일상생활 속에서 자신의 방식으로 복합분류를 한다. 다음의 유목포함 관계는 사물들의 위계적인 관계를 말하는 것으로 하위의 집단에 포함된 개념이 상위의 집단에 포함될 수 있음을 의미한다. 유아가 복합분류를 하기 위해서는 단순분류보다는 높은 인지적 수준이 필요하기 때문에 교사는 유아와의 자연스러운 대화와 지도를 통해 이를 습득할 수 있도록 도와주어야 한다. 예를 들면, '우리 반 전체 중 남자 친구들', '동물 중에서 포유동물'과 같이 전체와 부분이라는 용어를 사용하여 유아와 상호작용을 할 수 있다.

(2) 순서 짓기(서열화)

순서 짓기는 물체의 물리적 속성에 대한 차이에 기초하여 순서적인 관계를 지어 보는 것을 의미한다. 물체의 공통적인 속성이나 유사성의 속성을 인식하는 과정이 요구되는 분류와는 달리, 순서 짓기는 한 속성의 차이점을 인식하고 차이의 정도를 선별하여 순서 짓는 과정이 요구되므로 대비적인 특성이라고 볼 수 있다(홍혜경, 2010).

일반적으로 3, 4세 유아는 물체 간의 차이를 비교할 수 있는데, 처음에는 두세 개는 순서대로 서열화하지만, 그 이후 지속적으로 순서를 짓는 데 어려움이 있다. 5, 6세 유아는 여러 번의 시행착오를 거쳐 막대를 길이 순서대로 놓을 수 있지만, 한두 개를 빼 놓고 배열한 경우 다시 적절한 위치에 놓으라고 요구하면, 처음부터 순서 짓기를 하는 경향이 있다(황의명 외, 2014). 순서 짓기의 내용에는 단순 순서 짓기, 일대일 대응이 되도록 순서 짓기, 두 가지 속성에 따라 순서 짓기(복합 순서 짓기)가 있다.

단순 순서 짓기는 한 가지 속성에 따라 물체를 순서대로 배열하는 것이다. 유아는 사물의 길이가 다르거나 크기가 다른 것을 발견할 때 자연스럽게 순서화하는 경향이 있다. 예를 들면, 교실에서 키 순서대로 줄을 설 때 유아들의 키가 서로 다르다는 것을 알게 되면서 가장 작은 사람부터 가장 큰 사람 순으로 비교하여 순서화한다. 유아는 처음에는 규칙성 없이 순서화하지만, 차츰 순서화하기 위해서는 시작하는 방향이 있어야 한다는 점과 기준점을 맞춰야 한다는 것을 알게 된다. 길이와 같이 시각적인 정보에 의한 판단이 가능한 상황에서 순서 짓기가 가장 많이 일어나지만, 제일 좋은 것, 제일 싫어하는 것과 같이 자신의 주관적인 감정의 차이에 따라 순서 짓기를 하거나 뜨거운 것과 같은 자신의 감각에 의한 순서 짓기하는 경우도 있다.

이중 순서 짓기란 두 집단의 사물들을 일대일 대응하면서 순서대로 배열하는 것을 의미한다. 두 개의 사물을 대응하면서 순서화하는 이중 순서 짓기는 유아의 자연스러운 놀이 상황에서도 관찰될 수 있다. 예를 들면, 큰 인형에게는 큰 숟가락을 사용하여 많은 음식을 주고, 작은 인형에게는 작은 숟가락을 사용하여 적은 양을 주는 놀이활동을 하는 것은 이중 순서 짓기의 개념이 포함되어 있다. 『곰 세 마리』 동화를 듣고 난 후, 유아는 아빠곰–큰 그릇, 엄마곰–중간 크기 그릇, 그리고 아기곰–가장 작은 그릇을 대응하여 이중 순서 짓기 활동을 할 수 있다.

복합 순서 짓기는 길이와 무게처럼 두 가지 다른 속성을 고려하면서 순서화하는 것으로 유아가 동시에 두 가지를 비교해야 하기 때문에 단순 순서 짓기보다 어려워하는 경향이 있다. 5~6세경의 유아는 여러 번의 시행착오를 통해 이중 순서 짓기를 할 수 있지만 전체의 관계에서 체계적 배열 또는 서열을 시도할 수 있는 것은 Piaget의 관점에서 볼 때 구체적 조작기에 가서야 가능해진다. A<B, B<C이면 A<C가 된다는 이행성의 관계를 이해하는 것은 유아기 후반경에 가서야 가능해진다.

[그림 3-3] 순서 짓기(단순) 활동

[그림 3-4] 순서 짓기(이중) 활동

다음에 제시된 〈표 3-1〉에서는 유아기에 나타나는 순서 짓기 능력 발달을 크게 3수준으로 구분하여 각 수준별 행동 특성을 제시하였다(황의명 외, 2014; 홍혜경, 2005).

〈표 3-1〉 유아의 순서 짓기 능력 발달단계

수준(연령)	행동특성	비고
1수준(4세)	하나의 속성에 따라 2~3개를 비교하여 배열을 할 수 있음. 그러나 차이의 정도에 따라 순서 짓기를 완성하지 못하는 경우가 있음. 처음에는 2~3개를 순서대로 놓다가 나중에는 자신의 임의대로 가져다 놓는 행동을 한다.	
2수준(5세)	여러 번의 시행착오를 통해 순서 짓기를 시도함. 때때로 1~2개 정도 빠트리고 배열하지만, 이때 다시 빠진 것에 관하여 다시 재배열하라고 요구하면 적절한 위치에 바로 집어넣기보다는 처음부터 다시 재배열을 시도하는 행동을 보인다.	
3수준(6~7세)	전체의 관계에서 문제를 해결하고자 시도함. 체계적인 배열이 가능하고 가역적이거나 이중적인 관계도 적용하여 배열함. 즉, A<B, B<C이면 A<C가 된다는 이행성의 관계를 이해할 수 있다.	

2) 수 개념 발달

영아기에 형성된 초기 수 개념은 유아기로 접어들면서 일상생활 속에서 활용되는 수를 경험하면서 수 지식을 점차적으로 발달시킨다. 유아의 수 개념 발달에 관한 이해는 수 세기, 숫자 읽기와 쓰기, 비형식적 수 연산에 대한 내용을 포함하여 살펴볼 수 있다.

(1) 수 세기(counting)

수 세기는 사회적 · 문화적으로 전수되는 지식으로 유아는 처음에 기계적 · 암기적인 방식으로 수 단어를 배우면서 수 세기를 한다. 어린 영아는 직접 물체를 세지 않고 수량을 인식하는 수량의 범위를 넘는 다섯 이상의 물체의 양에 대한 기수적 가치를 다루기 위해 수 세기는 반드시 필요한 수단이다. 일반적으로 수 세기는 말로 세기(oral counting)와 합리적 세기(rational counting)로 구분된다.

말로 세기(oral counting)는 2세경부터 수 단어의 획득과 함께 시작되어 초등학교 저학년까지 이루어진다. 수 단어 획득이 어려운 이유는 수가 무한대로 이어진다는 것과 정해진 순서대로 말해야 하기 때문으로 보고 있다(홍혜경, 2005). 초기에는 각각 수 단어가 분리된 수 단어로 인식하지 못하여 '하나 둘 셋 넷'이란 단어로만 인식하다가 점차적으로 '하나', '둘', '셋'의 분리된 수 단어도 이해하게 된다. 1에서 10까지의 수 단어는 무조건 기계적으로 암기해야 하며, 10 이후에는 1~9까지의 단위가 반복된다는 규칙을 터득하게 된다. 미국의 유아는 3세경에 '십'까지 셀 수 있으며, 4세경에는 '삼십' 정도 셀 수 있고, 5세경에는 '백'까지 셀 수 있는 것으로 나타났다(Siegler, 1991). 우리나라 유아인 경우에는 만 2세를 전후로 고유 수 단어는 '넷'까지, 한자 수 단어는 '일'까지 세는 것으로 나타났다(홍혜경, 2005). 만 3세경에는 한자 수 이름으로 십팔까지, 고유 수 이름으로는 십일까지 셀 수 있었으며, 만 5세경 유아는 한자 수 이름으로 오십사, 고유 수 이름으로 이십육까지는 셀 수 있는 것으로 나타났다(서동미 · 윤은미 · 문주형, 2005). 유아는 고유 수 단어를 먼저 획득하지만, 연령이 높아질수록 한자 수 단어 획득량이 더 많아짐을 알 수 있다. 한자 수 단어가 규칙으로 적용하는 것이 비교적 쉽기 때문에 이러한 한자 수 단어의 규칙성으로 인해 미국 유아보다 한국 유아가 더 빨리 수 세기를 익히는 것으로 보는 관점도 있다(황의명 외, 2014; 홍혜경, 2010).

수 단어의 획득과정에서 유아의 말로 세기(oral counting)를 살펴보면, 초기 유아는 이러한 수 세기의 규칙을 부분적으로 이해하고 있음을 알 수 있다. 예를 들면, 유아가 수 세기를 할 때, 서른여덟, 서른아홉, 서른열이라고 세지만, 마흔이라는 10단위는 말할 수 있어서 이후 마흔아홉까지는 어려움 없이 셀 수 있다. 이처럼 스물아홉, 서른아홉, 마흔아홉 등 아홉에서 비교적 오래 멈추는 것은 유아가 단위목록(digit list)은 비교적 쉽게 획득하나 십 단위 이름은 상대적으로 습득이 어려운 것으로 볼 수 있다(Fuson, 1990).

유아가 수의 이름과 세는 사물을 연결시키지 못하고 단순히 암기하여 기계적으로 수 세기(rote counting) 과정에 집착하여 의미 없는 수 세기를 하는 경우에 합리적 수 세기(rational counting)로 이행을 위해서는 수 세기 원리를 완전하게 이해하고 있어야 한다. 합리적인 수 세기 원리는 다음과 같다(Clarlesworth & Lind, 2009, Fuson, 1988).

① 안정된 순서의 의미: 수를 셀 때는 수 단어가 똑같은 순서로 적용된다는 것을 의미한다. 예를 들면, 사물의 수를 셀 때 하나 다음에 둘, 셋, 넷, 다섯과 같이 수 이름을 관습적인 방법으로 일관성 있게 세는 것이다.

② 일대일 대응의 원리: 물체 하나에 한 개의 수 단어가 부여되는 것을 의미한다. 유아가 일대일 대응의 원리에 입각하여 과제를 잘 수행하기 위해서는 이미 센 것과 세지 않은 것을 분할하여야 하며, 각 물체에 하나의 수 단어를 부여하는 두 가지 과정의 협응이 요구된다. 이러한 협응 과정을 돕기 위해 유아가 주로 사용하는 전략은 바로 손가락으로 가리키며 세는 방법인 지적하기가 있으며, 또한 이미 센 물건을 옮겨 놓는 것은 센 부분과 앞으로 셀 부분을 물리적으로 쉽게 구분 지을 수 있다. 유아가 초기에 이러한 일대일 원리를 대입하여 수 세기를 활동을 하는 과정에서 주로 범하는 오류로는 물체의 항목을 빠뜨리고 세거나 이미 센 것을 다시 세는 경우를 들 수 있다.

③ 기수의 원리: 물체의 수를 셀 때 마지막 항목에 적용된 수 단어는 그 집합의 전체 수량을 나타내는 것을 이해하는 것이다. 즉, 유아는 어떤 물건의 개수를 셀 때 가장 마지막에 센 수가 그 집합의 전체 개수를 말해 준다는 것을 이해하면, 다시 수 세기를 하지 않더라도 전체 수를 알 수 있다.

④ 추상화의 원리: 구체물만이 아니라 서로 다른 물체로 된 집단의 수도 셀 수 있거나, 경험이나 사건 등과 같은 정신적 실체도 수 세기를 할 수 있음을 의미한다. 예를 들면, 하나의 바구니에 블록이 두 개, 다른 바구니에 블록이 세 개가 있을 때, 하나, 둘, 셋, 넷, 다섯 하고 세는 것이다. 추상화의 원리를 이해하지 못하는 유아는 두 개 그리고 세 개라고 한다.

⑤ 순서 무관의 원리: 배열된 항목을 세는 순서는 수량과 무관하다는 것을 이해하는 것이다. 세는 물건의 수량을 알기 위해서는 어떤 항목에 어느 수 단어를 대응시켜야 하는지, 어디서부터 수 세기를 시작하여야 한다든지와 같은 순서와는 상관이 없다는 의미이다. 예를 들면, 왼쪽에서 오른쪽으로 세어 나가든지, 위에서 아래로 세어 가든지 간에 그 순서는 전혀 무관하며, 순서와 관계없이 똑같은 기수를 나타낸다는 것을 이해해야 한다.

아주 어린 연령부터 수 세기 기술이 발달한다. 3세 유아는 처음에 물체를 일렬로 늘어놓은 수를 세지만, 5세경의 유아는 다른 배열로 되어 있는 좀 더 큰 집합의 사물들의 수를 셀 수 있다. 대다수의 3세 유아는 두 집합의 사물들이 서로 가깝고 비슷하게 놓여 있으면 같은 수라고 믿는 경향이 있지만, 4세 경이 되면 그들이 서로 같은지 다른지를 대응시켜 비교하는 과정으로 발달한다. 이처럼 유아가 수 단어와 세는 물건을 서로 연결하여 한 집단 내에 있는 물건의 개수 또는 수량을 완전히 이해할 때 비로써 합리적 수 세기(rational counting)를 할 수 있다.

[그림 3-5] 수 세기 활동(동일한 색상 찾아 수 세기)

(2) 수 표상하기(쓰기)

수에 대한 표상은 유아가 수 개념에 대한 이해를 손가락이나 자신만의 그림 또는 기호로 표시하거나, 숫자와 글자로 나타내는 것을 의미한다. 유아가 숫자를 완전하게 이해하기 위해서는 숫자의 모양과 이름을 인식하고, 숫자와 그에 해당하는 물체의 양을 연결시킬 수 있어야 한다. 연령이 낮은 유아인 경우에는 숫자의 모양을 시각적으로 변별하고 그 이름을 기억해야 하는 일은 쉬운 일이 아니다. 특히, 생긴 모습이 비슷한 숫자 '6'과 '9', 그리고 '2'와 '5', '3'과 '8'을 자주 혼동하는 경우가 있다(이경우 · 홍혜경 · 신은수 · 진명희, 2000). 또한, 숫자를 쓰기 위해서는 눈과 손의 협응력, 세심한 소근육 조절과 협응 능력, 시각적 변별력 및 좌우 변별력이 있어야 하며, 개 · 폐 개념을 이해할 수 있어야 한다(홍혜경, 2010).

[그림 3-6] 블록으로 수 표상하기(만 3세)

[그림 3-7] 수 쓰기 활동(만 3세)

[그림 3-8] 수 쓰기 활동(만 5세)

(3) 수의 더하기와 빼기

수의 더하기와 빼기, 즉 기본적인 산술은 전 세계 문화권에서 보이는 활동이다. 전 세계 아동은 처음에는 자신이 속한 문화의 세기 체계를 사용함으로써 산술 계산을 하고, 세기를 하는 데 도움이 되도록 구체물, 손가락과 같은 신체 일부분에 의존하는 것과 같은 유사한 발달 특징을 보인다. 어린 영아의 경우 2까지의 양(1+1)과 유아인 경우에는 4까지의 국한되는 산술에 대한 초기의 직관적 이해 및 내재적 산술적 개념을 형성하고 있는 것으로 나타났다(Starkey, 1992).

유아는 더하기, 빼기의 문제 상황에서 수 세기 전략을 사용하여 문제를 해결하는데, 유아 스스로가 의도적인 학습 없이 획득한 전략과 연결될 때 효과적으로 이루어진다. 덧셈 상황에서 수 세기 전략을 사용할 때 나타나는 발달적인 경향을 살펴보면 다음과 같다. 유아는 처음에는 구체적 물체를 전부 센다(counting all). 그 후에는 구체적 물체의 세기가 정신적 수 세기 책략으로 전환하는 중간 과정에서 손가락 세기(counting finger)로 대치된다. 그 후 점차 정신적 수 세기 책략으로 더해지는 수(피가수), 나음부터 계속 세기나 두 수 중 큰 수 다음부터 계속 세기로 발달한다. 예를 들면, '구슬이 2개 있고 또 3개가 생긴다면 모두 몇 개인가?"라고 주어진다면, 구슬을 2개 놓고 3개를 더 놓은 다음 1부터 5까지 모두 세어 보고 "5개."라고 대답하는 것이다. 손가락을 이용하여 대체물을 직접 일대일로 대응하여 수를 세어 보다가, 처음에 언급된 수 2개부터 더해지는 수 3만큼 계속 세기를 하거나 언급되는 두 수 중 더 큰 수인 3부터 적은 것까지 계속 세기를 한다.

유아기에 나타나는 초기 덧셈 절차 및 전략적 특성에 관하여 살펴보면 〈표 3-2〉에 제시된 바와 같다(Fuson & Kwon, 1992a, 1992b).

〈표 3-2〉 유아의 초기 덧셈 절차 및 전략적 특성

전략		설명	예시
구체물 세기		피가수와 가수가 구체물로 제시된 후, 물체들은 1부터 시작하여 세어짐	'2+3'을 풀기 위하여 두 개의 블록을 세고 난 후, 남은 세 개의 블록을 셈. 그리고 마지막으로 다섯 개의 블록을 모두 셈
손가락 세기		피가수와 가수는 유아 자신의 손가락으로 표현됨. 손가락은 보통 1부터 시작해서 세어짐	'2+3'을 풀기 위해 왼손의 손가락을 두 개, 그리고 오른손의 손가락 세 개를 폄. 유아는 편 손가락을 세기 위해 차례로 각각의 손가락을 움직여 셈
소리 내어 세기	모두 세기	유아는 1부터 시작해서 피가수와 가수를 연속적으로 셈	'2+3'을 풀기 위해 유아는 "1, 2, 3, 4, 5."라고 센 후, "5"라고 말함
	첫 번째 수부터 세기	유아는 피가수의 값을 말하고 난 후, 가수의 값에 해당하는 수만큼 셈	'2+3'을 풀기 위해 유아는 "2, 3, 4, 5."라고 센 후 "5"라고 말함
	더 큰 수부터 세기	유아는 더 큰 가수의 값을 말하고 난 후, 더 작은 가수의 값에 해당하는 수만큼 셈	'2+3'을 풀기 위해 유아는 "3, 4, 5." 라고 센 후, "5."라고 말함
유도된 기초 연산 (해체하기)		가수 중 하나가 두 개의 더 작은 수로 해체되어, 이 수들 중 하나가 다른 가수에 더해져 10을 만듦. 그런 다음 이 10에 남은 수를 더함	'8+7'을 풀기 위해 1단계: 7=5+2 2단계: 8+2=10 3단계: 10+5=15
기초 연산 인출		장기기억으로부터 기초 연산들을 직접 인출함	'2+3'을 풀기 위해, '5'를 직접 인출함

빼기 상황에서 사용되는 수 세기 전략에는 전체 사물의 수에서 빼는 수만큼 덜어내고 남은 사물을 세는 덜어내기 전략과 빼는 수에서 빼어지는 수로 세어 올라가는 전략과

빼어지는 수에서 빼는 수만큼 거꾸로 세어 내려가는 전략이 있다(Fuson & Kwon, 1992a, 1992b).

다음의 〈표 3-3〉에서는 일반적으로 유아가 사용하는 간단한 뺄셈 절차 및 전략에 관한 내용을 요약하여 제시하였다.

〈표 3-3〉 유아가 사용하는 간단한 뺄셈 절차 및 전략적 특성

전략		설명	예시
간단한 뺄셈			
구체물 세기	분리하기	피감수의 값은 물체로 나타낸 후, 감수에 해당하는 물체의 수만큼 제거함. 남아 있는 물체의 개수가 답이 됨	'3-1'을 풀기 위해 세 개의 블록을 세고 난 후, 한 개의 블록을 없앰. 답을 얻기 위해서 남아 있는 블록을 "1, 2."라고 셈
	더하기	감수의 값은 물체로 나타냄. 피감수의 값이 될 때까지 블록들이 추가됨. 답은 감수에 더해진 블록의 개수가 됨	'3-1'을 풀기 위해 블록 한 개를 셈. 그리고 남은 두 개의 블록을 추가함. 유아가 "1, 2." 라고 셈
	짝짓기	물체 두 줄이 일대일 방식으로 대응되고, 각각의 줄은 피감수와 감수를 나타냄. 답은 짝 지어지지 않는 물체의 개수임	'3-1'을 풀기 위해 한 개의 블록으로 구성된 줄을 세 개의 블록으로 구성된 두 번째 줄과 나란히 정렬함. 답을 얻기 위해 짝 지워지지 않는 두 개의 블록을 "1, 2."라고 셈
손가락 세기		피감수의 값은 그에 대응하는 손가락을 폄으로써 표현됨	'3-1'을 풀기 위해 먼저 세 개의 손가락을 폄. 그리고 한 개의 손가락을 접고, 답을 얻기 위해 나머지 편 손가락을 "1, 2."라고 셈
소리 내어 세기	순방향으로 세기	피감수의 값에 도달할 때까지 감수로부터 세어 감. 답은 센 횟수로 나타냄	'3-1'을 풀기 위해 유아는 "2, 3."이라고 셈
	역방향으로 세기	피감수로부터 감수의 값과 같아질 때까지 거꾸로 셈. 답은 센 횟수로 나타냄	'3-1'을 풀기 위해 "2."라고 셈
인출		장기기억으로부터 기초 연산들을 직접 인출함	'3-1'을 풀기 위해 '2'를 인출함

출처: 신현기 외(2012).

(4) 동일한 양의 묶기와 나누기

수 세기가 익숙한 유아는 하나씩 세기보다는 둘씩 또는 다섯씩 묶어 세기를 할 수 있으며, 이는 묶어 세기가 효율적인 세기 전략임을 이해하고 있음을 나타낸다. 유아기 수 세기 전략 중 둘씩, 셋씩, 다섯씩 묶어 세기(skip counting)는 추후 형식적 수학학습을 위한 기초가 될 수 있다.

반면, 같은 양으로 나누기 능력인 경우에 3세경의 유아도 동등하게 나눌 수 있으며, 5세경의 유아는 일대일 대응전략을 활용하여 큰 수도 나눌 수 있게 된다. 이처럼 유아기 동등한 양으로 나누는 전체-부분 관계에 대한 이해는 추후 측정, 어려운 나눗셈, 분수 등의 수학학습에 중요한 기초가 된다.

3) 공간과 기하

공간과 기하를 이해한다는 것은 공간 내 물체 간의 공간적 관계, 물체를 구성하는 선과 면 등의 형태적 관계, 그리고 공간 내에서의 회전이나 이동과 같은 변형적 관계를 아는 것이다(홍혜경, 2005). 따라서 유아가 공간과 기하를 학습한다는 것은 생존을 위해 자신을 둘러싸고 있는 환경을 적극적으로 탐색하고 알아야 하는 필수적인 지식과 능력인 것이다.

이미 1850년대 유아교육의 선구자이면서 최초 유치원을 설립한 Fröbel은 기하학적인 도형들과 이들을 직접적으로 조작함으로써 기본 도형의 특성과 관계를 이해하고 탐색할 수 있도록 교구 '은물'을 개발하여 교육과정에 포함시켰다. 최근 국내외 유아교육과정에서도 기하와 공간은 분수나 측정 등의 추후 수학학습의 유용한 도구적 역할을 한다고 인식하여 관련 내용이 포함되었다.

공간은 위치와 방향, 거리 등과 관련된 것이므로 위상학적 기하라고 하며, 도형은 점, 선분, 모양, 크기, 모서리 등의 형태를 다루기 때문에 유클리드 기하라고 한다. Piaget(1964)는 유아는 원, 사각형, 삼각형 등의 모양을 구별하기 이전에 멀고, 가깝고, 선의 개·폐개념을 먼저 인식하므로 위상학적 기하를 획득한 후, 유클리드 기하개념을 발달시킨다고 주장하였다.

(1) 공간능력

일반적으로 공간능력이란 공간으로부터 자극을 변별하고, 인식하며, 사전의 공간에 관한 경험에 기초하여 주어진 자극을 해석하는 능력으로 볼 수 있다(Grande, 1990, 황의명 외, 2014 재인용). 유아의 공간능력은 글자나 숫자 쓰기, 정보를 요약한 차트나 도표 읽기, 지시에 따라 위치 찾기, 지도 읽기, 언어로 묘사된 것을 시각화하는 것과 같은 활동과 긴밀하게 연결된다. 유아기 시기에 형성된 공간능력은 이후 공간에 대한 정신적 상(mental image)을 구성, 표상, 변형 및 조작하여 공간적 추론을 할 수 있는 능력으로 발전되어 현대사회 다양한 산업 분야에서 요구되는 중요한 수학적 능력으로 중요시되고 있다.

유아기 공간개념의 발달 과정을 구체적으로 살펴보면 다음과 같다(황의명 외, 2014).

① 1단계(8~24개월)

* 8개월 이전의 영아는 자신의 시야 안에 들어오는 물체만 인식할 뿐만 아니라 사물과 공간의 관계에 대해서는 인식하지 못한다.
* 8~12개월의 영아는 자신이 가지고 있던 놀잇감이 시야에서 사라지면, 그것을 찾으려는 시도를 하지만, 자신의 위치를 중심으로 한 특정 방향으로만 기어간다.
* 12~18개월의 영아는 자신의 위치가 변하는 것에 좌우되지 않고 놀잇감을 감춘 방향으로 찾기를 시도한다.
* 18~24개월의 영아는 가지고 있던 놀잇감이 사라졌을 때 없어진 경로를 정신적으로 표상하여 위치를 추적할 수 있다.

최근에는 어린 시기 영아도 자기주도적 움직임의 경험이 초기 위치를 표상하는 데 긍정적인 영향을 주는 것으로 나타났다. 즉, 더 많이 기어 다닌 영아는 매번 주변 환경의 변화에 관계지어 표상하는 경험을 하게 되므로 위치 표상이 더욱 정확해진다. 따라서 어린 영아에게도 스스로 기어 다니고 움직임을 많이 허용하는 물리적 환경 제공 및 양육자의 허용적 태도를 유지하는 것이 중요함을 시사한다.

② 2단계(2~4세)

* 이 시기의 영유아는 놀잇감을 다른 곳으로 이동시켜도 여전히 모양과 크기가 동일하다고 인식하는 데 어려움이 있으며, 다른 측면에서 보았을 때 사물이 어떻게 보이는가를 이해하기 어렵다.
* 모양과 크기, 형태, 방향에 대한 개념을 발달하지 않았지만, 근접, 개폐, 안과 밖, 분리, 순서 등의 위상학적 개념을 점차적으로 습득하기 시작한다. 예를 들면, 이 시기 영유아가 그린 사람의 그림을 보면, 얼굴 안에 눈과 코, 입을 그리고 얼굴 밖에 목과 몸통, 그리고 몸통에 팔과 다리를 붙여서 그린다.

③ 3단계(4~7세)

여전히 이 시기 유아는 자기 중심적 표상(egocentric representation), 즉 자기를 중심으로 사물들의 공간적 관계를 이해하는 경향을 나타낸다. 하지만 이러한 임의적 · 자의적으로 공간을 지각하는 경향은 점차로 하나의 사물과 다른 사물 간의 관계를 상호 관련지어 의식적으로 인식하는 것으로 변화된다. 예를 들면, 등원 후 이야기 나누기 활동 시간에 또래와 함께 자리에 앉아 자리의 넓고 좁음에 관한 대화를 나누면서 옆(자신의 오른쪽과 왼쪽)에 누가 앉았는지 공간적으로 파악한다. 그러나 그림을 그리면서 집과 나무, 나무와 나무 사이, 안과 밖 등 위치와 방향, 개 · 폐–경계, 순서 등을 고려하여 그리지만, 여전히 사물의 상대적 크기나 서로 간의 거리를 고려하는 데에는 어려움을 느낀다.

[그림 3-9] 블록으로 성 만들기 활동 (공간지각 및 표상능력)

[그림 3-10] 거미줄 안에 걸린 거미잡기 활동 (공간지각)

(2) 기하

Piaget(1964)는 영아기까지는 직관적 공간을 구성할 수 있으며, 유아기에는 표상적 공간을 구성한다고 하였다. 그 예로, 3세 유아가 삼각형과 사각형의 모양을 구분하여 그리지 못하는 것을 흔히 볼 수 있는데, 유아가 폐쇄된 형태인 삼각형과 사각형을 다른 것으로 인식하지 못하고 있기 때문이다. 열고 닫혀 있는 폐쇄의 개념은 인식하지만, 모양의 차이에 대한 이해에 있어 발달적 차이를 보이는 것은 어린 유아는 모양의 한 측면만을 고려하거나 두 측면 간의 특성적 차이를 연결하여 고려하지 못하기 때문이다(Clements, 1999).

Clements(2004)는 어린 유아부터 도형의 개념을 이해하기 시작하여 만 3~6세경이면 기하학적 지식을 나름대로 습득한다고 하였다. 일반적으로 동그라미(원)를 가장 먼저 이해하고, 그다음 정사각형, 삼각형의 순으로 이해한다. 그러나 동일한 도형이 기울기나 비율이 달라져 변형될 경우 모양을 인식하는 데 어려워한다. 일반적으로 유아에서 초등학교 저학년까지의 기하학적 이해 수준을 제시하자면 다음과 같다(Clements, 2004).

① 1수준

유아는 시각적 수준에서 모양을 인식할 뿐만 아니라, 완전하지는 않지만 모양의 특성이나 성질을 설명할 수 있다.

② 2수준

도형에 대해 언어적으로 말할 수 있고, 부분적으로 도형에 대한 추상적 지식을 형성한다. 그러나 모양의 집합 간의 관계는 이해하기 어렵다(예를 들면, 정사각형은 똑같은 4개의 변을 가지고 있으며 그것은 직사각형에 속할 수 있음).

③ 3수준

도형에 대한 추리적 관계를 포함하는 추상적 지식을 사용한다.

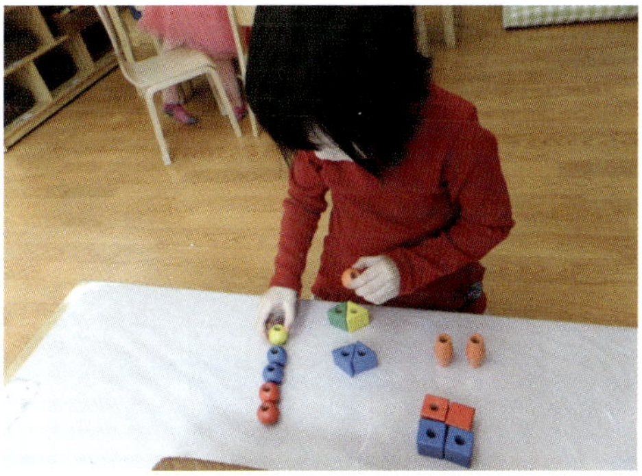

[그림 3-11] 만 3세 유아의 기하(도형) 이해 능력

[그림 3-12] 만 4~5세 유아 기하개념 이해 (표상하기)

유아의 모양에 대한 선호나 인식은 문화적 요인에 의해 영향을 받는 것으로 보고된다. 예를 들면, 유아교육기관에서 유아에게 제공되는 놀잇감이 주로 네모, 세모, 동그라미 등과 같은 고정적 형태만은 제시하고 있다(홍혜경, 2007). 대칭적인 형태의 모양 또는 도형만은 제시하는 환경적 요인은 유아가 고정적인 시각적 원형(visual prototypes)을 가지는 데 영향을 미친다(Clements, 2004). 유아들이 일상생활 속에서 다양한 퍼즐, 패턴블록, 적목, 탱그램 등과의 놀이에서 직관적 · 경험적으로는 각도를 인식하면서 뒤집기나 회전 등의 개념을 적용하고 있음에도 불구하고 입체도형의 모양을 그릴 때는 이러한 각도의 특성이 나타나지 않는 경향이 많다. 따라서 유아기 수학교육에 다양한 도형(기하)의 속성에 대한 탐색 기회를 제공하고 이와 관련된 교육적 내용을 포함시킬 필요가 있다.

4) 측정

인류 역사에서 아주 오래전부터 사람들은 사물의 양을 알기 위해 사물에 수를 적용하여 왔다. 하지만 연속된 양을 다룰 때에는 수를 부여하는 것이 쉽지 않다는 것을 알게 되었다. 따라서 길이, 무게, 부피 등과 같은 연속적인 물체의 양을 다룰 때에는 이를 분리된 양으로 나누어 수를 부여하는 방법을 창안하였는데, 이처럼 한 집합 또는 물체의 연속적인 양에 수를 부여하는 수학적 과정이 측정이다(Clements & Sarama, 2000).

[그림 3-13] Piaget의 양의 보존실험 과제

유아의 측정개념에 관한 이해 및 발달에 관한 연구는 Piaget(1964)가 수, 양, 길이, 부피, 면적 등에 관한 보전 개념의 이해를 연구하면서 시작되었다. 우선, 전조작기의 유아는 지각적인 판단에 의해 크기가 같은 컵의 물을 크기가 다른 컵으로 옮겼을 때, 높아진 컵의 물이 많다고 판단하게 되고, 진흙덩이도 소시지와 같이 길에 늘어놓은 경우가 더 많다고 판단하는 경향이 강하다. Piaget에 따르면, 전조작기에서 구체적 조작기에 해당되는 유아에게서도 양에 대한 중요한 발달적 변화를 보인다고 주장하였다.

구체적 조작기의 유아는 직관보다는 논리적 조작이나 규칙을 적용하기 시작하여 문제를 해결하고자 한다. Piaget에 의하면, 유아는 물체의 외형적 변화에도 빼거나 더하지 않으면 여전히 초기 특성들이 보존된다는 보존개념이 형성된다고 보았다. 보존개념은 가역성(reversibility), 보상성(compensation), 동일성(identity)이라는 개념의 획득이 전제되어 있어야 보존개념을 가지고 있다고 볼 수 있다.

가역성(reversibility)이란 길게 늘어뜨린 진흙은 다시 뭉치면 진흙공으로 되돌아갈 수 있는 성질로 두 개의 양이 동일하다는 것이다. 보상성은 길게 늘어뜨린 진흙은 길지만 가늘고, 진흙공은 길이는 짧지만 굵기 때문에 진흙의 양은 동일하다는 이해이며, 마지막으로 동일성은 더 이상의 진흙이 첨가되거나 제거되지 않으면 진흙공과 길게 늘어뜨린 진흙의 양은 동일하다는 것이다. 전조작기 유아와 달리 구체적 조작기에는 높이와 폭이라는 두 가지 차원을 동시에 고려할 수 있으므로 이러한 보존개념 발달이 가능해진다고 보았다. 여러 형태의 보존개념은 특정한 시기에 한꺼번에 획득되는 것이 아니라,

수와 길이, 양에 대한 보존개념을 가장 먼저 획득하고, 그다음에는 무게, 그리고 부피에 대한 보존의 개념은 가장 늦게 습득하는 것으로 나타났다(한유미, 2013; 홍혜경, 2007).

정확한 측정을 하기 위해서는 측정의 개념과 절차의 이해뿐만 아니라 측정을 위한 기술을 적용할 수 있어야 한다. 예를 들면, 유아는 양을 잴 때 시작점을 동일하게 하고 단위 간의 간격이 없어야 하며, 나누어진 단위에 수를 부여할 때 단위의 측정이 끝난 후에 수 단어를 부여해야 한다는 것을 배워야 한다. 따라서 측정의 절차와 기술을 발달시키기 위해서는 구체물을 비교할 수 있는 다양한 기회를 제공하고, 이때 비표준화된 임의 단위로 측정(예: 직접 발 길이로 재어 길이 비교하기/우유나 요구르트 용기로 양을 재어 비교하기/주사위를 사용하여 무게 비교하기 등)해서 점차적으로, 표준화된 측정도구(예: 자/양팔저울/계량컵 등)를 이용하여 측정하는 것이 바람직하다.

[그림 3-14] 키 측정 활동

[그림 3-15] 손바닥으로 교실 물건 측정하기

[그림 3-16] 손뼘으로 교실 물건 측정 후 기록하기 활동

[그림 3-17] 저울을 이용하여 측정하기

5) 시간

시간 개념은 단순히 현재 '시각'을 말할 수 있는 능력뿐만 아니라 하루일과의 흐름과 어제, 오늘, 내일 등과 같은 '사건의 연속적 순서'나 사건이나 관계를 이해하는 능력까지도 포함한다(Charlesworth & Lind, 2009).

시간은 구체물을 통해 확인할 수 있는 개념이 아니기 때문에 그동안 유아교육과정에서 주요 내용으로 다루지 않았다. 그러나 유아도 자신의 경험 중에서 우선인 것과 나중인 것의 순서를 인식하고, 그다음으로 일반적인 사건의 발생 순서를 이해하기 시작한다(황의명 외, 2014; 홍혜경, 2005). 반면에 시각 개념은 그 이후에 나타나는데, 일상생활 속에서 규칙적인 일과 시간이나 시계를 사용하여 자연스럽게 형성될 수 있다. 시각 및 시간의 간격(예: 5초, 30초 동안)에 대한 개념 발달을 위해 모래시계나 요리용 시계를 사용하여 유아에게 시간의 경과에 대해 시각적으로 확인하도록 도울 수 있다.

유아가 학습해야 할 시간 개념으로는 개인적 시간, 사회적 시간, 그리고 문화적 시간이 있다(Clarlesworth & Lind, 2009). 우선, 개인적 시간은 유아가 자신의 경험을 중심으로 과거-현재-미래를 생각하는 것이다. 유아는 가까운 과거에 대해에서는 '어제', '그저께/그때'라고 표현하고, 먼 과거에 대해서는 '옛날에', '내가 아기였을 때', '내가 동생반이었을 때" 등과 같이 표현한다. 미래에 관해서는 '내가 형님/누나반으로 간다면,' '내가 학교에 가면' 등과 같이 자신의 앞으로 경험할 일과 관련해서 표현한다.

사회적 시간은 유아가 사회적응을 위해 정해진 일과를 이해하고, 이에 맞게 행동하는 것을 의미한다. 유아는 자유선택활동 이후 정리정돈을 해야 한다든지, 점심 식사 후 양치질을 해야 한다는 등과 같이 사회 활동을 통해 정해진 일과의 순서를 예측하는 능력을 사회적 시간 개념으로 볼 수 있다.

앞서 유아의 개인적 시간과 사회적 시간개념에 대한 이해를 바탕으로 유아의 문화적 시간의 개념으로 확장된다. 유아기에는 시계와 달력과 같은 객관적인 시간을 이해하는 것으로 시간개념 발달을 위한 교육의 목적과 내용에 맞추기보다는 자신의 경험을 중심으로 한 개인적 시간과 하루일과의 순서에 기초하는 사회적 시간개념 발달을 위한 다양한 지원활동을 제공하는 것이 바람직하다.

6) 자료 수집 및 결과 제시(통계)

21세기 정보화 시대에 어떤 현상이나 문제를 해결하기 위해서 다양한 정보를 수집하고 분석, 이를 활용하는 능력을 갖추는 일은 매우 중요하다. 이에 유아기 수학교육에서는 수, 기하, 측정의 전통적 수학교육 내용 이외에 기초 통계가 반영되고 있는 추세이다. 자료 수집과 분석을 통해 문제해결을 할 수 있는 기초 통계는 유아가 다음과 같은 발달과정을 거쳐야 가능해진다(안경숙 · 김소향, 2015; 황의명 외, 2014; 홍혜경, 2005).

① 필요한 정보나 자료 수집하기

3세경의 유아는 같은 것끼리 짝은 짓는 등과 같이 짝짓기와 같은 분류가 가능하다. 4~5세 유아는 필요한 정보나 자료를 수집하기 위해 의견 조사하기, 책 찾아보기, 관찰하기, 실험하기 등 다양한 방법으로 탐구하려는 문제에 가장 적절한 방법을 선택하는 경험을 한다. 처음에는 한 가지 속성에 따라 분류하다가, 나중에는 다른 기준을 사용하여 재분류할 수 있다. 수집한 자료의 분류와 재분류는 어떤 기준과 속성에 따라 자료를 분류하고 조직하는 것이 적절한지 결정할 수 있게 된다. 이 과정에서 유아는 왜 자료를 모았고, 어떤 방법으로 정리하면 좋을지 생각해 보면서 여러 가지 자료의 분류와 정리 기준 중에서 가장 적합한 방법을 찾을 수 있게 된다.

② 자료조직과 결과 나타내기

5세 유아는 수집한 정보와 자료의 분류를 토대로 그 결과를 그림, 사진, 기호나 숫자를 사용해서 그래프로 나타낼 수 있다. 즉, 다른 사람들이 알아볼 수 있도록 그래프로 나타내고, 그래프가 나타내는 의미를 설명할 수 있게 된다. '가장 많은', '가장 적은', '~보다 많거나 적은' 등의 수량적 관계를 말로 설명할 수 있다.

③ 자료 해석 및 확률적 사고의 표현

5세 이후 유아는 그래프의 작성과 해석과정을 통해 처음에 탐구하고자 했던 문제가 어떻게 해결되었는지를 확인할 수 있다. 나아가 유아는 불확실한 상황에 대한 개인적 평가로서의 잠정적 확률에서 출발하여 여러 번 관찰한 결과와 경험을 기초로 하여 점차 정확한 확률적 추정에 이루게 된다. 즉, '더 그럴 것 같은' 또는 '덜 그럴 것 같은'과 같은 확률적 사고의 표현이 가능해진다.

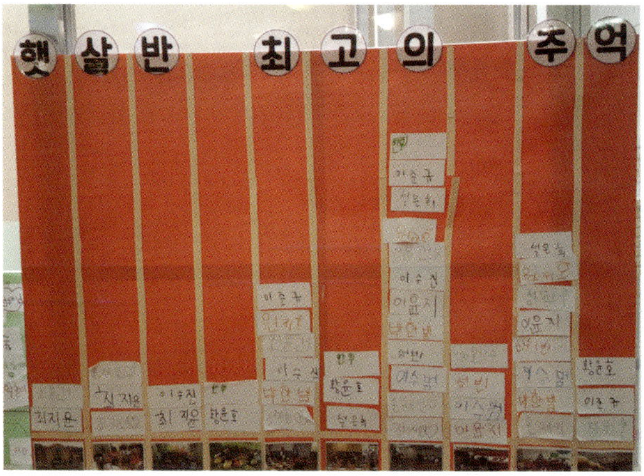

[그림 3-18] 통계활동

지금까지 영유아의 수학능력의 발달적 특성을 영아기와 유아기로 구분하여 살펴보았다. 한편, 영유아의 수학적 발달능력에 관한 영유아를 위한 연령별 국가적 수준의 표준보육과정(0~2세) 및 누리과정(만 3~5세)에서도 수학적 탐구영역을 마련하고, 각 연령별 영유아들이 획득해야 할 수학 내용을 제시하고 있다. 본 장에서 제시한 영유아기 수학능력 및 발달적 특성을 포괄하여 영유아의 연령별 수학적 능력 발달과정을 요약하여 제시하면 다음의 〈표 3-4〉와 같다.

〈표 3-4〉 영유아의 수학적 능력발달 과정

연령	수학적 능력	
만 2세 미만	• 수의 연산 • 수량적 비교(3~4개 정도) • 물체의 수량화(2~3개 정도)	
2세	• 수 세기 능력(1~4까지) • 수 단어 획득(하나~넷)	
만 3~5세	• 수 세기 능력	– 4세: 1~10 – 5세: 1~20(기수개념 발달)
	• 수 단어 습득	– 3~4세: 열까지 – 5세: 스물까지
	• 그림, 언어, 숫자나 기호 표상능력 발달	– 3~4세: 그림 표상 능력 – 4~6세: 언어적 표상 능력 – 5~6세: 기호 표상 능력
	• 수 연산 능력	덧셈과 뺄셈 – 3세: 부분적인 5 이하의 더하기와 빼기 – 4세: 5 이하의 더하기와 빼기 – 5세: 10 이하의 더하기와 빼기 곱셈과 나눗셈 – 4~5세: 2, 3, 4로 나눌 경우 12나 24까지 가능
	• 분류, 서열, 패턴(규칙성)에 대한 이해능력	– 3~4세: 소리, 동작, 단어, 문장 등의 규칙성 이해 – 5~6세: 스스로 규칙성을 만드는 능력
	• 공간, 기하개념 이해능력	– 2세: 정신적 공간표상능력 발달 – 3~4세: 위상학적 특성(예: 사물의 위치, 방향, 거리와 관련된 개념의 관점에서 공간관계 이해 – 5~7세: 모양의 특성을 인식(예: 입체, 평면의 공통점과 차이점 인식)
	• 측정	– 길이, 부피, 무게, 면적에 대한 보존개념 획득 – 시간개념 – 어림측정
	• 통계 및 확률	– 실물 그래프 – 그림 그래프 – 상징물 그래프

제2부

아동수학교육의 내용

4장 아동수학교육의 내용

아동수학교육의 내용은 유아의 수학적 소양을 증진시키고 수학능력을 길러줄 수 있는 내용으로 구성되었다.
2013년 3~5세 누리과정에서는 유아수학교육 내용으로 수와 연산의 기초개념 알아보기, 공간과 도형의 기초개념 알아보기, 기초적인 측정하기, 규칙성 이해하기, 기초적인 자료 수집과 결과 나타내기 등이 포함되어 있다.

수 개념

인간의 기본적인 수 감각(number sense)은 태어날 때부터 갖고 태어난다는 생득적이고 보편적인 능력이라고 보고 있다(Gelman, 1982). 즉, 많은 연구자들은 수를 가르치기 이전의 어린 영아에게도 물체의 양을 수량화할 수 있는 능력이 있으며, 유아는 일상생활 속에서 다양한 수가 사용되는 것을 경험하게 되고 이에 따라 수를 인식하고 발달시켜 나간다고 주장한다.

피아제 이론에 의하면, 수 개념의 획득은 수의 보존개념에 대한 이해를 의미하는데, 물체의 지각적 변형이나 이동에도 불구하고 수량이 유지되는 것을 수의 보존개념이라고 한다. 따라서 수 개념의 이해는 물체에 대해 정확하게 추리할 수 있는 능력인 '양의 보존'에 대한 이해가 가능할 때 이루어진다고 볼 수 있다(이경우 외, 1997). 또한, 유아기의 수 개념 획득은 분류, 서열화, 일대일 대응을 통한 동등성 이해라는 논리적 조작이 선행되어야 가능하다고 보았다(이정욱 외, 2006).

Piaget는 수 보존능력의 발달을 3단계로 설명하였고, 수의 보존개념을 중심으로 유아의 수 개념 발달과정은 다음과 같다.

Ⅰ단계 총체적 비교 단계	일대일 대응을 할 수 없으며, 물체의 공간적 배열 형태에 근거하여 크기를 비교(두드러진 특징–길고 짧고, 넓고 좁고에만 관심을 갖는 단계)  (A가 B보다 많다고 판단)
Ⅱ단계 직관적 단계	일대일 대응을 할 수 있으나 지속적이지 않다. 여전히 물체의 공간적 배열 형태에 따라 직관적으로 판단(직관적 · 시각적 판단에 의해 결정하는 단계) 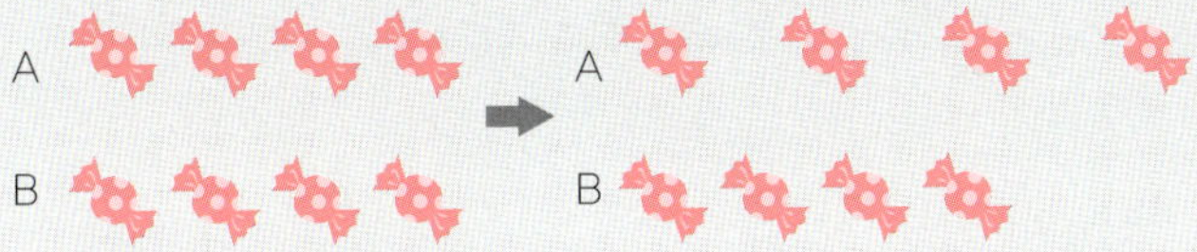 (A와 B가 같다고 판단) (A가 B보다 많다고 판단)
Ⅲ단계 조작적 단계	일대일 대응이 지속적으로 가능하므로 물체의 공간적 배열 형태가 바뀌어도 물체의 수는 변하지 않음을 인식(직관적 · 시각적 판단에 더 이상 의존하지 않고 논리적으로 생각하는 단계)  (A와 B가 같다고 판단)

수 개념의 학습내용으로는 일대일 대응, 수 세기, 숫자 인식, 더하기와 빼기, 부분과 전체 등이 있다.

1 일대일 대응

일대일 대응(one to one correspondence)은 물체 하나에 수 단어가 하나씩만 대응되어야 함을 의미한다. 수를 헤아리는 사람은 어떤 물체도 뛰어넘어서는 안 되며, 같은 숫자를 여러 번 사용해서는 안 된다. Gelman(1982)은 어린 영아가 일대일 원리에 대한 다소의

암묵적 이해를 하고 있으며, 유아도 수를 어떻게 헤아려야 하는지 알고 실행하나 정보처리가 과중하거나 다른 어려움으로 오류 없이 이를 수행하기는 어렵다. 유아는 수 세기 초기에는 세는 물건을 빠뜨리거나 반복해서 헤아리는 실수를 하게 된다. 다음은 일대일 대응의 원리와 관련하여 실수를 하는 유아의 사례이다.

호빈이가 가방에 있는 초콜릿(M&M's) 봉지에서 초콜릿을 꺼내어 손안에 들고 있다. 민수가 호빈이를 보자 초콜릿을 달라고 한다. 옆에 있던 수빈이도 먹고 싶다고 달라고 하자 호빈이는 초콜릿이 몇 개 있는지 세어 보고 준다고 한다. 눈으로 초콜릿 수를 센다.

호빈: 하나, 둘, 셋, 넷, 다섯, 여섯, 일곱, 여덟, 아홉, 열, 열하나, 열둘, 열셋, 열넷, 열다섯(실제는 열하나임).

민수: 열다섯 아니잖아.

호빈: 아니야, 열다섯이야. (초콜릿 알 하나를 가리키며) 하나, 둘, 셋, …, 열다섯.

(만 4세 유아)

1) 어린이집(유치원) 일과를 통해 비형식적인 일대일 대응 경험을 이용한다.

예 "파랑 분단 친구들 수만큼(5명) 식판을 가지고 오세요." – 식판 5개를 가져온다.
"칫솔걸이에 자기 칫솔을 걸어 놓으세요." – 양치 후 칫솔을 하나씩 걸어 놓는다.

2) 일대일 대응을 지도할 때 나음과 같은 사항을 고려하여 난이도를 조절한다(한유미, 2009 재인용).

(1) 대응할 물체의 지각적 속성

같은 물체들끼리 대응시키는 것(B)보다 관련성 있는 다른 물체들끼리 짝짓는 것(A)이 더 쉽다.

(A) (B)

(2) 대응할 물체의 개수

대응할 물체가 많을수록 대응하기가 어려우므로 처음 일대일 대응을 할 때에는 5개 이내에서 시작하여 차츰 개수를 늘려 간다.

(A) (B)

(3) 대응할 물체의 일치 여부

대응할 물체의 개수가 같을 때 대응하기가 더 쉽다. 만약, 여자아이와 짝지어지지 못한 남자아이가 있는 경우 짝궁을 찾아 일대일 대응을 하려고 계속 찾으려 노력할 것이다. 유아는 대개 짝이 맞아떨어지는 것을 좋아한다.

(A) (B)

(4) 대응할 사물의 연결 여부

대응할 사물들을 서로 붙일 수 있거나 선으로 연결할 수 있을 때 대응하기가 쉽다.

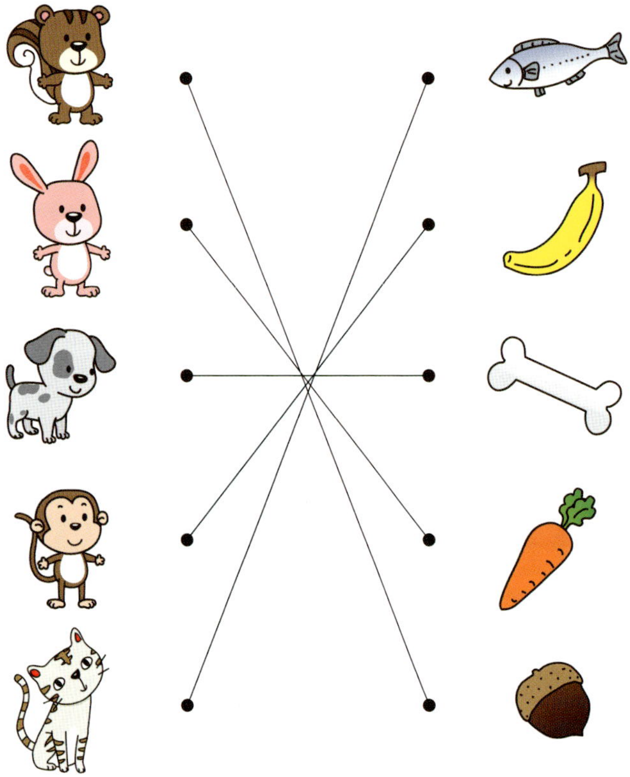

2 수 세기

수 세기는 영유아 시기 보통 2세를 전후하여 수 세기의 기초로 수 개념을 익히기 시작한다. 수 세기에 대한 지식을 갖게 되면 양적 관계를 기술하기 위해 수를 사용하며, 일상생활에서의 구체적이고 실제적 수 세기는 수에 대한 상징으로 발달하도록 돕는 중요한 역할을 한다. 일반적으로 유아는 서수보다는 기수를 먼저 알며, 서수개념의 발달을 위해서는 먼저 서열화와 순서개념이 형성되어야 한다.

수는 사용되는 상황에 따라 수가 지닌 의미가 상이하며, 이는 수의 사용 기능에 따라 다음 〈표 4-1〉과 같이 여섯 가지로 구분될 수 있다(문연심, 2009 재인용).

〈표 4-1〉 수 사용 기능의 유형

수 세기	내용
기계적 수 세기 (rote counting)	물체를 세는 행동 없이 수의 이름을 관습적인 순서대로 세는 것을 말한다. 예) 숨바꼭질할 때 수 세기
합리적 수 세기 (rational counting)	물체를 하나씩 일대일 대응해 가면서 세는 것을 말한다. 예) 식탁 위에 수저를 올려놓도록 했다.
기수적 맥락 (cardial context)	물체의 개수가 몇 개인지 말할 수 있는 경우이다.
서수적 맥락 (ordinal context)	순서적으로 배열된 집합 안에서 물체가 차지하는 상대적인 위치나 상대적인 수량을 나타내는 경우이다.
측정적 맥락 (measure context)	특정 단위가 몇 번이나 들어가는지를 나타내는 데 수 명칭이 적용되는 상황이다.
임의적 맥락 (nonnumerical context)	전화번호나 차량번호와 같이 특정 대상을 단순히 명명하기 위한 목적으로 사용되는 경우이다.

1) 말로 수 세기와 물체 수 세기

(1) 말로 수 세기

① 기계적 수 세기: 기억에 의해 수의 이름을 순서대로 암송하는 수 세기를 말한다.

② 말로 수 세기는 다음과 같이 지도할 수 있다.

* 말로 수 세기와 관련된 노래를 지도한다.

(예: 열 꼬마 인디언 "한 꼬마, 두 꼬마, 세 꼬마 인디언……")

* 수 세는 방법이 두 가지(고유 수, 한자 수)로 유아가 혼돈하지 않도록 지도한다.

(예: 숫자 노래- "일은 랄랄라 하나이고요, 이는 랄랄라 둘이고요……")

(2) 물체 수 세기

① 합리적인 수 세기: 각 숫자의 이름을 물체와 순서대로 짝을 짓는 물체의 수 세기를 말한다.

② 물체 수 세기는 다음과 같이 지도할 수 있다.

* 일상생활에서 물체 수 세기 기회를 제공한다.
  - 분단 인원수 파악
  - 견학 시 인원수 파악
  - 간식 컵 또는 접시 수 파악
* 수 세기 상황을 용이하게 만든다.
  - 고정된 물체보다는 만지거나 이동시킬 수 있는 물체를 이용한다.
  - 물체를 불규칙 또는 원형으로 배열하기보다 규칙적으로 나란히 배열한다.
  - 이미 센 것은 따로 모아 두면서 앞으로 세야 할 것과 구분을 쉽게 한다.

③ 합리적인 수 세기에 필요한 원리를 살펴보면 다음과 같다(Gelman & Gallistel, 1978; Smith, 1997).

* 일대일의 원리

일대일의 원리(one-to-one rule)는 이름을 물체 하나에 한 번씩 대응하면서 순서대로 말할 수 있는 것을 의미한다. 세어야 할 물체는 일직선으로 배열해 놓고, 센 물체는 한쪽으로 옮겨 놓아야 세어야 할 부분과 쉽게 구분할 수 있다. 또한, 영유아에게는 손가락으로 사물을 집어가며 세도록 하는 것이 도움이 된다.

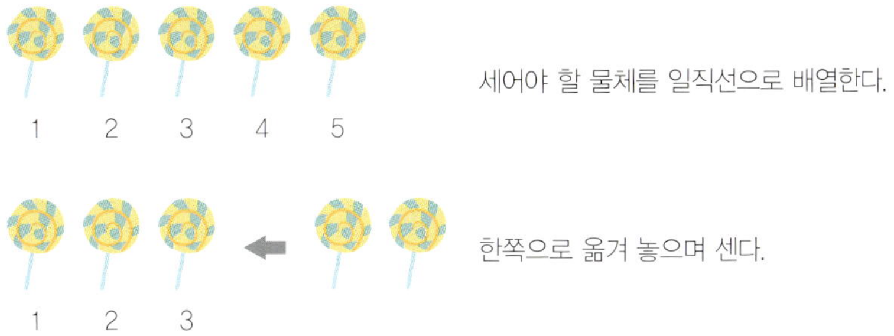

[그림 4-1] 일대일의 원리

* 안정된 순서의 원리

안정된 순서의 원리(stable order rule)는 수 이름을 순서대로 암기하여 말할 수 있는 것을 의미한다. 영유아는 숫자를 셀 때 처음에는 "하나, 둘, 셋, 넷, 다섯."까지는 안정된 순서로 수를 말하고 그 뒤 숫자들은 건너뛰어 세거나 다시 앞의 숫자로 돌아와 말하는("…여섯, 여덟, 일곱, 아홉.") 등 다양한 시행착오를 통해 숫자의 순서를 익히고 안정된 순서에 따라 수 세기가 가능해진다.

[그림 4-2] 안정된 순서의 원리

예 영유아가 9까지 셀 수 있으려면 적어도 9 이상의 숫자 명칭 10까지도 알아야 한다.

* 기수의 원리

기수의 원리(cardinal principle)는 마지막에 센 수의 이름이 그 집합의 전체 수량을 나타내는 것을 의미한다. 일대일 원리나 안정된 순서 원리 이후에 발달하는 원리로 영유아에게 마지막 센 수를 크게 말해 보게 하면 기수의 원리를 이해하는 데 도움이 된다.

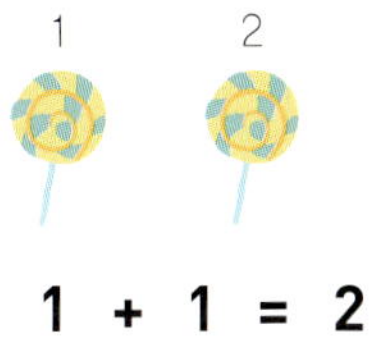

[그림 4-3] 기수의 원리

예 "접시에 귤이 몇 개 있니?"라고 물었을 때 귤의 수를 세면서 마지막 수를 강조한다.

* 순서무관의 원리

순서무관의 원리(order irrelevant principle)는 물체의 수 세기를 할 때 어떤 물체부터 세기를 해도 수의 양은 변하지 않는다는 것을 의미한다. 즉, 오른쪽에서 왼쪽으로, 왼쪽에서 오른쪽으로, 위에서 아래로, 아래에서 위로 등 어디서부터 세든 결과는 마찬가지임을 실제로 확인하는 것이 도움이 된다.

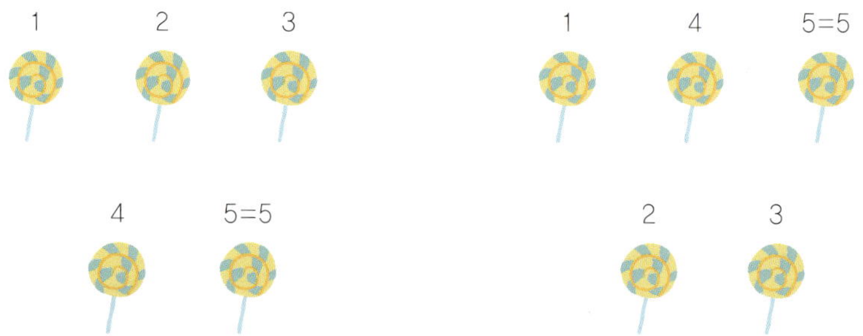

[그림 4-4] 순서무관의 원리

* 추상화의 원리

[그림 4-5] 추상화의 원리

추상화의 원리(abstraction rule)는 수 세기 대상과 관계있는 원리로 세어야 할 대상이 구체적으로 관찰할 수 있는 물체뿐만 아니라 경험이나 사건 등과 같은 정신적 실체도 수 세기가 가능하다는 것을 의미하는 것이다.

예 "얼룩말, 코뿔소, 원숭이 모두 세 마리 있어.", "이번 주에는 눈이 두 번 왔지."

2) 큰 수 세기

우리나라 유아의 경우 만 4세가 되면 1에서 10까지는 기계적인 수 세기나 합리적인 수 세기를 할 수 있다(나귀옥, 2002). 만 5~6세 유아의 경우 30까지 수를 셀 수 있고 그 이상의 수를 세는 데도 관심을 갖는다(홍혜경, 2004). 10 이상의 큰 수는 1~9까지의 수 세기에서 반복되는 수 이름을 사용하여 10을 한 묶음으로 셀 수 있다. 이처럼 큰 수에 대한 이해는 작은 수들을 다루면서 반복되는 패턴을 인식하고 수들 간의 관계를 연결하면서 이해할 수 있으므로 큰 수를 다룰 수 있는 기회와 더불어 적절한 지도가 필요하다. 예를 들어, 색연필 12개 구체물을 사용하여 10 한 묶음과 2개를 만들고 '십이'라고 수 이름을 말해 본다. 큰 수 세기를 할 때 지도방법은 다음과 같다(한유미, 2009).

첫째, 얼마까지 세었나 잊지 않기 위해서 세기 표(////)로 기록한다.

둘째, 구체물을 일정한 개수(5개씩)로 묶어서 세어 나간다(skip counting).

5 5 5

다섯씩 묶어서 세어 봄으로써 곱셈을 경험한다.

셋째, 큰 수의 구체물을 다양한 방법으로 배열해 본다. 큰 수를 같은 양으로 나누어 봄으로써 나눗셈을 경험한다.

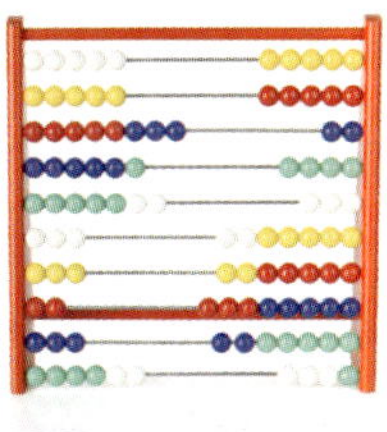

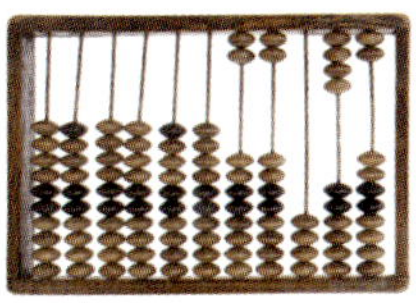

3 숫자 인식

숫자 인식은 숫자의 모양이 서로 다르다는 것을 인식하고 숫자를 구별할 수 있는 것이며, 수 인식은 숫자의 모양을 구별하여 이름을 말하고 이에 해당되는 수의 양이 얼마인지 아는 것이다. 그러므로 수와 숫자는 다르다. 수는 생각되는 것, 즉 아이디어에 해당하고, 숫자는 이러한 아이디어에 대한 이름이나 상징을 말한다(Eliason & Jenkins, 1990).

4세 이전의 유아는 수 모양을 인식하고 이름을 말하더라도 그 수에 맞는 양을 이해하는 데에는 어려움이 있을 수 있다. 대부분의 유아는 3세에 10까지의 이름을 말할 수 있지만 각기 다른 숫자의 수량을 나타내는 그 양이 변하지 않는다는 사실을 이해하는 것은 4세 이후에 가능하다(한유미, 2009 재인용). 예를 들면, 30까지 암송하는 만 3세 유아에게 색연필 6개를 달라고 하자 유아는 4개를 건넨다. 교사는 4개가 아니라 6개를 달라고 하자 1개를 더 준다. 이처럼 숫자 암송은 가능하지만 그 수에 맞게 색연필을 가져오지 못할 수 있다.

따라서, 숫자를 인식하기 위해 다음과 같은 사항을 고려하여 지도하도록 한다.

[그림 4-6] 일상생활 속에서의 숫자

첫째, 일상생활 속에서 숫자를 발견하고 조작해 볼 수 있는 기회를 만든다. 예를 들면, TV 리모컨, 계산기, 전화기, 자동차 번호, 자, 달력, 상품 가격표, 영수증, 아파트 동 주소 등에서 숫자를 찾아 읽어 본다.

둘째, 유아가 쉽게 숫자를 인식할 수 있도록 이미지를 구성해 돕는다. 예를 들면, 청각 활동과 시각 활동을 통한 숫자 인식을 구성해 보도록 한다.

하나 하면 할머니가 지팡이를 짚고서 잘잘잘~
둘 하면 두부장수 두부를 판다고 잘잘잘~
셋 하면 새색시가 거울을 본다고 잘잘잘~
넷 하면 냇가에서 빨래를 한다고 잘잘잘~
다섯 하면 다람쥐가 알밤을 깐다고 잘잘잘~
여섯 하면 여학생이 공부를 한다고 잘잘잘~
일곱 하면 일꾼들이 나무를 팬다고 잘잘잘~
여덟 하면 엿장수가 엿을 판다고 잘잘잘~
아홉 하면 아버지가 신문을 본다고 잘잘잘~
열 하면 열무장수 열무를 판다고 잘잘잘~

[그림 4-7] 청각적 활동

[그림 4-8] 시각적 활동

셋째, 다양한 감각을 통한 숫자 쓰기의 기회를 갖는다.

대근육을 이용해 공중에 숫자 써 보기, 모래숫자카드, 모루 숫자 만들기, 몸으로 숫자 만들기, 색찰흙으로 숫자 빚기, 지오보드에 숫자 만들기, 줄로 숫자 만들기 활동 등이 있다.

[그림 4-9] 다양한 감각을 통한 숫자 쓰기

4 더하기와 빼기

더하기와 빼기는 수 개념을 이해하는 데 중요한 연산능력으로 초등학교 교육과정에서는 매우 중요시 다루고 있다. 또한, 누리과정의 구성 방향에서도 살펴보듯이 초등학교 교육과정과 연계적 측면에서 볼 때 유아기에 연산에 대한 충분한 사전 경험은 더하기와 빼기 문제를 해결하고 책략을 사용하는 능력을 기르는 데 필요하다.

최근 연구에 따르면, 생후 5개월의 어린 영아도 1개에 1개를 더하면 2개가 된다는 것을 인식한다고 보고하고 있다(Wynn, 2000). 또한, Gelman과 Gellistel(1978)의 연구에서도 2~4세의 유아가 더하기와 빼기의 계산은 직접 하지 못하지만 수량이 원래의 양을 변화시킨다는 것을 이해할 수 있는 것으로 보았다.

유아가 4~5세경이 되면 비형식적인 더하기나 빼기를 통해 여러 가지 전략을 사용하게 되는데 우리나라 유아가 주로 사용하는 전략을 연구한 결과(강대은, 2003; 신은수, 1995)를 살펴보면 다음과 같다.

1) 더하기 전략

사물이나 대상을 합하였을 때 모두 몇 개가 되는지를 아는 것으로 '더하다'의 용어를 사용한다. 유아가 사용하는 더하기 전략을 살펴보면 다음과 같다(정연희, 2014).

(1) 두 집합 수를 모두 세기(counting-all)

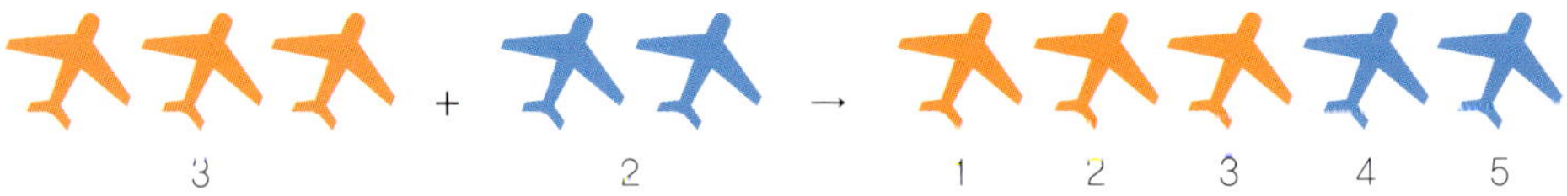

(2) 두 집합 수 중 특정 수에서 시작하여 이어 세기(counting-on)

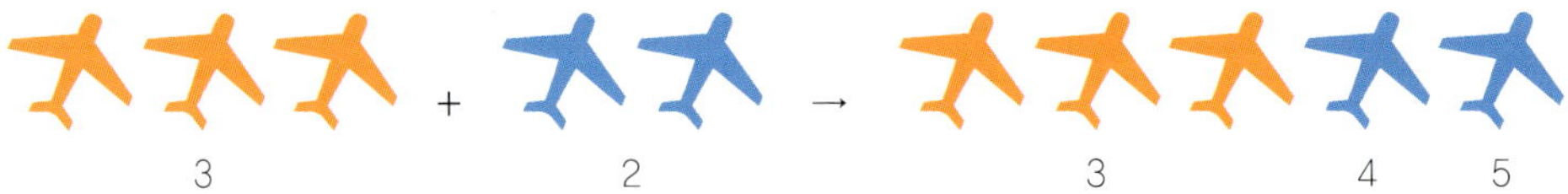

2) 빼기 전략

빼기는 전체 사물에서 뺏을 때 몇 개가 남았는지, 두 집단에 포함된 사물의 수량이 얼마나 차이가 있는지 아는 것으로, '빼다', '~보다 많다', '~보다 적다' 등의 용어를 사용한다. 유아가 사용하는 빼기 전략을 살펴보면 다음과 같다(정연희, 2014).

(1) 큰 수에서 작은 수를 덜어내고 세기(seperating from)

(2) 큰 수에서 작은 수의 양만큼까지 거꾸로 세어 내려가기(counting-down)

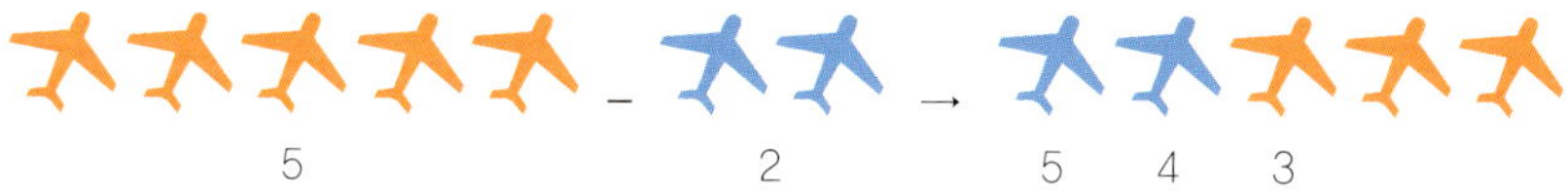

5 부분과 전체

수의 부분과 전체의 개념은 전체가 여러 부분으로 나눠질 수 있고 이런 부분들이 다시 모여 하나의 전체가 될 수 있다는 개념이다. 부분과 전체에 대한 이해는 논리적 사고의 중요한 부분이며, 유아가 수의 부분과 전체를 이해하기 위해서는 하나의 수가 두 개 이상의 수로 나누어진다는 것을 이해해야 한다. 수의 부분과 전체의 관계는 전체(특정 수)를 여러 개의 부분으로 조합해 보는 경험을 통해 발달한다. 예를 들면, 5는 3과 2, 1과 4, 0과 5 또는 1과 2와 2, 1과 1과 3, 1과 1과 1과 2 등으로 나누어 셀 수 있다는 것을 이해하는 것은 수의 더하기 빼기의 기초가 되는 것이다.

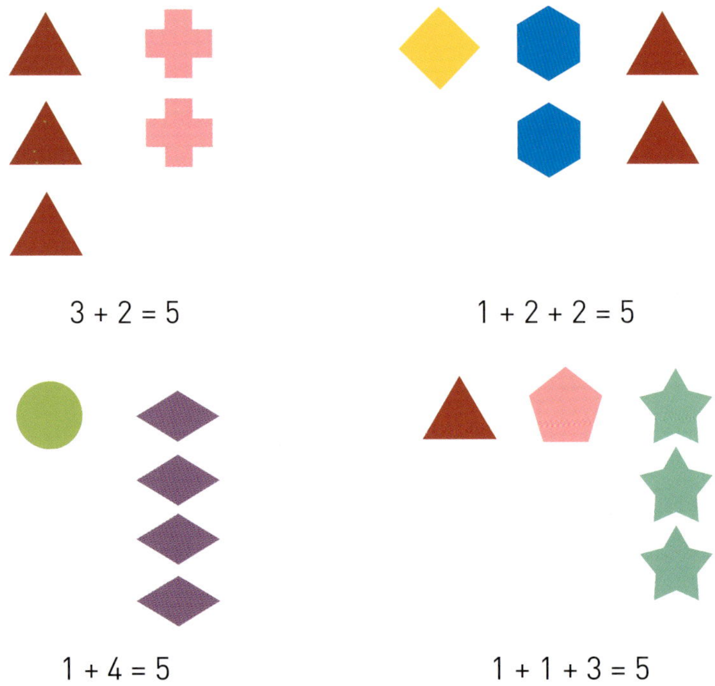

'3과 2', '1과 4', '0과 5'는 '5'를 구성하고 있다는 것을 이해하는 것은 수의 더해지고 빼지는 것의 기초가 되고, 일상생활에서 케이크를 같은 크기로 등분하거나 피자를 같은 크기로 등분하여 먹는 것은 이후 분수개념을 이해하는 데 기초가 된다.

> 호빈: 선생님, 빨대 팔찌를 만들었어요.
> 교사: 빨대를 모두 몇 개 끼웠어요?
> 호빈: (빨대를 센다.) 10개 끼웠어요.
> 교사: 빨간, 노랑, 파랑 빨대로 끼웠네? 빨강 빨대는 몇 개이고 노랑, 파랑 빨대는 모두 몇 개씩이야?
> 호빈: 빨강 빨대는 하나, 둘, 셋, 넷, 노랑은 하나, 둘, 셋, 파랑도 하나, 둘, 셋이요.
> 교사: 빨강 넷, 노랑 셋, 파랑 셋 모두 몇 개인가요?
> 호빈: 네 개, 세 개, 세 개 모두 열 개요.
>
> (만 5세 유아)

유아가 일상생활 속에서 부분과 전체 관계를 이해하고 익숙해지기 위해서는 다음과 같은 활동을 지도한다.

* 일상생활에서 부분과 전체와 관련된 어휘를 자주 사용한다.
  예 "우리 반 전체는 몇 명이지요? 20명이요. 그중 분홍 분단 10명이 색종이를 먼저 받고, 노랑 분단 10명은 색종이를 두 번째로 받도록 하자.
* 일상생활에서 부분을 합쳐 전체로, 전체를 나누어 부분이 되도록 하는 경험을 한다.
  예 "그림 퍼즐을 여러 조각으로 나누어 보자. 다시 조각퍼즐을 맞추면 전체 그림이 된다.
* 더하기와 빼기의 기초가 되는 부분과 전체가 되는 경험을 한다.
  예 "다섯 개의 블록을 두 개로 나눈다면 몇 개와 몇 개로 나눌 수 있니?
* 곱하기와 나누기의 기초가 되는 부분과 전체가 되는 경험을 한다.
  예 "12개의 한과를 4명이 똑같은 수로 나눠 먹으려면 몇 개씩 나눌 수 있니?
* 분수개념의 기초가 되는 부분과 전체 경험을 한다.
  예 "사과를 똑같은 크기 4조각으로 잘라 보자."
  "피자를 똑같은 크기 8조각으로 잘라 보자."

공간과 도형

기하학은 특정 공간 안에서의 도형의 성질을 연구하는 것이다(이정욱 외, 2006).

영유아 수학교육과 관련하여 기하는 위치, 방향, 거리 등의 공간과 관련된 위상학적 기하와 점, 선분, 모양, 크기 등의 여러 가지 모양의 평면도형이나 입체도형을 다루는 유클리드 기하로 크게 두 가지로 나누어 볼 수 있다.

기하는 19세기에 Fröbel이나 Montessori에 의한 영유아 수학교육에서도 중요한 내용으로 다루어져 왔으나 20세기 초 아동의 사회성 발달이 강조되면서 퍼즐 활동이나 쌓기 활동의 일부분이 놀이 형태로 수용되었다. 그러나 최근 들어, 기하는 주변의 구체물과의 관계나 조작뿐만 아니라 구체물 자체 속성을 포함하고 있어 영유아의 발달특성에 적합하다는 인식이 확산됨에 따라 중요한 영유아 수학교육 내용으로 강조되고 있다(홍혜경, 2004).

기하학은 도형의 성질을 연구하는 일(유클리드 기하학)에서 출발하여 '도형이 놓인 자리'로서의 공간에 대한 생각(위상학적 기하학)으로 발전하게 되었다(한유미, 2009). 그러나 영유아는 삼각형, 사각형, 마름모 등의 모양을 구별하기 이전에 가깝고, 멀고, 선이 열리고 닫혀 있는 것을 먼저 인식한다. 이에 대해 Piaget는 영유아가 위상학적 기하의 개념을 먼저 획득하고 유클리드 기하를 이해하게 된다고 하였다(황의명 외, 2012).

1 공간

1) 공간개념의 발달

공간능력이란 공간으로부터 자극을 변별하고 인식하여 자극을 해석하는 능력으로 영유아가 주변 세계를 이해하고 살아가기 위한 필수적인 요인이다. 영유아의 공간개념 발달은 4세 이전부터 안과 밖, 열리고 닫히는 것, 멀리 떨어져 있는 것과 가까이 붙어 있는 것에 대한 개념 등을 습득하기 시작한다.

영유아가 사물들 간의 위치 관계를 이해하고 공간개념을 형성하는 것은 오랜 기간을 통해 이루어진다. 공간개념은 다음과 같은 3단계를 거쳐 발달한다(Read & Patterson, 1980).

(1) 1단계(8~24개월)

8개월 이전의 영아는 자신의 시야 안에서 볼 수 있는 물체만 인식할 뿐 사물과 공간에 대해서는 인식하지 못한다.

8~12개월 영아는 가지고 놀던 장난감이 시야 밖으로 사라졌을 때, 몸을 움직여 장난감을 찾으려고 시도하고 공간 속에서 장난감을 잡거나 떨어뜨리는 등의 조작하는 경험을 한다.

12~18개월 영아는 자신의 공간 안에서 위치를 인식하고, 물체와 물체 사이의 위치 변화를 인식하게 된다.

18~24개월 영아는 가지고 놀던 공이 사라졌을 때, 소파 밑으로 굴러 반대쪽으로 굴러갔다는 경로를 정신적으로 그려서 위치를 추적할 수 있다.

(2) 2단계(2~4세)

2~4세 유아는 사물을 다른 곳으로 옮겼을 때 사물의 모양과 크기가 동일하다는 것을 이해하지 못하며, 사물을 처음 위치에서 다른 측면으로 옮겨 보았을 때 어떻게 보일지를 이해하기 어렵다. 이 시기 유아는 근접, 개폐, 안과 밖, 분리, 순서 등의 위상학적 개념을 습득하기 시작하였으나 모양과 크기, 형태, 방향에 대한 개념은 발달하지 않았다.

엄마의 얼굴을 폐곡선으로 그렸고 그 안에 눈, 코, 입이 있음을 알고 그렸다. 공간적으로 배열은 균형을 맞추지는 못했지만 눈, 코, 입은 가까이 그리고 팔과 다리는 멀리 떨어져서 그렸다.
즉, 위상학적 개념이 발달되어 서로 가까이 있는 부위와 멀리 있는 부위를 정확히 알고 있는 것이다.

[그림 4-10] 4세 유아의 인물화

(3) 3단계(4~7세)

이 시기의 유아는 사물과 사물 간의 공간관계를 인식하기 시작하며, 처음에 공간관계는 사물을 보고 단순히 나열하는 방식으로 표현하게 된다. 예를 들면, 견학 시 찍은 사진을 보고 사물이 어디 있는지를 물어보면 "나무가 있어요, 코끼리도 있어요. 원숭이가 바나나를 들고 있어요."라고 말한다. 점차적으로 사물과 사물 간의 관계뿐만 아니라 자신의 관점에서 사물 간의 공간관계를 표현하게 된다. 예를 들면, "나는 식탁 앞에 앉아 있다. 내 뒤에는 TV가 있다.", "나는 영재와 가까이 있고, 혜승이와는 멀리 있다."라고 자신의 관점에서 표현한다. 이후 타인의 관점에서도 사물의 위치를 표현하게 되는데, "수진이는 거울과 가까이 있고, 피아노와는 멀리 있다."라고 말한다.

이처럼 유아는 자신을 중심으로 위치(위, 아래, 옆, 앞, 뒤), 방향(위쪽, 아래쪽, 앞쪽, 뒤쪽, 왼쪽, 오른쪽)', 거리(가깝다, 멀다)를 포함한 탐색으로 시작하여 점차 공간 내의 물건들 간의 관계를 인식하고 설명하게 된다. 유아의 공간에 관한 인식은 다음과 같은 3단계를 거쳐 발달한다(홍혜경, 2004).

① 자기 중심 표상(egocentric representation)

자기 자신을 중심으로 공간을 인식하는 것이다. 예를 들어, 율동 시간에 선생님이 오른손을 들었을 때, 유아는 자신의 위치에서 이해하여 왼손을 들었다고 생각하는 경우이다.

② 지표물 중심 표상(landmark-based representation)

주변 환경에 있는 큰 나무나 큰 건물을 지표로 삼아 인식하는 것이다. 새로운 곳에 갈 때 특징적인 건물을 지표로 위치를 기억한다. 9개월이 된 영아는 엄마를 지표물로 활용하여 표상하기 시작하며, 1세경에는 가까이 있는 물체에 목표를 국한하여 지표물을 사용할 수 있다. 2~3세경이 되면 먼 지표물도 활용할 수 있으나 자신이 움직이면 위치를 잃어버리기도 한다. 5세경이 되면 여러 지표물을 활용하게 되어 자신의 위치에 덜 의존적이 된다.

③ 객관적 표상(allocentric representation)

주변 환경의 목표물을 일반적이고 객관적인 참조체계와 관련지어 나타내는 것이다.

앞의 두 표상은 언어적 표현이 가능하지만 객관적 표상은 언어로만 표현할 수 없으며, 추상적인 참조체계를 포함해야 하므로 유아에게는 어려운 과제이다. 대략 초등학교 3학년 정도가 되면 여러 체계를 조작하는 정신적 지도(mental map)를 형성할 수 있다. 예를 들면, 블록, 집, 자동차, 나무 같은 장난감을 배치하여 지도를 구성할 수 있다.

2) 공간의 내용과 방법

위상기하는 수축이나 확장 등의 변형에 의해 변화하지 않는 특성을 갖고 있다. 공간적 관계에 대한 내용에는 위치, 거리, 방향 등으로 근접성, 안, 밖, 개폐와 같은 위치에 관련된 공간 등이 있고 도형이나 사물의 위치가 이동되거나 회전, 대칭되는 경우에도 모양이나 크기가 변화하지 않는 것을 이해하는 도형의 변형과 대칭에 대한 내용이 포함된다.

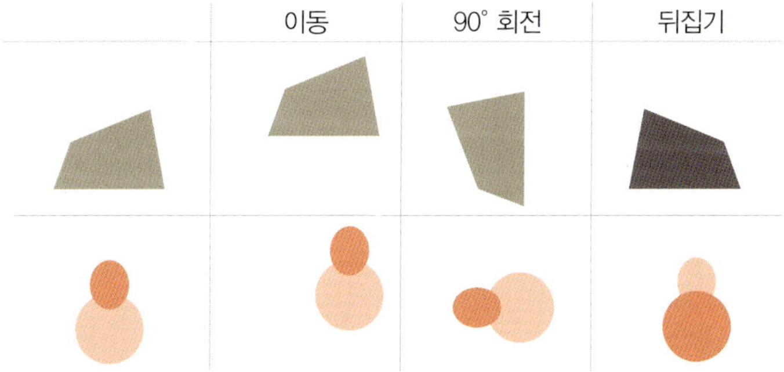

[그림 4-11] 뒤집기, 회전

(1) 근접성

근접성(proximity)은 최초로 나타나는 위상학적 개념으로, 가깝고 먼 것 등의 물체의 위치에 대한 인식을 뜻한다. 근접성의 내용으로 유아는 자신을 중심으로 '가깝다-멀다'를 인식하지만 점차 상대방의 관점에서 거리를 인식하고 비교가 가능해진다. 마지막 단계로 제3자의 관점에서 거리를 비교하는 것이 가능해진다.

근접성을 경험할 수 있는 예는 다음과 같다.

* 일상생활 상황에서 근접성을 경험하게 한다.

  정확한 공간 용어의 사용을 권장하며, 교사 자신이 모델의 역할을 한다.

  예 "교실 문에서 가장 가까운 친구가 풀을 선생님에게 갖다 줄 수 있겠니?"

* 신체놀이를 통해 근접성을 경험하게 한다.

  예 영아가 상자 안에 들어갔다가 밖으로 나오기

  유아가 정글짐에 올라갔다가 내려오기

* 판 게임을 통해 근접성을 경험하게 한다.

  예 오목놀이, 체스

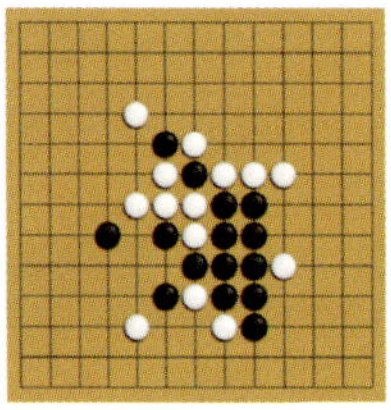

(2) 개-폐

개-폐(open-closed)는 '열려 있다-닫혀 있다'의 개념으로 모양을 구별하기 이전에 그 모양이 열려 있는지 또는 닫혀 있는지를 이해하는 것이다. 개-폐의 개념을 경험할 수 있는 예는 다음과 같다.

* 일상생활 상황에서 개-폐 개념을 경험하게 한다.
  - 열쇠로 자물쇠를 열고 잠근다.
  - 'ㄷ'과 'ㅁ' 또는 'c'와 'o'의 구별이 가능한 것은 개-폐의 차이 구분이 가능하다.
  - 4~5세 유아는 안-밖과 같은 공간의 위치를 먼저 이해하고 삼각형이나 사각형, 원 등의 모양을 구별한다.

- 유아는 폐곡선을 통해 안(개가 있는 곳)과 밖(마당), 경계(지붕과 벽면의 표면)의 개념을 이해하게 된다.

* 놀이나 게임을 통해 개-폐 개념을 경험하게 한다.
  - 오자미 던지기: 원 안에 들어갔나?, 밖에 떨어졌나?, 경계선에 떨어졌나?
  - 블록놀이: 가게, 집, 기차 등을 만들고 그 안과 밖에 장난감 인형 등을 배열한다.

* 미술활동을 통해 개-폐 개념을 표상하게 한다.
  - 모루로 여러 가지 폐곡선이나 개곡선을 만들어 본다.

(3) 도형의 변환과 대칭

① 도형의 변환(motion)

도형 변환에는 옮기기(slide), 뒤집기(flip), 돌리기(turn) 등이 포함되는데 옮기기(slide)는 공간에서 도형을 수평 또는 수직이동 또는 대각선 방향으로 위치를 바꾸는 것이다. 돌리기(turn)는 장소의 이동 없이 도형 자체를 회전시키는 것으로 45도, 90도, 180도, 360도에 이르기까지 다양한 각도로 돌리기가 가능하며, 뒤집기(flip)는 도형의 앞면과 뒷면을 바꾸는 것으로 위치를 바꾸는 것이다. 도형은 변환을 할 때 위치는 변화하지만 모양, 크기, 각도는 변하지 않는 특징을 갖고 있다. 나귀옥(2006)은 대부분의 유아는 처음에는 도형을 돌리고 옮기는 조작 활동이 미숙하여 도형의 위치가 달라지면 서로 다른 도형으로 인식하지만 4~5세의 경우 과제가 단순하고 방향 제시가 있을 경우 도형 돌리기 과제는 수행할 수 있다고 하였다. 도형의 변환에 대한 유아의 이해는 옮기기, 뒤집

[그림 4-12] 도형의 변형

기, 돌리기 순으로 나타난다.

② 대칭(symmetry)

대칭은 어떤 모양을 반으로 접었을 때 완전히 겹쳐지는 것을 말한다. 대칭은 수직대칭과 수평대칭으로 나뉘는데, 수직대칭은 수직선을 중심으로 좌우의 모양이 동일한 것이고, 수평대칭은 수평선을 중심으로 상하의 모양이 같은 것이다.

알파벳 A는 수직대칭이고, 숫자 3이나 B는 수평대칭에 해당한다. 또한, 숫자 8, H, O와 같이 수직대칭이자 수평대칭인 경우도 있다.

수직대칭(좌우 동일)	수평대칭(상하 동일)
A, M, W	3, B, C, D, E, I, K
8, H, O	

대칭에 대한 직관적 이해는 영아기부터 나타나기 시작한다. 영아는 수평선을 중심으로 하는 상하대칭보다 수직선을 중심으로 하는 좌우대칭에 대한 선호가 더 빨리 발달하여 생후 4~12개월 정도가 되면 수직대칭에 대한 선호가 나타나기 시작한다. 유아의 경우도 비대칭의 모양보다 대칭의 모양을 더 잘 변별하고 기억한다. 초등학교 2학년 정도가 되면 대칭에 대한 개념이 더 확실해진다(안진경, 2006). 영유아에게 도형의 변환 및 대칭에 대한 활동을 경험할 수 있는 예는 다음과 같다.

* 일상생활에서 도형의 변환 및 대칭을 경험하게 한다.
  - 주변 자연물(아카시아 나뭇잎)이나 교실에서 대칭인 것을 찾아본다.

* 미술활동을 통해 도형의 변환 및 대칭을 경험하게 한다.
  - 데칼코마니, 색종이 접기, 미술작품 감상하기를 통해 대칭인 것을 보고 아름다움을 느낀다.

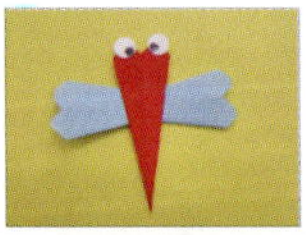

2 도형

영유아를 대상으로 도형과 관련된 내용을 다룰 때에는 도형의 종류(원, 삼각형, 사각형), 방향, 크기 등을 기하학적 모양과 관련지어 경험하게 한다. 유아는 일상생활에서 접하게 되는 주변의 사물과 관련지어 도형에 대한 비형식적인 개념을 습득하게 된다(Balfanz, Ginsberg, & Greenes, 2003). 도형은 뒤집기나 옮기기, 돌리기 등의 변환을 가할 경우 위치는 변해도 모양이나 크기, 각도 등은 변하지 않고 보존된다는 공통점이 있다. 즉, 유클리드 기하는 고정된 형태, 크기, 변의 수 및 모서리의 수를 갖고 있는 특성이 있다.

1) 도형개념의 발달

영유아기부터 도형의 개념을 이해하기 시작한다. 3세경에는 삼각형, 사각형의 도형보다는 일상생활에서 자주 접하는 사물들의 모양을 먼저 인식하고, 6세 시기에는 점차적으로 기하학적 지식을 나름대로 획득하게 된다(Clements, 2004).

Piaget에 의하면, 영유아는 도형개념의 발달을 다음과 같은 세 단계를 거쳐 발달한다고 하였다(김숙자 · 김현정, 2005).

(1) 1단계(2세 6개월~4세)

이 시기의 영유아는 유클리드 기하학적(세모, 네모) 모양이 아니라 일상생활에서 친숙한 물체(우유병, 숟가락, 빵 모양, 공 모양, 책 모양 등)를 위상학적으로 먼저 인식한다. 예를 들어, 삼각형과 사각형은 폐곡선일 뿐 서로 구분되지 않는다.

(2) 2단계(4~6세)

4세경에는 원과 사각형을 어렴풋이 구별하나 정사각형 직사각형은 구별하지 못한다. 5세경을 전후하여 원과 타원을 구분하고 정사각형과 직사각형의 차이를 구분하기 시작한다. 그러나 삼각형의 선이 증가하여 사각형이 되고 다각형이 된다는 것과 원을 반으로 나누면 반원이 된다는 것을 인식하지 못한다. 5세 이후 마름모와 사다리꼴의 차이를 인식하지만 복잡한 도형의 표상에는 어려움이 있다(한유미, 2013).

(3) 3단계(6~7세)

6~7세가 되면 그림을 통합적으로 그리고 재구성하는 등 도형을 다양한 방법으로 도형을 이해하기 시작한다(김숙자 · 김현정, 2005).

2) 도형의 내용과 방법

도형의 내용은 입체도형과 평면도형으로 나뉜다. 입체도형에는 구, 원기둥, 원뿔, 정육면체, 직육면체 등이 있고, 평면도형에는 원, 삼각형, 정사각형, 직사각형, 평행사변형, 타원형 등이 있다(정연희, 2014).

영유아는 다양한 도형 중에 원, 사각형, 삼각형 순으로 인식한다. 그러므로 영유아에게 도형을 소개할 때 '원'을 먼저 소개하고 다음으로 '사각형'을 소개하는 것이 바람직하다. 이때 한 가지 도형만을 식별하는 것으로 시작하여 사각형과 삼각형을 등 점차 다른 도형을 소개하도록 한다. 도형을 소개할 때에는 형식적 명칭(삼각형, 사각형)을 강조하기보다 유아가 친근하게 느끼는 이름(세모, 네모)으로 이해시키는 것이 좋다. 영아는 감각기관을 사용하여 사물의 특성을 파악하게 되는데, 예를 들면 공을 입으로 가지고 가서

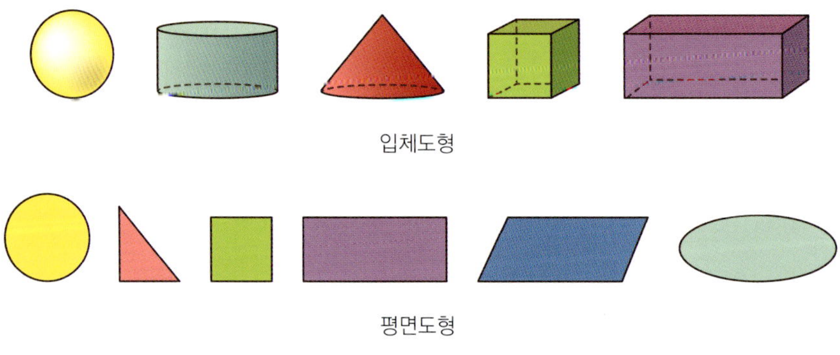

[그림 4-13] 다양한 입체도형과 평면도형

빨아 보고 굴려 보면서 공의 둥근 특성을 파악하게 된다. 이러한 방법으로 네모난 블록의 특성도 파악하여 점차적으로 여러 가지 사물의 특성을 파악하게 된다. 그러므로 영유아는 여러 가지 사물이 가진 형태의 특성을 파악하면서 공통점과 차이점을 발견하고 같은 형태끼리 분류할 수 있게 된다. 영유아의 도형개념 습득을 위한 지도방법은 다음과 같다(정연희, 2014).

첫째, 주변에서 볼 수 있는 사물이나 장난감을 사용하여 사물의 형태에 대한 특성을 쉽게 파악하도록 한다. 이때 평면도형보다는 입체도형으로 구성된 사물을 제공할 때 영유아가 더 쉽게 사물의 특성을 알 수 있다. 예를 들면, 영유아가 공을 만져 보면 각이 없고 둥글며, 잘 굴러간다는 것을 알 수 있다. 큐브를 만져 보면 평평한 면이 있고 모서리와 꼭짓점이 있으며, 잘 굴러가지 않는다는 특성을 알 수 있다.

둘째, 영유아 주변에 흔히 볼 수 있는 사물의 형태를 발견하고 도형의 이름을 사용하도록 돕는다. 이때 영유아가 원, 삼각형, 사각형이라는 형식적 용어보다는 세모, 네모, 동그라미와 같은 알아듣기 쉬운 일상적 용어를 사용한다. 예를 들면, "벽에 걸린 시계처럼 교실에 있는 동그라미 모양으로 된 물건을 찾아보자."라고 하여 주변의 여러 가지 사물의 형태에 관심을 갖고 찾아보게 한다.

* 주변 사물이나 장난감에서 볼 수 있는 입체도형

원기둥　　직육면체, 정육면체　　구

* 주변 사물이나 장난감에서 볼 수 있는 평면도형

원 사각형 삼각형

셋째, 주변에서 같은 모양을 가진 물체들을 모아 볼 수 있도록 돕는다. 예를 들면, 동그란 모양에는 시계, 안경, 심벌즈, 탬버린 등 같은 모양을 러그(rug)에 모아 본다.

넷째, 칼라점토와 모양찍기 도구, 지오보드와 고무줄 등을 사용하여 여러 가지 모양을 만들 수 있도록 한다.

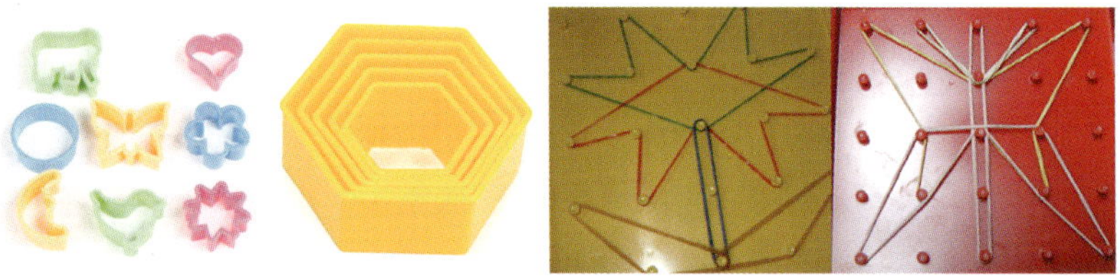

다섯째, 기본 도형을 합쳐서 다른 도형을 구성할 수 있도록 돕는다. 여러 가지 기본 도형을 분리하거나 결합하여 변화할 형태에 대해 이미지를 예측할 수 있다(Clements & Sarama, 2000). 도형을 옮기기, 돌리기, 뒤집기와 같은 이동활동은 공간시각화 능력을 향상시키므로 충분히 경험할 수 있도록 돕는다.

차이 비교 및 측정

측정은 단위를 사용하여 물체의 연속적인 양을 재는 과정으로 어떤 속성에 대해 비교할 수 있도록 물체에 숫자를 부여하는 것이다(Charlesworth, 2000).

Geist(2001)는 영유아가 언어습득장치(LAD)를 가지고 태어나는 것처럼 수학습득장치(mathematics acquisition device)를 가지고 있어 길이나 크기, 무게에 대한 자신의 판단을 확인하는 방법으로 사물들끼리 직접 비교하거나 주변의 물건을 이용하여 재어 보는 경험을 한다고 하였다. 영유아기 동안의 측정경험은 길이와 크기, 무게와 용량, 시간과 관련되어 있어 영유아는 일상생활에서 측정 가능한 속성을 직관적으로 이해하게 된다(이정욱 외, 2006).

영아는 사물의 크기에 관심이 생기면서 탐색을 통해 '무엇을 잴 수 있는지'를 이해하게 된다. 이를 통해 유아는 측정 가능한 속성을 알았다면 사물을 비교하거나 순서 짓게 되는데 비교하기는 두 개의 대상을 비교하는 것이고, 순서 짓기는 세 개 또는 그 이상의 대상을 변별하여 배열하는 과정이다. 이렇듯 유아는 물체의 속성을 비교하고 순서 짓는 경험을 시작으로 임의 단위를 사용하여 측정하게 되고, 이는 이후 표준화 단위를 사용하는 측정의 토대가 된다(한유미, 2013).

1 영아의 크기에 관심 가지기

영아는 자신의 감각을 통해 사물의 특성을 탐색하면서 지각적으로 큰 것에 관심을 보이고 작은 것과 비교하게 된다. 예를 들면, 간식을 줄 때 큰 빵과 작은 빵을 영아에게 보여주고 "어느 쪽 빵을 먹겠니?"라는 교사의 질문에 영아는 큰 빵을 손가락으로 가리킨다. 교사는 영아에게 '크다', '작다' 등의 어휘를 사용하여 크기 비교에 관심을 갖도록 해야 한다.

영아기는 수학적 지식과 수학적 소양을 발달시키는 중요한 시기로 형식적 교육이 시작되기 이전부터 영아는 수학에 대한 비형식적인 경험과 이해를 가지고 있으며, 직관에 의해 많은 수학적 개념들을 획득한다(Clement, 2013).

13~24개월 영아는 놀잇감을 탐색하고, 사물의 속성인 크기에 흥미를 갖기 시작하면서 블록을 큰 것부터 작은 것 순으로 나열하여 놓을 수 있다. 그러나 중간에 빼놓고 나열하기도 하며, 모양이 같고 크기가 다른 놀잇감은 가지고 놀면서 큰 것 안에 작은 것을 차례대로 넣을 수 있다(Charlesworth & Lind, 2003).

25~36개월 정도가 되면 단순하고 구체적이며, 감각적인 사고로 한 가지 특성에 의존하여 사물 간의 관계성을 따지게 된다. 즉, 사물의 크고 작음을 비교할 수 있으며, 많고, 적음을 비교할 수 있다. 예를 들면, "아이스크림이 큰 것도 있고, 작은 것도 있네.", "선생님 손은 크다. 호빈이 손은 작다."는 것을 일상생활에서 비형식적인 경험을 통해 영아가 크기에 관심을 갖고 비교하여 알 수 있다.

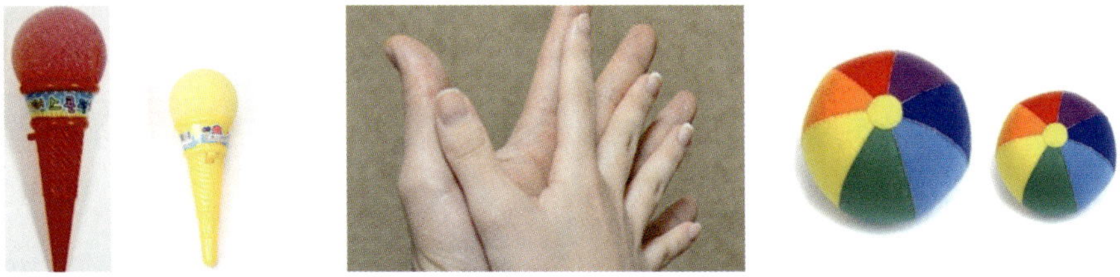

아이스크림의 크기 비교　　손바닥의 크기 비교　　공의 크기 비교

[그림 4-14] 영아와 관련된 크기 비교의 예

2 유아의 비교하기와 측정하기

1) 비교하기

비교하기는 어떤 속성에 따라 두 개의 물체를 관계 짓는 것을 말한다. 유아가 흔히 사용하는 비교 기준은 물체의 크기, 길이, 무게, 속도, 높이 등이 있다. 처음에 비교하기는 두 개의 사물을 직접적으로 대응하여 비교하도록 하고, 다음에는 신체를 사용하여

손 뼘(한 뼘, 두 뼘), 발걸음 등과 같은 신체 측정 단위로 측정활동을 하고, 순차적으로 클립, 색연필 등과 같은 임의 단위를 사용하여 측정활동을 하는 것이 바람직하다. 비교하기는 관찰로 측정이 가능할 때 활용된다. 예를 들면, "염소는 병아리보다 크다", "거북이는 당나귀보다 작다"라고 말하는 유아는 정확하게 도구를 사용하여 측정하기보다는 눈으로 관찰하여 크기를 비교한 것이다. 이때 측정하는 과정에서 수학용어를 습득하게 되는데 '~보다 크다/~보다 작다, ~보다 길다/~보다 짧다, ~보다 무겁다/~보다 가볍다, ~보다 빠르다/~보다 느리다, ~보다 높다/~보다 낮다'와 같은 측정 관련 용어는 수학적 사고를 신장시킬 수 있기 때문에 정확히 사용할 수 있도록 격려해야 한다.

[그림 4-15] 비교하기와 관련된 교구

순서 짓기 또는 서열화는 세 개 이상의 물체를 어떤 속성의 차이를 비교하여 순서대로 배열하는 것이다. 측정활동 과정에서 순서 짓기 활동도 자연스럽게 이루어지는데 일상생활 속에서 친숙한 주변의 사물을 정리할 때 사용하는 것이 바람직하다. 예를 들면, 가족의 양말, 신발, 옷 등을 가장 큰 것부터 순서대로 놓아 보게 하는 것도 순서 짓기 활동이 될 수 있다.

순서 짓기에는 시작과 방향이 있고, 일관된 규칙이 적용되어야 한다. 방향은 어느 쪽에서 시작해도 좋지만 중간에 진행 방향을 바꾸어서는 안 된다. 예를 들면, 크기가 다른 컵 3개로 순서 짓기를 하면 가장 큰 컵, 중간 컵, 가장 작은 컵으로 놓게 된다. 여기에서의 방향은 큰 것에서 작은 것으로(좌측 → 우측), 규칙은 크기 순서대로 나열한다.

초기 순서 짓기는 두 물체의 길이, 크기, 무게와 같은 속성에 의한 순서 짓기로 어느 것이 더 길고 짧은지, 크고 작은지, 무겁고 가벼운지를 비교하는 것부터 시작하여 점차적으로 대 · 중 · 소의 세 가지 물체를 사용하여 순서 짓기를 하고 발달과 연습에 의해 점차 유아는 네 개, 다섯 개로 물체의 수를 늘려 간다. 이와 같이 한 가지 기준에 의한 단순서열을 하게 되면 유아는 이중서열이나 복합서열도 가능해진다.

연령에 따라 순서 짓기의 능력발달은 다음 세 가지 단계로 나누어 제시하고 있다(김현자 외, 2008; 한유미, 2003).

(1) 1단계: 3~4세

물체 간의 차이를 비교할 수 있고, 순서 짓기 자료는 대, 중, 소의 막대기를 주었을 때 처음 두세 개는 순서대로 배열하지만 길이가 다른 사물의 개수를 여러 개 주면 순서대로 배열하는 데 어려움을 느낀다.

(2) 2단계: 5~6세

여러 번의 시행착오를 거쳐 여러 개의 막대를 순서대로 배열할 수 있다. 이때 길이가 다른 막대를 한쪽 끝만 고려하여 배열하거나 한두 개 정도 빠뜨린 경우 적절한 곳에 놓아 보도록 권유하면 처음부터 다시 배열한다.

(3) 3단계: 6~7세

길이가 다른 막대를 순서 짓기 할 때 모든 막대를 전체적인 관계를 고려하고 막대의 양쪽 끝을 맞추어 배열한다. 즉, A>B, B>C, A>C를 추론할 수 있어 먼저 계획하고 나서 체계적으로 배열한다. 또한, 순서 짓기를 할 때 큰 것에서 작은 것으로, 작은 것에서 큰 것으로 양방향에서 순서 짓기를 할 수 있다.

① 순서 짓기 교수전략

- 처음에는 교사가 준거를 제시하고, 이에 따라 유아가 순서 짓기를 한다.
- 유아가 자신의 준거를 정하여 순서 짓기하고, 그 준거에 대해 설명한다.
- 다른 사람이 순서대로 배열한 것을 관찰하고, 준거를 찾아서 말한다.
- 서열화되어 있는 상태에서 하나 또는 두 개 빠진 것을 제자리에 찾아 넣어 본다.

② 순서 짓기 내용과 방법

순서 짓기 유형에는 단순서열, 이중서열, 복합서열이 있으며, 그 내용을 살펴보면 다음과 같다.

* 단순서열: 한 가지 속성에 따라 세 개 이상의 사물을 길이, 크기, 무게 등에 따라 배열하는 것이다.

단순서열의 기초는 비교하기 능력이다. 유아는 두 개의 물체를 대상으로 비교하기 활동을 제시한 후 세 개의 물체를 순서 짓게 하고 차차 물체의 개수를 늘려야 한다. 처음부터 많은 양의 물체를 사용하면 쉽게 변별되지 않기 때문에 좋지 않다.

[그림 4-16] 단순서열의 예

* 이중서열: 두 집단의 사물을 한 가지 속성에 따라 1:1로 짝을 지어 순서대로 배열하는 것이다.

이중서열은 두 집단을 짝을 지어 순서대로 배열하는 것이다. 예를 들면, 앤서니 브라운의『나와 너』동화에 나오는 세 마리 곰의 크기에 따라 아빠 곰은 큰 그릇, 엄마 곰은 중간 그릇, 아기 곰은 작은 그릇을 짝지어 배열하는 것이다.

[그림 4-17] 이중서열의 예

* 복합서열: 세 개 이상의 물체를 두 가지 속성을 동시에 고려하여 순서대로 배열하는 것이다.

복합서열은 두 가지 속성을 동시에 고려해야 하므로 유아에게는 어려울 수 있다. 따라서 한 가지 속성에 따라 사물을 배열하는 단순서열을 충분히 익힌 후에 시작하는 것이 바람직하다.

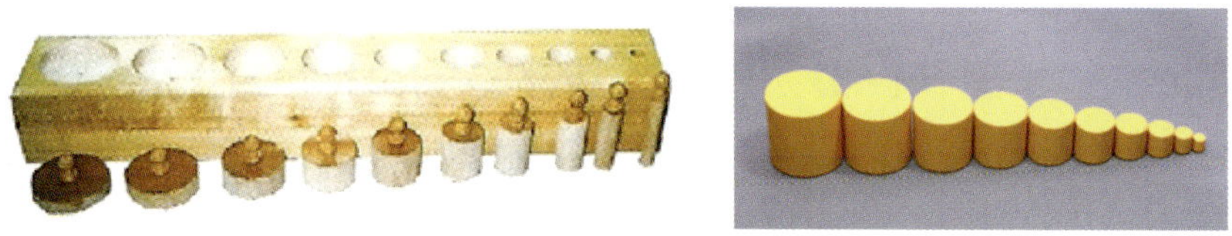

[그림 4-18] 복합서열의 예

2) 측정하기

측정은 어떤 속성에 대해 비교할 수 있도록 물체에 숫자를 부여하는 것이다(Charlesworth, 2000). 유아는 주변에서 수많은 측정과 관련된 경험을 하게 되는데, 예를 들면 옷이나 신발을 살 때 나에게 맞는 크기를 선택함으로써 크기에 따라 치수가 다름을 알게 된다. 뿐만 아니라, 병원에서 신장, 몸무게, 시력, 체온, 혈압 등을 잴 때 측정도구와 측정 단위에 대해 알게 된다(정연희, 2009). 이러한 측정경험은 길이, 무게, 부피 등의 측정에 필요한 측정도구와 단위에 관심을 갖도록 하는 데 도움을 줄 수 있다. 유아의 측정 개념은 길이, 무게, 부피, 온도 등 감각을 통해 비교하면서 시작되어 다섯 단계를 통해 발달하게 된다(전희영, 2001; 한유미, 2003; Charlesworth, 2000).

측정개념의 발달단계를 살펴보면 다음과 같다.

(1) 1단계: 놀이와 모방(play and imitates)

감각운동기에서부터 전조작기에 이르기까지 유아는 성인을 모방하고 놀이로 확장된다. 유아는 자신보다 큰 친구가 누구인지 시각적으로 비교하면서 길이에 대한 개념이 발달되고, 바깥놀이를 할 때 모래나 물을 한쪽 그릇에서 다른 쪽 그릇으로 옮겨 붓는 과정을 통해 부피에 대한 개념이 형성된다.

(2) 2단계: 비교(comparisons)

유아의 전조작기에 해당되는 단계로 무거운 것과 가벼운 것, 긴 것과 짧은 것, 뜨거운 것과 차가운 것 등 유아가 직접적이고 감각적 경험을 통해 사물에 대한 비교를 하면서 측정능력을 발달시키게 된다. 예를 들면, 음식을 먹을 때 혀의 감각으로 음식이 뜨거운지, 차가운지 비교하여 알아보는 과정을 통해 온도에 대한 개념이 형성된다. 또한, 양손에 사과를 들고 어느 것이 더 무거운지, 더 가벼운지를 비교하면서 무게에 대한 개념이 형성된다.

(3) 3단계: 임의적 단위 사용(arbitrary units)

전조작기 말에서 구체적 조작기 초의 이 단계에서는 유아가 임의적 단위를 사용하여 측정할 수 있다. 예를 들어, '내 키는 블록을 몇 개 쌓아 올려야 될까?', '내 발은 이쑤시개로 몇 개의 길이인가?', '주전자의 물은 컵으로 몇 컵 들어갈까?'를 알아보려는 경우 블록 한 개의 높이나 이쑤시개 한 개의 길이, 물컵 한 잔의 부피는 측정의 임의적 기본 단위가 된다. 그러므로 임의적 단위를 사용하는 단계를 통해 표준적 단위의 필요성을 느끼게 된다.

(4) 4단계: 표준 단위의 필요성 인식(need for standard units)

구체적 조작기가 되면 표준화된 측정도구와 단위를 사용할 필요성을 느끼게 된다. 예를 들어, 식탁보를 깔기 위해 책상의 가로 길이를 재었을 때, 유아의 손 뼘으로는 7뼘, 교사의 손 뼘으로는 5뼘으로 잰 것이 차이가 있음을 발견하게 된다. 그러므로 유아는 일정한 크기의 표준화된 측정도구와 단위의 필요성을 인식하게 된다.

(5) 5단계: 표준적 단위 사용(uses standard units)

구체적 조작기에 표준화 단위를 사용하기 시작한다. 마지막 단계가 되면 유아는 cm, m, L, g 등 표준적 단위를 사용하고 이해하기 시작한다.

이상과 같이 영유아의 발달특성을 살펴볼 때 측정활동은 먼저 크기에 관심 갖기, 비교하기나 순서 짓기, 신체를 이용한 비표준 단위 사용, 표준 측정도구를 이용한 측정의 순서로 진행되어야 한다.

측정하기 위해서는 측정하고자 하는 물체의 특성을 파악하고 그 특성을 측정하기에 적합한 단위를 선택하는 것이 요구된다. 이때 측정 단위로는 크게 표준 단위와 비표준 단위로 나눌 수 있는데 구체적 조작기 이전의 유아에게는 비표준 단위의 사용을 권장한다. 그 이유는 다음과 같다.

첫째, 유아가 자, 저울 등의 표준 단위 사용보다 블록, 색연필, 손 뼘 등 비표준 단위를 사용하는 것은 유아에게 친숙한 물체이기 때문이다. 둘째, 유아는 표준화 단위에 대해 지각적 인식이 불가능하므로 비표준화 단위 사용이 더 적합하다. 예를 들어, 저울에 나타난 20g은 '얼마큼 무거운지? 또는 가벼운지?', 10m는 '얼마만큼 먼 거리인지? 또는 가까운지?'를 시각적으로 인식하기 어렵다. 그러므로 유아에게 친숙한 색연필, 블록 등은 사물의 길이나 무게에서 보다 더 실제적으로 의미를 전달할 수 있다. 셋째, 비표준 단위 사용은 유아에게 인지적 갈등을 유발한다. 예를 들면, '뼘'이라는 단위를 사용해 책상의 길이를 측정하는 경우, 유아의 손 뼘으로는 7뼘의 길이이지만, 교사의 손 뼘으로는 5뼘의 길이로 나타날 수 있다. 그러므로 같은 신체의 단위로 사용해도 측정 결과가 다를 수 있음을 알 수 있다. 이러한 활동을 통해 유아는 정확한 측정을 할 수 있고 누구에게나 통용될 수 있는 표준 단위의 필요성을 인식하게 된다.

만약, 측정활동에 관심이 없는 유아가 있을 때 교사는 "바구니에 있는 것들 중에서 가장 무거운 것은 어떤 것일까?", "주전자에 있는 물은 컵에 따르면 몇 잔이 될까?" 등과 같은 질문을 통해 유아가 측정활동에 관심을 갖도록 한다. 그러나 유아에게 자나 저울의 필요성과 눈금의 의미와 이해를 중심으로 하는 지식 전달의 활동을 강조한다면 수학에 흥미를 잃고 수학은 지루하고 어렵다고 느낄 수 있다. 표준화 측정도구의 사용법과 단위들 간의 관계(1,000mL=1L)를 이해시키는 활동은 초등학교 교육과정에서 다루어야 할 내용이므로 교사는 유아에게 자를 보여 주면서 "자를 본 적 있니?", "자는 뭐할 때 쓰는 걸까?", "자에 눈금은 왜 있을까?" 등의 질문을 통해 수학에 관심을 갖거나 측정 단위에 대한 이해를 하는 데 도움을 줄 수 있도록 한다.

① 측정의 내용과 방법

길이, 면적, 무게, 부피 등의 측정활동을 지도할 때 고려해야 할 내용을 살펴보면 다음과 같다.

- 유아가 측정을 처음 접하는 경우 지각을 통해 사물과 사물 간을 비교하고 한 가지 속성을 기준으로 순서대로 배열해 보는 활동을 한다. '~보다 길다', '~보다 넓다', '~보다 무겁다', '~보다 많다'와 같은 비교용어를 사용한다.
- 임의의 도구와 단위 사용에는 사물과 신체를 사용한다.

	비표준 단위		표준 단위
	사물	신체	
길이	블록, 색연필, 이쑤시개, 성냥, 막대, 리본	손 뼘, 발바닥	cm, m, km
넓이	타일, CD케이스, 색종이, 책, A4용지, 신문지		cm^2, m^2
무게	양팔저울, 바둑알, 공깃돌, 구슬, 동전		g, kg
부피	종이컵, 우유갑, 페트병, 양동이, 주전자, 그릇, 상자		cm^3, m^3, mL, L, cc

- 유아가 일상생활을 통해 표준화 측정도구와 단위를 체험하는 것이 표준화 도구 사용에 관심을 갖고 측정 단위에 대한 이해를 도모할 수 있다. 예를 들면, 열이 날 때 체온계를 사용하는 것, 요리활동 시 계량컵을 사용하는 것 등이 있다.

길이, 면적, 무게, 부피, 시간에 대한 구체적 지도방법을 살펴보면 다음과 같다.

* 길이

길이(length)는 두 지점 간의 거리로 정해지는 속성으로 높이, 길이, 폭, 둘레, 거리, 깊이 등 상황이나 대상에 따라 용어나 단위가 다르다는 것을 알 수 있다(정연희, 2009).

- 높이: 키, 산, 빌딩의 높이를 의미한다. '크다/작다', '높다/낮다'의 용어 사용
- 길이: 연필, 가구의 길이를 의미한다. '길다/짧다'의 용어 사용
- 폭: 인도(사람이 다니는 길)나 차도(차가 다니는 길)의 길이를 의미한다. '넓다/좁다'의 용어 사용
- 둘레: 허리둘레, 팔 둘레, 연못 둘레의 곡선 길이를 의미한다. 신체의 경우 '굵다/가늘다', 연못의 경우 '넓다/좁다'의 용어 사용
- 거리: 한 지점(집)에서 다른 지점(슈퍼)까지의 거리를 의미한다. '멀다/가깝다'의 용어 사용
- 깊이: 바닷물이나 강물의 깊이를 의미한다. '깊다/얕다'의 용어 사용

길이와 관련된 질문

- 어떤 것이 기니? 어느 것이 더 짧으니?
- 내가 가지고 있는 줄보다 더 긴 줄은 무엇이라고 생각하니?
- 리본이 대략 어느 정도 필요하니?
- 나뭇가지를 가장 긴 것부터 짧은 것까지 차례대로 놓을 수 있니?
- 책상을 수수깡으로 재면 몇 개 정도가 나올 것 같냐고 생각하니?
- 수수깡이 7개였다면 나무블록은 몇 개 정도가 될까? 왜 그렇게 생각했니?

출처: 황의명 · 조형숙 · 서동미(2009).

길이의 측정개념은 다음과 같은 활동을 통해 촉진될 수 있다.

① 길이와 관련된 여러 속성을 상황에 맞게 용어를 사용할 수 있도록 지도한다.

예 빌딩이 '높다'라고 표현해야 하는데 '길다'라고 말하는 경우가 있다. 이때 교사는 막대기를 세워 놓고 재면서 '높이'와 연결하고, 막대기를 바닥에 뉘어 놓고 재면서 '길이'와 연결하여 두 개념의 차이를 구별할 수 있도록 한다(홍혜경, 2004).

② '~보다 길다'와 같은 비교용어를 사용하여 물체를 비교하는 활동을 한다.

③ 비표준 단위로 물체를 측정해 볼 수 있도록 한다.

예 한 가지 단위(이쑤시개 또는 색연필)를 반복해서 측정해 본다.

④ 측정과 관련하여 인지적 갈등을 경험하게 한다.

예 같은 대상을 다른 단위로 측정을 한다(이쑤시개 10배, 색연필 2배).

＊ 넓이

넓이(area)는 가로와 세로를 모두 고려해야 하는 2차원적 측정이다. 모양이 비슷한 평면도형의 크기를 비교하거나 일정한 크기의 평면도형 여러 개를 다양하게 배열해 봄으로써 넓이가 같아도 모양이 다를 수 있다는 것을 〈그림 4-19〉와 같이 알 수 있다. 이러한 활동을 통해 면적, 즉 넓이에 대한 개념이 형성되는데, 넓이의 보존개념은 길이의 보존개념보다 더 늦게 발달한다.

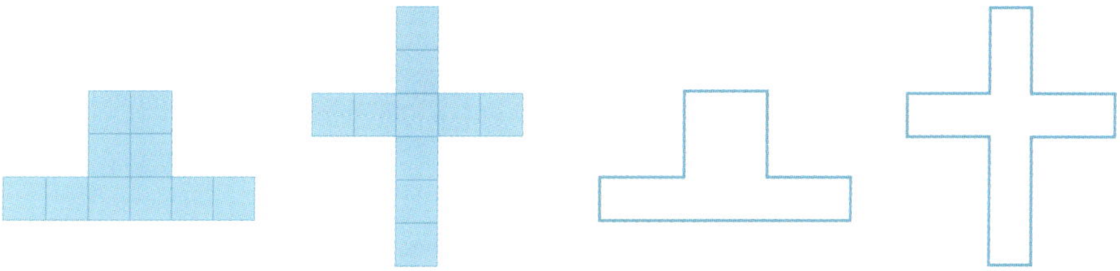

[그림 4-19] 같은 면적의 다른 형태

넓이와 관련된 질문

- 이 책상을 색종이로 덮는다면 이만큼의 색종이가 적당한 것 같니? 아니면 더 필요하니?
- 이 카펫은 책으로 몇 개 만큼이었니?

출처: 황의명 · 조형숙 · 서동미(2009).

넓이의 측정 개념은 다음과 같은 활동을 통해 촉진될 수 있다.

① 주변 환경을 탐색하는 활동을 경험한다.

예 여러 책의 표지 크기를 대어 보고 크기순으로 정리한다.

② 일정 크기의 색종이를 사용하여 다양한 모양을 구성해 본다. 이때 모양이 달라도 넓이가 같다는 것을 안다.

③ 놓기 전략을 사용하여 두 사물의 넓이를 비교해 본다.

예 두 사물을 서로 나란히 옆에 놓고 비교하기

예 두 사물의 한 변을 서로 맞대어 놓고 비교하기

예 한 사물을 다른 사물 위에 겹쳐 놓고 비교하기

* 부피

부피(volume)는 입체가 차지하는 공간의 크기로서 높이, 길이, 폭 등의 3차원적인 측정이다. 부피를 측정하는 능력은 유아에게 매우 어려운 작업이다.

부피와 관련된 질문

- 두 개의 그릇 중에 어느 그릇에 물이 많이 들어갈까?
- 작은 컵으로 물을 몇 번 담으면 큰 그릇에 물이 가득 채워질까?
- 여기 세 개의 그릇이 있는데 이 그릇에는 구슬이 몇 개 정도 들어갈까? 어느 그릇에 구슬이 제일 많이 들어갈까?

출처: 황의명 · 조형숙 · 서동미(2009).

[그림 4-20] 같은 부피(250mL) 다른 형태

부피의 측정 개념은 다음과 같은 활동을 통해 촉진될 수 있다.

① 일상생활의 경험을 통해 부피개념을 습득한다.

예 바깥놀이 시 모래놀이, 물놀이를 통해 부피개념을 습득한다.

예 요리활동을 통해 우유, 기름, 물의 양을 측정해 본다.

② 부피가 같아도 형태는 다를 수 있음을 [그림 4-20]을 통해 발견하게 한다.

③ 큰 단위의 용기에 작은 단위의 용기로 물, 모래, 곡식 등이 몇 번 들어가는지 시도해 본다.

예 1,000mL의 빈 우유갑에 250mL 우유가 몇 번 들어가는지 세어 본다.

예 1.5L 빈 페트병에 500mL 페트병 물이 몇 번 들어가는지 세어 본다.

* 무게

지구의 중심에서 다른 물체를 끌어당기는 중력의 크기가 곧 무게(weight)이다. 일상생활에서 두 손에 귤을 올려놓고 무게를 비교할 때 어느 쪽이 더 무거운지, 가벼운지를 비교하여 알 수 있지만 저울에 나타난 숫자만 보고는 얼마만큼 무거운지 또는 가벼운지를 이해하는 데는 어려움이 있다. 따라서 일상생활용품으로 양팔저울을 만들고 일정한 무게를 가진 구슬(임의의 측정도구)을 사용하여 귤의 무게를 측정해 볼 수 있다.

> **무게와 관련된 질문**
>
> - 어떤 것이 더 무겁니? 어떻게 알 수 있니?
> - 누구의 몸무게가 더 많이 나갈 것 같니? 어떻게 알 수 있어?
> - 여기 있는 블록을 양팔저울에 하나씩 올려놓아 보자. 어떤 블록이 더 무겁니?
> - 돌을 저울에 올려 보자. 무게가 얼마인지 저울의 숫자를 읽을 수 있니?
>
> 출처: 황의명 · 조형숙 · 서동미(2009).

[그림 4-21] 무게의 측정과 관련된 교구

무게의 측정 개념은 다음과 같은 활동을 통해 촉진될 수 있다.

① 신체를 이용하여 측정한다.

예 양손에 물체를 올려놓고 비교한다.

② 양팔저울을 이용하여 측정한다.

예 양팔저울에 한쪽에 물체를 올려놓고, 다른 한쪽에 추(일정한 무게를 가진 임의의 도구)를 올려놓으며 무게를 재본다.

③ 무게의 개념과 관련하여 인지적 갈등을 유발한다.

예 크기가 비슷하지만 무게가 다른 물체(골프공과 탁구공)의 무게를 측정하여 비교한다.

예 작지만 무거운 동전과 큰지만 가벼운 스티로폼을 각각 물에 띄워 비교한다(실험 결과 동전은 물에 가라앉고, 스티로폼은 물에 떠 있다.).

* 시간

시간은 과거로부터 현재를 지나 미래로 움직이는 비(非) 공간적인 연속체를 말한다(한유미, 2004). 시간은 구체물을 통해 눈으로 보거나 느낄 수 있는 개념이 아니기 때문에 유아들이 이해하기 어렵고 가장 늦게 발달하는 개념이다.

시간에는 사건의 순서와 관계있는 순차적 시간과 사건이 얼마나 오래 걸렸는가와 관계있는 시간 간격 등 두 가지 차원이 있다(Althouse, 1994). 유아는 시간 간격보다는 사건의 순차에 기초한 시간개념을 먼저 이해한다(Charlesworth, 2000).

– 유치원에 도착하면 교사에게 인사하고 가방 정리하고 놀이를 한다(순차적 시간).
– 낮잠은 2시간 동안 잤다(시간 간격).

시간과 관련된 질문

- 옛날에 아주 오랜 옛날에 호랑이가 살고 있었어.
- 어제는 바람이 많이 불었지?
- 오늘 아침에 무엇을 먹었니?
- 미래에는 더 빠른 자동차가 만들어질지도 몰라.
- 자유선택활동을 하고 그다음에 정리정돈을 하면 바깥놀이를 할 거야.
- 앞으로 10분 후에 정리정돈을 하자.
- 몇 살이니? 작년에 몇 살이었니? 내년에 몇 살이 되니?
- 네 생일은 몇 월 며칠이니?

출처: 황의명 · 조형숙 · 서동미(2009).

[그림 4-22] 시간 측정과 관련된 교구

Charlesworth(2000)가 제시한 유아가 학습할 시간의 유형(개인적 시간, 사회적 시간, 문화적 시간)은 다음과 같다.

① 개인적 시간: 유아는 자신만의 경험을 중심으로 과거 현재 미래에 대해 생각한다. 과거는 '어젯밤', '내가 아기였을 때', '내가 동생 반이었을 때'와 같이 표현하며, 미래는 '내가 형이 되면', '내가 학교에 가면' 등과 같이 자신과 관련지어 표현한다.

② 사회적 시간: 유아가 유치원 적응을 위해 정해진 일과를 이해하고 학습하는 것과 관련이 있다. 유아교육기관에 도착하면 교사에게 인사하고 코트를 벗어 정리한다. 그리고 자유선택활동을 하고 나서 정리정돈을 해야 한다는 것을 알고 점심식사 후에는 양치질을 하고 나서 실외놀이를 할 수 있다는 것을 예측할 수 있다. 유아의 경우 규칙적인 하루일과 운영을 통해 편안함을 느끼나 일과가 변경이 되면 당황해하거나 불안해하기도 한다. 이는 예측 가능한 사건의 순서가 사회적 시간 개념이기 때문이다.

③ 문화적 시간: 시계와 달력과 같은 객관적으로 고정된 시간이다. 유아는 시간과 관련된 용어(분, 초)와 시간과 관련된 도구(시계, 달력) 등은 학습할 수 있지만 문화적 시간을 완전히 이해하기는 어렵다.

규칙성

규칙성(pattern)은 사물의 모양(기본단위)이 일정한 순서로 반복되는 형태를 말한다. 자연현상이나 일상생활에서 많은 부분들이 일정한 순서로 반복되는 규칙을 가지고 있다. 예를 들면, 봄, 여름, 가을, 겨울의 사계절과 낮과 밤, 달의 변화 주기, 월, 화, 수, 목, 금, 토, 일의 일주일 반복성, 1년은 12개월이 반복됨을 알 수 있다.

유아는 자신이 인식한 규칙성을 언어로 표현할 수 없더라도 다음 상황에 대한 것을 예측할 수 있다. 예를 들면, 꽃목걸이가 빨강, 노랑, 빨강, 노랑, 빨강 꽃으로 만들어지는 것을 관찰하고 다음에는 노랑 꽃이 올 것이라는 것을 예측할 수 있다.

규칙성을 인식하는 능력은 여러 가지 현상에 대한 통찰력을 갖게 한다. 여러 사물과의 관계를 파악하고 예측하는 능력은 현대사회에서 필요로 하는 문제해결능력과 대수능력에 기초가 된다(홍혜경, 2010). 그러므로 규칙성 개념은 유아기부터 많은 관심을 가지고 지도할 필요가 있다.

1 영아기의 규칙성에 관심 가지기

우리의 생활 전반에 걸친 여러 형태의 반복성은 삶에 대한 순환적 규칙성이 내재되어 있다. 아주 어린 영아도 반복되는 일과를 통해 규칙성을 인식하는 것이 가능하다고 연구자들은 보고하고 있다.

Charlesworth와 Lind(2003)는 아주 어린 영아도 일상생활에서 낮과 밤을 인식하고, 기저귀를 갈고 우유 먹고, 놀고 자는 순서를 예측할 수 있다고 하였다. 또한, 영아가 반복되는 리듬과 노래에 대해 인식하고 있으며, 다음 리듬을 예측할 수 있다고 하였다. 예를 들면, 영아에게 '짝짜꿍!, 짝짜꿍!', '도리도리, 도리도리!', '죔죔, 죔죔!', '곤지곤지, 곤지곤지!' 노래를 동작과 함께 반복적으로 들려준 후 '짝짜꿍 짝짜꿍' 노래만 들려주어도 영아는 머리로 도리도리하고 손으로 잼잼잼 동작을 연속적으로 따라 하는 모습을 볼 수 있다. 이는 어린 영아라도 반복되는 규칙을 인식하고 다음에 올 동작을 예측하여 동작으로 연결한다. 이 시기의 영아는 자신이 좋아하는 노래에서 반복되는 리듬이나 가사를 좋아하여 자연스럽게 따라 하면서 규칙에 관심을 가지고 이해하게 된다(NCTM, 1993).

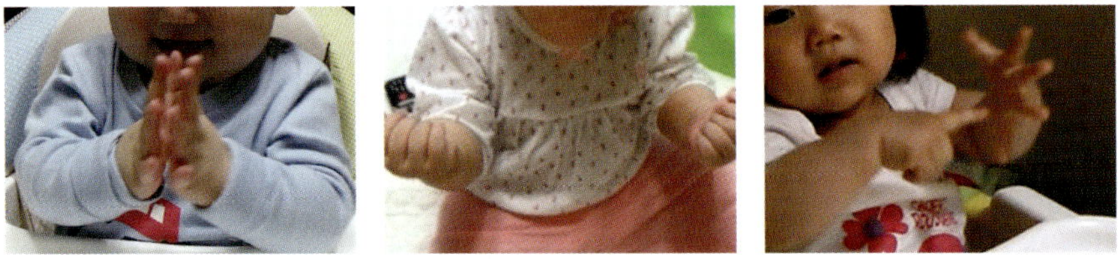

[그림 4-23] 반복되는 노래와 관련된 동작

2 유아기 규칙성 인식하기

유아는 형식적인 교육이 시작되기 전부터 일상생활에서 주변의 여러 사물들을 통해 규칙성을 인식한다. 예를 들면, 아빠 넥타이 문양, 티셔츠 줄무늬, 엄마 가방 무늬, 집 벽지, 창문, 화장실 타일 등을 통해서 경험한다. 유아가 규칙성에 대한 지각은 생활에

[그림 4-24] 규칙성과 관련된 사물

서 반복되는 원칙을 통해 여러 사물들의 관계를 파악하고 이를 통해 사물들 간의 공동의 특성을 발견할 수 있다.

Ginsburg와 그 동료들(2001)은 3세 정도가 되면 규칙성에 관심을 보이고 활용한다. 관찰과 모방행동에 의한 패턴을 배우고 자신이 패턴의 일부분이 되는 것을 좋아하며, 자신이 좋아하는 음악에 어울리는 패턴을 만들고 연결해 보며, 노래 속에 반복되는 리듬과 몸 움직임을 자연스럽게 패턴을 이해하게 된다(NCTM, 1993). 4세 정도에는 기본 패턴을 인식하고 모방할 수 있으며, AB 또는 AABB유형과 같은 단순한 패턴을 인식하고 그대로 따라 해 보고 순서대로 이어가는 활동이 가능해진다. 5세 정도가 되면 패턴을 인식하고 제시된 규칙 중간에 빠진 것을 찾아보며, 다른 유형으로 이끌어 설명하기, 패턴 이어가기, 패턴 끼워 넣기, 패턴 만들기 등이 가능하다고 하였다. 규칙성에 대한 이해는 이후 문제해결력 및 논리 수학적 지식 획득에 기초가 되므로 유아수학교육의 중요한 내용이다(Clements & Stephan, 2004).

규칙성의 유형은 학자마다 다르게 분류되는데 일반적으로 다음과 같다(한유미, 2003).

1) 표상양식에 따른 분류

- 운동적 패턴: '스키핑-호핑-스키핑-호핑-스키핑-호핑'은 동작을 통해 패턴을 찾는 것으로 신체적 표현능력을 기른다.

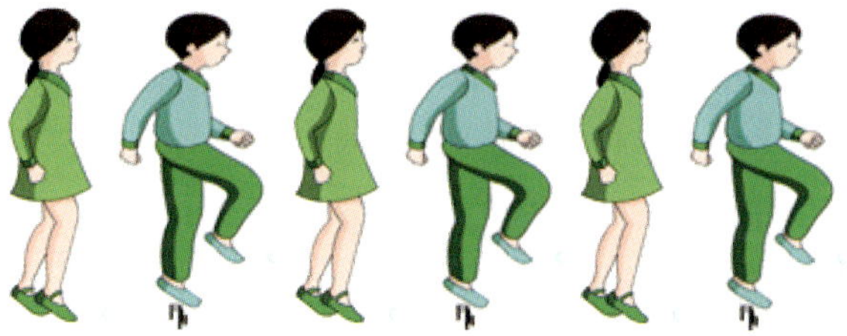

- 청각적 패턴: 손뼉치기(짝짝짝 짝짝짝 짝짝짝짝 짝짝짝), 악보에 따라 노래하기 등 청각을 통해 패턴을 찾는 것으로 음악적 표현능력을 기른다.

• 시각적 패턴: 벽지나 포장지, 옷감 등과 같이 시각을 통해 패턴을 찾는 것으로 미술적 구성능력을 기른다.

 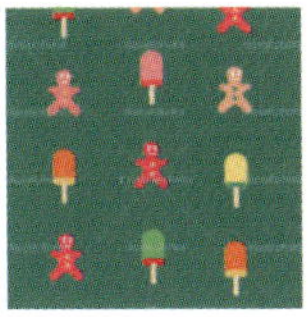 

2) 생성방식에 따른 분류

• 반복패턴: 369 369와 같이 기본단위가 계속 반복된다.

• 증가패턴: 와 같이 기본단위가 다음 패턴의 일부분으로 사용됨.

• 관계패턴: 1−6, 2−12, 3−18과 같이 두 개의 조합이 연관성을 기초로 만들어짐.

• 대칭패턴: 과 같이 기본단위가 대칭을 이루는 규칙성이 나타남.

• 회전패턴: 과 같이 기본단위가 회전을 하면서 규칙성이 나타남.

3) 대상에 따른 분류

• 실물패턴: 구체적인 물체로 규칙성을 만들어 나타냄.

− ab ab 유형 

− aa bb 유형 

− aab aab 유형 

− abc abc 유형 

− aa′ aa′ 유형 

• 신체패턴: 유아 자신으로 규칙성을 만듦.

− ab ab 유형 

− aab aab 유형 

- 상징패턴: 그림카드(기호)나 글자로 규칙성을 만듦.

차현화와 홍혜경(2005)은 유아의 패턴 이해 능력은 다음과 같이 발달한다고 하였다.

수준 1: 패턴 인식 전 단계

이 수준은 유아가 규칙적인 관계를 구체적·영상적·언어적으로 표상하지 못한다.

수준 2: 패턴의 단순 인식 및 따라 하기 단계

이 수준의 유아는 예시로 제시한 규칙을 인식하고 그대로 따라 나열한다.

수준 3: 패턴의 구성 및 전이 출현 단계

이 수준 유아는 패턴을 여러 가지 방식으로 놓아 보고, 다른 유형으로 바꾸어 표현한다.

수준 4: 복잡한 패턴 구성 및 전이 단계

이 수준의 유아는 자발적으로 패턴을 새롭게 구성하며 구체물에서 영상적 표상으로, 영상에서 상징적으로 패턴을 전이할 수 있다.

3 유아기 규칙성 만들기

유아기에는 수를 이용하여 패턴 만들기를 하기보다는 실물이나 신체, 카드 등을 이용한 활동이 더 바람직하다. 특히, 실물을 이용한 패턴 만들기는 유아에게 가장 쉽고 흥미롭게 적용할 수 있다. 규칙성 개념에는 패턴 인식 · 표현하기, 패턴 따라 만들기, 패턴 이어 나가기, 패턴 끼워 넣기, 패턴 창조하기 등이 있다. 각각의 내용을 살펴보면 다음과 같다(채현주, 2006).

1) 패턴 인식 · 표현하기

주어진 패턴의 규칙을 발견하고 설명하는 것으로 유아에게 비교적 쉽다. 예를 들면, 일상생활에서 '아침, 점심, 저녁', '일어나서 세수하고 양치하고 밥 먹고'. 미술작품이나 전통문양에서 패턴을 관찰하고 패턴규칙을 말로 표현해 본다.

2) 패턴 따라 만들기

주어진 패턴을 보고 패턴을 모방하여 배열하는 것이다. 유아에게 패턴과제를 말로 설명하는 것은 어렵기 때문에 처음에는 교사가 만드는 패턴을 그대로 따라 해 보게 하는 것이 효과적이다.

3) 패턴 이어 나가기

제시된 패턴을 보고 순서대로 연장해 나가는 것이다. 예를 들어, 사과, 귤, 사과, 귤, 사과가 있을 때 다음에는 무엇이 와야 할지 예측해 보고 이어 나간다.

4) 패턴 끼워 넣기

주어진 패턴이 중간쯤에서 일부분이 비워졌을 때 알맞은 것을 찾아 넣는 것이다. 예를 들어, 사과, 귤, 사과, (   ), 사과, 귤이 있을 때 괄호 안에 무엇이 와야 할지 알아본다.

5) 패턴 창조하기

유아가 스스로 패턴을 구성하는 것이다. 패턴을 구성하기 위해 주어진 패턴에 대한 충분한 이해와 경험을 바탕으로 수학과 연결한다면 유아가 가지고 있는 지식을 더 잘 기억할 것이다. 또한, 지식을 새로운 상황과 문제해결에 더 잘 적용할 수 있다.

〈동시〉 '꼬리 좀 봐요'

원숭이의 꼬리가 꼬불꼬불 꼬리 좀 봐요.
뱀의 꼬리가 꾸불꾸불 꼬리 좀 봐요.
강아지의 꼬리가 흔들흔들 꼬리 좀 봐요.

〈만 3세 유아의 말놀이〉

'소리를 내요'

원숭이가 끼긱끼긱 소리를 내요.
뱀이 스윽스윽 소리를 내요.
강아지가 멍멍멍 소리를 내요.

〈만 3세 유아의 창작 말 리듬놀이〉

교사: 일에다 일하면 어떤 소리 날까요?
유아: 이이이이이, 이이이이이
교사: 이하고 이하면 어떤 소리 날까요?
유아: 사사사사사, 사사사사사
교사: 삼하고 삼하면 어떤 소리 날까요?
유아: 육육육육육, 육육육육육
교사: 사하고 사하면 어떤 소리 날까요?
유아: 팔팔팔팔팔, 팔팔팔팔팔
교사: 오하고 오하면 어떤 소리 날까요?
유아: 십십십십십, 십십십십십

〈만 5세 유아의 창작 말 리듬놀이〉

출처: 황의명 · 조형숙 · 서동미(2009).

유아의 규칙성 개념 습득을 위한 지도방법을 살펴보면 다음과 같다.

첫째, 주변에서 패턴을 관찰하고 규칙을 발견하도록 한다. 예를 들어, 옷에 있는 무늬, 컵에 있는 무늬, 노래에서 반복되는 패턴을 찾을 수 있다.

둘째, 질문을 통해 주변에서 발견한 규칙을 인식하고 설명할 수 있도록 한다. 예를 들면, "네 치마에 어떤 그림이 순서대로 그려져 있는지 이야기해 줄 수 있니?"라고 질문을 하면 유아가 패턴을 인식하고 표현할 기회를 제공한다.

셋째, 실물이나 모형, 신체, 그림카드 등을 사용하여 다양한 패턴 유형을 구성해 보도록 한다.

넷째, 패턴을 처음 구성할 경우 다음 순서대로 구성하도록 한다.

주어진 패턴 그대로 모방하기 → 패턴의 일부분을 보고 다음에 올 패턴을 예측하여 구성하기 → 유아 스스로 패턴을 구성하기

구분하기와 자료 수집

1 구분하기

구분하기는 사물의 공통된 속성을 알아내고 속성에 따라 사물을 모아 보는 과정이다. 지식 정보화 시대에 많은 정보와 자료들이 쏟아져 나오고 있는 시점에서 각각 자신의 필요에 따라 신속 · 정확하게 정보와 자료들을 체계적으로 처리하는 능력은 무엇보다 중요시되고 있다. 또한, 구분하기는 수, 도형, 측정, 규칙성 등의 활동에서 사용되는 기초적인 기술이다.

1) 영아의 구분능력 발달

구분하기 능력의 발달은 아주 어린 영아기부터 시작되는데, 1~2세 영아는 감각을 통해 주변을 탐색하면서 사물의 특징적 속성과 다른 사람과의 공통점과 차이점을 인식하게 되고, 특정 사물과 관계된 행위를 연결 짓는다.

구분하기 능력은 아주 어린 영아기부터 발달(Piaget & Inhelder, 1956)하는데 감각운동기의 영아는 만지기, 맛보기, 듣기, 보기 등의 감각을 사용하여 사물의 같고 다름을 구별한다. 예를 들면, 영아가 원래 쓰던 젖꼭지가 아닌 크기가 크거나 작을 경우 젖병을 빨지 않고 뱉어내는 것을 볼 수 있다. 또한, 영아는 모든 것을 입으로 가져가지만 음식물이 아닌 것은 빨기는 하되 먹지 않으며, 음식물만 먹는다.

그러므로 2세경의 영아는 사물의 차이점과 유사성에 관계없이 자신의 주관적 기준에 의해 사물을 분류한다.

2) 유아의 분류능력 발달

3세 유아는 영아보다 좀 더 능동적으로 사물의 속성을 탐색하고 특정 준거에 따라 분류하기를 시도한다. 4~5세경에는 사물의 관계성에 기초하여 분류활동을 할 수 있다

(이정욱 · 유연화, 2007). 그러므로 3세 유아는 단순분류를 할 수 있으며, 복합분류의 이해는 5~6세 유아에게는 어려운 단계의 과제라고 볼 수 있다(신희영, 1990). 그러므로 유아가 분류를 잘하기 위해서는 사물들의 공통적인 속성을 파악하고 그 속성이 적용되어 포함될 수 있는 집단과 그렇지 않은 집단을 분류하는 것이다. 예를 들면, 구르는 것과 구르지 않는 것의 기준을 가지고 분류를 할 때, 두루마리 휴지는 구르는 속성을 가지고 있는지 없는지를 판단하여 구르는 속성으로 넣을 수 있는지, 없는지를 판단한다. 이와 같은 분류의 능력은 수 개념의 기초일 뿐만 아니라 환경을 이해하고 대처하는 데 필수적인 능력이며(Troutman & Lichtenberg, 1972), 자료를 정리하여 적절하게 활용해야 하는 정보화 시대에서는 분류능력이 더욱 중요시된다.

유아의 분류 발달과정을 살펴보면 다음과 같다(Charlesworth, 2000).

(1) 1단계: 임의적 분류

2세경 영아기에 자신의 주관적 기준으로 분류한다. 즉, 사물의 객관적 유사성과 차이점은 무시한다.

(2) 2단계: 단순분류

5세경 유아기에는 한 가지 공통된 기준에 따라 사물을 분류한다. 주로 색깔, 모양, 크기 등의 분류 기준으로 분류한다.

- 색깔: 빨강, 파랑, 노랑 등
- 형태: 둥근 것, 네모난 것, 세모난 것 등
- 크기: 큰 것, 작은 것, 두꺼운 것, 긴 것, 짧은 것 등
- 재료: 나무, 플라스틱, 유리, 종이, 천 등
- 질감: 매끈한 것, 거친 것, 부드러운 것, 딱딱한 것 등

(3) 3단계: 복합분류

7세경 유아는 동시에 두 가지 또는 그 이상의 공통된 기준에 따라 사물을 분류하는 것이 가능해진다.

(4) 4단계: 유목포함

9세경이 되면 사물을 부분유목에 따라 분류할 수 있고 부분유목들은 더 큰 유목에 포함된다는 것을 알게 된다. 예를 들면, 빨간색 장미와 노란색 장미들을 보여 주었을 때 장미를 빨간색과 노란색의 두 집단으로 나눌 수 있고, 두 집단은 장미라는 보다 큰 집단에 속한다는 것을 이해할 수 있게 된다.

3) 분류하기의 내용과 방법

분류하기 내용에는 연관 있는 것끼리 짝짓기, 사물의 한 가지 속성에 따라 분류하는 단순분류, 동시에 두 가지 속성에 따라 분류하는 복합분류, 사물 간의 위계적 관계에 따른 유목포함이 있다. 분류하기에 대한 구체적인 내용을 살펴보면 다음과 같다.

(1) 짝짓기

짝짓기(matching)는 같은 것 또는 관련 있는 것끼리 연결하는 것으로 일대일 대응의 개념과도 관계가 있다.

- 같은 것끼리 짝짓기: 같은 신발의 짝짓기, 같은 양말의 짝짓기, 같은 젓가락 짝짓기
- 관련 있는 것끼리 짝짓기: 칫솔과 치약, 공책과 연필, 실과 바늘, 소와 송아지, 말과 망아지

(2) 단순분류

단순분류(simple classification)는 사물들의 공통된 속성 한 가지에 따라 집합을 만들어 보는 활동을 말한다. 단순분류는 분류하기 활동에서 초기에 나타나는 것으로 비교적 쉽게 접근할 수 있어 일상생활에서 자연스럽게 활동으로 이루어진다.

- 놀잇감을 갖고 논 다음 정리한다.
- 두 팀의 이름으로 나눌 때 분류하기를 활용한다.
- 다양한 물건들 중에서 서로 비슷한 것과 다른 것을 벤다이어그램이나 표를 사용하여 유아의 표현과 이해를 돕는다.

(3) 복합분류

복합분류(multiple classification)는 사물을 한 번에 두 가지 이상의 공통된 기준으로 분류하는 것이다. 복합분류는 단순분류보다 훨씬 어려운 과제이므로 교사의 체계적인 지도가 필요하다.

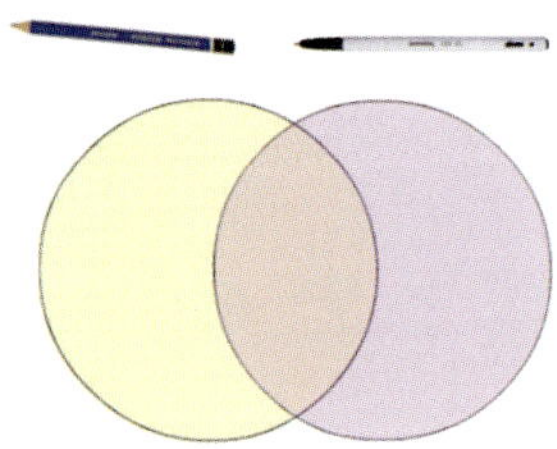

[그림 4-25] 벤다이어그램

- "색깔이 빨갛고 사각형의 블록을 상자에 담아 보도록 하자", "색깔이 파라면서 크기가 큰 연필을 사용하자" 등과 같이 두 가지 속성의 용어를 동시에 사용하여 언어적 상호작용을 한다.
- 유사한 두 물체에 대해 공통점과 차이점을 찾아보고 벤다이어그램을 완성한다.

(4) 유목포함

유목포함(class-inclusion)이란 사물들 간의 위계적 관계를 말하는 것으로 사물들을 하위유목으로 구성할 수 있고, 이 하위유목은 다시 상위유목으로 포함될 수 있다.

- '갈매기, 비둘기, 참새, 까치, 두루미'와 같은 하위유목들은 '새'라는 중간 유목에 포함되고, '새'라는 중간유목은 '동물'이라는 상위유목에 포함된다.

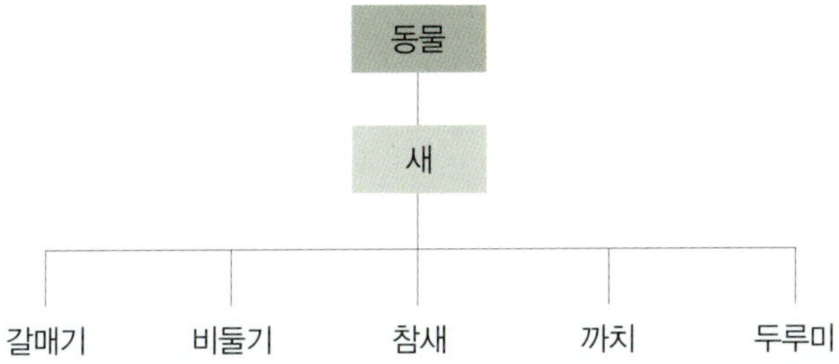

- 유아가 유목포함을 이해하기 위해서는 일상생활 안에서 전체와 부분용어를 함께 사용하여 상호작용을 한다.
- "우리 반 전체를 두 팀으로 나누어 보자.", "우리 반은 모두 몇 명이지?":"여자친구는 몇 명?", "남자친구는 몇 명이지?"라고 질문을 한다.

2 자료 수집 및 결과 나타내기

자료 수집 및 결과 나타내기는 자신이 궁금해하는 것을 해결하기 위해 질문을 통해서 수집해야 할 방법을 결정하고 자료를 어떻게 분석할 것인지를 결정하는 과정이다(홍혜경, 2010). 3~5세 유아는 자신이 모은 자료를 탐색하면서 자신의 방법으로 정보를 조직해 봄으로써 문제해결능력이 향상된다.

자료를 그래프로 나타내기 위해서는 실물그래프, 그림그래프, 상징그래프, 막대그래프, 벤다이어그램, 꺾은선 그래프와 같은 그래프를 이해하는 단계를 거치나 유아기에는 실물그래프, 그림그래프, 상징그래프 단계의 활동까지 할 수 있다(Charleseworth & Lind, 2003).

실물그래프는 해당 사물을 그래프 판 위에 직접 놓아서 만드는 입체적인 그래프이다. 예를 들면, 유아는 '여자와 남자' 인원을 비교해 보기 위해 직접 줄을 서서 자료를 조직화 할 수 있으며, '내가 좋아하는 과자'라는 질문을 통해 실물 과자로 자료를 조직한다. 실물그래프는 그림그래프나 상징그래프의 기초가 되며, 유아에게 구체적인 경험을 제공하므로 가장 중요한 유형의 그래프라고 할 수 있다.

그림그래프는 실물 대신 그림을 이용한 그래프 활동으로 '좋아하는 과일', '좋아하는 꽃', '좋아하는 TV 프로그램' 등을 활용하여 수를 나타낼 수 있다.

실물을 교실에 가져올 수 없는 경우	이용해 본 교통기관	
실물이 한 자리에 가만히 있지 못하는 경우	집에 있는 애완동물	
영구적으로 보존하기 어려운 경우	좋아하는 과일	

상징그래프는 어떤 물질을 표상하기 위해 세기표(𝍸 또는 正), 기호(○ 또는 ×), 바둑알, 블록 등을 사용하는 그래프 활동이다. 예를 들면, '좋아하는 동물', '좋아하는 꽃', '가족 나들이 장소', '좋아하는 분식' 등의 상징매체 그래프 활동을 할 수 있다.

[그림 4-26] 친구들이 좋아하는 분식

이상과 같은 그래프와 관련된 활동을 지도할 수 있다.

- 일과를 통한 그래프 활동
  - 출석 그래프, 유아의 생일이 있는 달
- 유아의 발달에 적합한 그래프 활동
  - 유아의 관심과 흥미, 이해 수준에 따른 주제
  - 개인별 조사활동(우리 반 아이들이 좋아하는 동물, 음식, TV 프로그램 등)
- 학습과 관련된 자연현상에 따른 내용
  - '식물의 성장', '날씨 비교'와 같은 내용
- 그래프를 만든 후 다음과 같은 교사의 상호작용을 할 수 있다(질문을 통해 자료의 탐색, 비교, 결과이해의 기회가 되도록 한다.).
  - 어떤 것이 더 많니(적니)?, 어떤 것이 더 기니(짧니)?
  - 제일 많은(적은) 것은 무엇이니?
  - ~에는 몇 개가 더 몇 개가 있니?
  - ~보다 ~이 몇 개 더 많니(적니)?

제3부 아동수학교육의 방법

5장 유아교사의 역할과 상호작용

영유아 수학교육을 위한 교사의 역할은 수학에 대한 지식과 기술을 가르치고 수학적 태도를 길러 주는 것이다. 그리고 수학적 흥미와 요구를 가진 유아가 적극적으로 참여하여 의미 있는 수학학습이 이루어지도록 실내와 실외 환경을 구성하는 것도 포함된다. 이를 위해 유아교사는 수학적 지식과 교수법을 익혀야 하고, 영유아가 수학적 경험을 다양하고 풍부하게 할 수 있는 질 높은 실내외 환경을 조성할 수 있어야 한다.
하지만 무엇보다 영유아 수학지도를 통한 실질적 교육효과는 교사의 상호작용을 통해 이루어진다. 좋은 교사는 영유아의 행동, 흥미, 요구에 민감하게 반응하고, 창의적 놀이를 통한 수학학습을 돕기 위해 열정적이고 배려심 깊게 상호작용할 수 있어야 한다. 따라서 본 장에서는 영유아 수학지도를 위한 유아교사의 역할과 수학적 상호작용 방법에 대해 구체적으로 살펴보고자 한다.

1 영유아 수학지도를 위한 유아교사의 역할

영유아 수학지도를 위한 교사의 역할은 영유아 수학교육의 목적을 달성하기 위해 노력하는 것이다. 영유아 수학교육의 목적은 수학에 대한 지식과 기술을 가르치고 확장시키는 것은 물론 수학에 대한 흥미와 호기심 및 자신감을 가지고 적극적으로 수학적 아이디어를 탐구하고 발달시키려는 수학적 태도를 길러 주는 것으로, 이러한 목적 달성을 위한 교사의 역할은 다음과 같이 세 가지로 정리해 볼 수 있다.

첫째, 영유아가 수학적 지식과 기술을 습득할 수 있도록 지원하는 것이다.
둘째, 영유아가 긍정적이고 올바른 수학적 태도를 형성하도록 지원하는 것이다.
셋째, 일상생활 경험 속에서 획득한 영유아의 지식과 수학적 지식을 연결시켜 주는 것이다.

1) 수학적 지식과 기술 습득 지원

영유아 수학지도를 위한 유아교사의 역할은 수, 연산, 기하, 패턴, 측정, 그래프 등 초기수학(early mathematics)과 관련된 지식과 기술을 영유아가 습득할 수 있도록 지원하는 것이다. 이러한 초기수학과 관련된 지식과 기술을 영유아가 습득할 수 있도록 지원하기 위해 NAEYC(2006, 2007, 2013) 평가지표에 근거하여 영유아의 발달 수준별 구체적인 교사 역할을 제시하면 다음과 같다.

(1) 영아반

영아를 위한 수학교육을 실시하는 교사는 영아의 탐색적 욕구와 감각적 탐색을 지원하는 환경을 마련해 주고, 그 환경 안에서 우연적으로 자연스럽게 발생하는 기회에 수학지도를 하는 것이 바람직한 것으로 알려져 있다. 이를 위해 영아의 감각적 탐색활동과 놀이를 지원해 줄 수 있는 환경을 조성해 주고, 수학에 대한 관심과 호기심을 갖도록 상호작용해야 한다.

영아-교사 간 상호작용 시 교사는 영아의 놀이나 탐색활동을 유심히 관찰하여 영아의 욕구와 발달 수준을 파악한 후 보다 확장된 놀이나 탐색활동으로 안내하거나 관련된 수학적 개념을 연결시켜 주는 것이 좋다. 즉, 일상생활에서 접하게 되는 수학적 상황이나 주변을 탐색하는 경험 속에서 수학적 관계를 터득할 수 있는 기회를 제공해 주는 것이 영아를 담당하는 교사의 역할이다. 영아의 수학적 지식과 기술을 지원하기 위한 교사의 역할을 제시하면 다음과 같다.

영아의 수학적 지식과 기술을 지원하기 위한 교사의 역할

유아교육기관에서에서 이루어지는 매일의 일과 속에서 영아가 자연스럽게 수학에 대한 관심과 호기심을 갖도록 상호작용해 주고, 수학적 경험의 기회를 가질 수 있도록 다양한 교재와 교구를 제공해 준다.

첫째, 영아의 탐색적 욕구, 감각적 탐색활동과 놀이를 지원해 줄 수 있는 환경 조성하기

둘째, 영아의 탐색활동과 놀이를 세심하게 관찰하기

셋째, 자연스럽게 발생하는 수학적 상황이나 주변을 탐색하는 활동 속에서 영아가 수학적 지식과 기술을 갖도록 상호작용하기

- 많다/적다, 크다/작다와 같은 수학적인 개념을 전달하는 교구를 제공해 주고, 수학 관련 용어나 몸짓을 사용하여 상호작용한다.
- 다양한 모양, 크기, 색상, 패턴을 보고 만질 수 있는 기회를 제공해 준다.
- 주변 환경에 있는 친숙한 물체를 사용하여 숫자를 인식하게 도와준다(예: "바구니 안에 인형 2개가 있네.", "블록 3개로 탑을 쌓았구나." 등).
- 수와 수 세기, 도형에 관한 책을 마련해 주고 읽어 준다.

(2) 유아반

유아를 위한 수학교육은 유아교육기관의 일과 속에서 자연스럽게 우연적으로 이루어지기도 하지만 상당 부분이 교사의 의도적인 교수계획으로 이루어진다. 유아의 수학학습에 효과적인 체계적인 수학교육이 이루어지기 위해서는 유아 중심의 접근이나 놀이를 통한 수학교육만으로는 미흡하고, 의도적이고 계획적인 교사의 지도가 병행되어야

한다. 따라서 유아 중심의 놀이와 교사 중심의 의도적인 교수-학습 활동을 통해 의미 있는 수학학습경험이 이루어지도록 교육과정을 운영하고 교육환경을 구성해 주는 것이 유아반을 담당하는 교사의 역할이다. 유아의 수학적 지식과 기술을 지원하기 위한 교사의 역할을 제시하면 다음과 같다.

유아의 수학적 지식과 기술을 지원하기 위한 교사의 역할

첫째, 유아가 수학적 지식과 기술을 습득할 수 있도록 교사 중심의 의도적인 교수-학습 활동을 계획·실행·평가하기

둘째, 수학적 상호작용을 통해 유아가 수학적 지식이나 개념, 수학적 기술을 습득할 수 있도록 다양한 기회 제공하기

셋째, 수학학습이 이루어질 수 있는 교재·교구 제공 및 교육환경 조성하기

- 유아에게 수, 수 이름, 물체의 양과 상징 간 관계에 대한 이해를 돕는 다양한 기회와 교재 · 교구를 제공해 준다.
- 유아가 모양, 크기, 색상과 같이 하나 또는 두 개의 특성에 의해 분류할 수 있도록 다양한 기회와 교재 · 교구를 제공해 준다.
- 유아가 매일매일 사용하는 대화에 수학적 용어를 활용하도록 격려하는 다양한 기회와 교재 · 교구를 제공해 준다.
- 유아가 표준화되거나 표준화되지 않은 측정단위를 사용함으로써 측정 개념을 이해하도록 돕는 다양한 기회와 교재 · 교구를 제공해 준다.
- 유아가 2차원(평면), 3차원(입체)의 도형을 인식하고 명명하기, 각 도형의 속성 이해하기, 공간관계 이해하기 등 기하학의 기본 개념을 이해할 수 있도록 다양한 기회와 교재 · 교구를 제공해 준다.
- 유아가 매일의 일과와 일상의 맥락에서 시간에 대한 이해를 형성할 수 있도록 다양한 기회를 제공해 준다. 더불어 달력이나 시계 등의 도구를 사용하여 시간에 대한 이해를 형성할 수 있는 기회도 제공해 준다.
- 유아가 반복적인 패턴을 인식하고 명명할 수 있도록 다양한 기회와 교재 · 교구를 제공해 준다. 더불어 패턴의 확장활동으로 유아 스스로 새롭고 창의적인 패턴을 만들어 표현해 볼 수 있는 기회도 제공해 준다.

2) 수학적 태도 형성 지원

영유아 수학지도를 위한 교사의 역할로서 중요한 다른 하나는 영유아 자신의 흥미와 요구, 발달 수준에 맞는 활동을 스스로 선택하고 결정할 수 있는 기회를 제공함으로써 바람직한 수학적 태도를 형성하도록 지원하는 것이다. NCTM(2000, 2006)에서는 수학적 태도를 수학에 대한 자신감, 수학에 대한 흥미와 호기심, 수학적 아이디어 탐구, 다양한 문제해결방법 모색, 융통성과 개방성, 어려운 수학 과제를 포기하지 않고 끈기 있게 해결하려는 지속성 등으로 설명하고 있다. 그리고 영유아기에 형성된 수학학습 태도는 이후 수학학습과 관련된 사고와 수행 정도에 결정적인 영향을 미치기 때문에 매우 중요하다고 주장하고 있다.

영유아의 긍정적이고 올바른 수학적 태도 형성을 위해 교사에게 다음 사항을 고려할 것을 제안한다(홍혜경, 2010 재인용).

* 유아와 유아, 유아와 교사 간 서로 다른 관점을 이해하고 존중하고 수용하는 교실 분위기가 우선되어야 한다.

유아는 서로 다른 생각을 가질 수 있음을 인정하고, 활동이나 과제에서 경쟁적이기보다는 서로 협력하는 관계 조성이 필요하다.

* 유아는 자신이 관심 있는 활동을 선택할 수 있어야 하며, 자신의 방식으로 탐색할 수 있는 충분한 시간이 보장되어야 한다.

유아가 적용하는 방법이 비록 적합하지 않을지라도 그 방법의 적용 결과를 토대로 원인과 결과를 관련지어 보고, 새로운 방법을 찾아보고 재수정하는 시행착오의 과정을 경험하는 것이 필요하다.

* 유아가 실수나 오류에 대한 두려움 없이 새롭고 다양한 시도를 해 볼 수 있도록 격려한다.

유아는 잘못한 결과에 대한 평가에 민감할 수 있다. 교사는 유아에게 해답을 요구하거나 해답을 제시하지 않도록 주의해야 하고, 만약 유아가 틀린 답을 도출하거나 실수를 하더라도 교사는 실수나 잘못한 결과를 통해 새로운 것을 배울 수 있다는 것을 인식시켜 준다. 그리고 실패를 두려워하기보다는 새로운 시도를 맘껏 해 볼 수 있도록 새로운 도전과 시도에 더 긍정적으로 반응해 준다.

* 문제해결방법과 생각이 서로 다른 유아들이 과제를 공유하고 공동의 목적을 위하여 서로 협력할 수 있는 공동과업에 대한 지지가 필요하다.

유아들에게 함께 공동의 문제나 과제를 해결하는 기회를 주는 것은 유아들 간 서로 다른 생각을 이해하고 비교할 수 있게 하며, 각 방법의 결과를 예측해 보는 경험을 제공하게 된다. 이를 통해 공동의 목적을 위해 서로 협력하는 기회를 제공할 수 있다. 교사는 이에 대한 적극적 지지와 지원으로 공동 작업을 격려하는 것이 필요하다.

3) 영유아의 지식과 수학의 접목

수학에서 영유아의 학습과 발달을 향상시켜 주기 위해 교사는 영유아의 일상생활 경험과 '수학적 내용(contents)'을 연결시켜 주어야 한다. 영유아의 실생활 속에서 자연스럽게 습득된 수학적 개념들은 수학학습의 기반이 되기 때문에 교사는 이러한 개념들을 이해하고, 좀 더 형식적인 수학지식으로 확장시켜 주어야 한다. 수학 내용과 유아의 일상생활 경험을 연계시키기 위해 교사가 해야 할 역할에 대해 Seedfelt 외(2012)는 다음과 같이 주장하였다.

* 교사는 수학교육 내용에 대해 명확히 알아야 한다.

교사 자신이 수학에 대한 명확한 지식이 없으면 수학적 개념과 지식을 유아가 이해할 수 있게 가르치는 데 한계가 있다. 교사는 영유아의 일상생활 경험과 수학적 내용을 연결시키기 위해 일차적으로 수학의 내용(contents)에 대해 명확히 알아야 한다. 이를 위해 교사는 다음과 같이 노력해야 한다.

- 대학에서 사용하는 '아동수학지도' 교과서의 수학교육 내용 읽고 이해하기
- 국가수준의 교육과정에 해당하는 누리과정, 표준보육과정의 내용 읽고 이해하기
- 아동수학 분야 전문가의 강의나 워크숍에 참석하기
- 아동수학 관련 웹사이트(web sites) 방문하기

- 수학 관련 모든 장르의 유아 도서 찾아보기

* 교사는 영유아가 현재 알고 있는 수학적 개념과 지식을 파악해야 한다.

- 유아를 인터뷰한다. 비형식적으로 사물을 세어 보게 하거나 책상의 크기를 재어 보게 하여 유아의 현재 사고와 발달 수준을 파악한다.
- 유아에게 특정 주제에 대해 알고 있는 것을 모두 이야기하도록 질문한다. 예를 들어, 숫자나 모양에 대해 알고 있는 것을 모두 말해 보도록 질문하거나 그림을 그리거나 몸으로 표현해 보도록 한다.
- 유아의 가족들과 이야기해 본다. 유아가 수 세기를 좋아하는지, 모양에 관심을 가지고 있는지, 수학과 관련하여 어떤 것을 잘 알고 있고 모르고 있는지 가족에게 물어본다. 또한, 유아의 수학학습과 관련하여 어떤 기대를 하는지, 수학학습의 필요성 및 수학학습의 목적과 방법 및 내용에 대해서도 이야기해 본다.
- 유아가 활동하고 놀이하는 것을 관찰한다. 교사는 관찰을 통해 유아가 수학적 개념과 지식을 어떻게 활용하는지, 수학 문제를 어떻게 풀어나가는지, 수학적인 언어를 어떻게 사용하는지, 수학 개념을 사용하여 다른 유아와 어떻게 상호작용하는지 알아야 한다.

* 교사는 유아의 수학적 지식과 경험을 넓고 깊게 확장시킬 수 있어야 한다.

교사는 유아가 현재 알고 있는 수학적 개념과 수학 내용을 이해함으로써 다음과 같은 다양한 방법으로 유아의 수학적 지식을 확장시킬 수 있다.

- 유아에게 수학적 개념과 지식 관련 모든 종류의 책(시, 문학, 간단하고 쉬운 사전, 그림, 참고서)을 제공해 준다. 도서영역의 선반이나 책장 위에 놓아두어 유아 스스로 읽어 보게 하거나 교사가 읽어 준다.
- 유아에게 문제를 해결하기 위해 수와 연산을 어떻게 활용하는지 보여 준다. 유아와 같이 활동하고 놀이하면서 교사는 종이를 어떻게 반으로 자르고, 여러 유아에게 어떻게 과자를 똑같이 나누어 주는지 보여 주고, 책상마다 각각의 자리에 접시, 컵, 포크를 하나씩 어떻게 놓아두는지 그리고 피자를 8조각으로 어떻게 나누는지 시범을 보여 줄 수 있다.

- 유아에게 숫자의 이름을 알려 준다. 예를 들어, 숫자 '5'의 이름은 '오'이고, '다섯 개'를 의미하며 블록 다섯 개를 셀 수 있음을 알려 준다.
- 유아에게 질문한다. 교사의 질문은 유아의 사고를 자극할 수 있고, 수학적 개념과 지식 습득에 도움을 줄 수 있다. 유아에게 몇 개를 가지고 있는지, 3개를 주고 나면 몇 개가 남는지, 왜 그런 방식으로 패턴을 만들었는지, 어떻게 그렇게 많은 조각들을 갖게 되었는지 등을 질문하면서 새롭고 다양한 방법으로 사고할 수 있게 이끌어 준다.
- 유아에게 컴퓨터를 제공해 준다. 컴퓨터를 사용하여 숫자를 익히게 하고, 정보를 찾거나 다른 사람들과 교류할 수 있게 해 준다. 이를 통해 유아는 수학뿐만 아니라 여러 가지 새로운 정보와 기술을 배울 수 있다.
- 수학적인 언어를 사용한다. '~보다 많이', '~보다 적게', '더 적은', '더 큰', '첫째', '마지막' 등의 표현을 사용한다.

2 유아교사의 수학적 상호작용 방법

영유아 수학교육에서 물리적 환경과의 상호작용도 필요하지만, 교사나 또래 등 인적 환경과의 상호작용을 통해 진정한 수학적 경험을 할 수 있다(Baroody, 1987; Seedfelt & Galper, 2010). 특히, 유아교사의 교육활동은 유아와의 상호작용을 통해 이루어지고, 교사-유아 간 상호작용의 질은 유아교육의 질을 좌우하는 가장 중요한 요소이다. 진정한 교육은 유아교육기관에서 교사와의 적극적인 상호작용 속에서 이루어지게 된다. 그리고 영유아와 교사 간 수학적 상호작용은 하루일과 속에서 자연스럽고 우연적으로 이루어지기도 하고, 교사의 계획된 대소집단 수업과 자유선택활동 시간에 형식적 · 비형식적으로 이루어진다.

1) 영아교사의 수학적 상호작용 방법

영아와의 수학적 상호작용에서는 일차적으로 영아 자신이 스스로 선택한 놀잇감을 자신만의 방식으로 충분히 탐색할 기회를 주어야 한다(Copple & Bredkamp, 2009). 영아 자신의 방법으로 충분한 탐색이 이루어진 후에 교사가 개입하여 새로운 탐색을 위한 안내를 해 주거나 현재 탐색활동의 확장을 위한 상호작용적 개입이 필요하다. 교사의 세심하고 반응적인 상호작용이 개입될 경우 영아의 경험은 보다 지속적이고 확장된 탐색과 놀이로 전개될 수 있을 것이다. 영아의 수학적 탐색활동 전개과정을 체계화하여 제시하면 다음과 같다(천혜경, 2009).

* 1단계 선택하기: 선택하기는 교사가 구성하여 제시한 교육환경의 놀잇감, 사물, 또래, 주변 환경에 영아가 흥미를 갖는 단계이다. 교사는 탐색적 놀잇감을 제공하고, 영아가 무엇을 할 수 있는가를 관찰한다. 이 단계에서 교사는 영아가 무엇을 할 수 있는지, 어떻게 조작하는지 등을 파악하게 된다.
* 2단계 탐색하기: 탐색하기에서 교사는 영아가 놀잇감을 충분히 탐색하도록 격려하고, 영아의 주도성을 촉진하기 위해 영아의 탐색활동을 함께 따라 하기도 하며, 새로운 시도를 시범 보이기도 한다. 그리고 수학과 관련된 상호작용의 기회가 생겼을 때 자연스럽게 영아의 행동을 수학과 연관된 탐색활동으로 안내할 수도 있다.
* 3단계 놀이하기: 놀이하기에서는 탐색된 놀잇감이나 사물, 상황을 다루는 것에 익숙해지면서 자발적인 놀이활동이 활발하게 나타나는 단계로서 제시된 놀잇감과 사물에 주의집중이 이루어진다. 교사는 영아의 주도성을 잃지 않도록 주의하면서 함께 놀이 상대자가 되기도 하고, 사전경험과 연계된 단서를 가지고 비계설정을 할 수도 있다. 그리고 이 단계에서 교사들은 영아들이 할 수 있는 것, 알고 있는 것을 확인하여 이와 관련된 수학적 개념을 연결시켜 줄 수 있고, 수학적 용어를 사용하고 어휘를 강조함으로써 수학적 개념과 어휘를

연결시켜 줄 수도 있다.

* **4단계** 공유하기: 공유하기에서는 영아의 아이디어가 발전하거나 또래나 성인의 아이디어가 첨가되어 놀이가 확장되는 단계이다. 교사는 개별 영아의 놀이를 또래와 상호작용이 일어나도록 격려하고, 연계된 놀이활동으로 확장이 이루어지도록 한다.

위와 같은 영아의 수학적 탐색활동 과정에서 교사–영아 간 구체적인 상호작용 유형과 언어적 상호작용의 예를 제시하면 〈표 5–1〉과 같다.

〈표 5-1〉 교사-영아 간 수학적 상호작용 유형 및 내용

상호작용 유형	내용	언어적 상호작용 예
촉진하기	영아가 수학적 탐색놀잇감을 선택할 수 있도록 먼저 교사가 수학적 탐색놀잇감 주위에 앉아 탐색놀잇감을 조작하고 있기	– 오늘은 뭘 가지고 놀고 싶니?
인정하기	영아의 탐색활동에 관심을 갖고 지켜보며 영아의 행동을 읽어 주기	– ○○이 탑을 쌓았구나!
따라 하기	영아가 하는 행동을 교사가 그대로 따라 하기	– 나도 ○○처럼 탑을 쌓아 보아야지!
방향 바꾸기	교사가 수학적 탐색활동을 위하여 혼잣말을 통하여 영아의 관심을 이끌어내기	– 노란색 위에 파란색을 올려도 되는구나! – 더 큰 것은 어디 있을까?
모델 보이기	교사가 원하는 행동에 대해 혼잣말을 하며 스스로 본을 보여 줌으로써 영아의 행동을 이끌어내기	– 이렇게 쌓으면 되겠구나!
정보 주기	영아의 근접발달지대 내에서 놀잇감의 수학적 개념을 언어적 정보를 활용하여 도움을 주기	– 초록색 포도가 더 많은 것 같구나!
정교화하기	영아의 행동에 구체적으로 수학적 개념의 어휘를 사용하여 표현해 주기	– 하나, 둘, 셋. 세 개를 쌓았구나
함께 구성하기	교사와 영아, 영아와 영아의 상호작용 격려하기	– 누구와 해 보고 싶니?
확장하기	영아의 탐색활동이 연계된 놀이활동으로 확장하기	– 다른 토끼에게도 큰 사과를 줄까?

출처: 천혜경 · 홍혜경(2009).

2) 유아교사의 수학적 상호작용 방법

(1) 수학적 과정이 포함된 상호작용

유아와의 상호작용에서는 모든 수학학습에 다양한 '수학적 과정'을 포함시켜야 한다. 수학적 과정은 문제해결하기, 추론 및 증명하기, 의사소통하기, 연결하기, 표상하기 등을 말하는 것으로 수학학습의 중요한 수단이다(NCTM, 2000, 2006; Seedfelt & Galper, 2008).

유아 역시 영아와 마찬가지로 탐색활동을 통해 주변 세계를 이해하기 위한 시도를 한다. 보고, 듣고, 관찰하는 것은 물론이고 사물을 밀고, 당기고, 찢고, 집어 올리고, 떨어뜨리며 사물의 특성에 대해 더 많은 것을 알아내고자 다양한 방법을 시도한다. 더 나아가 사물을 비교하고 분석하면서 사물 간의 관계에 대해서 연관 짓고, 표상하고, 추론하기 시작한다(Seedfelt, Galper, & Stevenson-Gracia, 2012). 또한, 유아는 타고난 문제해결자로서 일상생활을 통해 접하는 다양한 문제를 해결하기 위해 수학과 관련된 자신의 자생적 이론(naive theory)과 지식, 경험을 활용한다. 이러한 여러 가지 수학적 과정은 수학적 지식을 획득하기 위해 매우 중요한 것으로, NCTM(2000)에서는 문제해결하기, 추론 및 증명하기, 의사소통하기, 연결하기, 표상하기의 수학적 과정은 수학 내용을 학습하는 수단이 되고, 수학학습의 중요한 일부가 되어야 한다고 주장하였다.

① 문제해결하기

문제해결(problem-solving)은 문제를 인식하고 원인을 분석해 해결책을 도출하는 문제를 풀어 가는 일련의 과정을 말한다. 수학적 과정에서 이러한 문제해결은 수학학습의 목적일 뿐만 아니라 수학학습의 핵심이고, 수학적 지식을 확득하기 위한 주요 수단이다. 유아는 문제 인식, 문제에 대한 정보와 자료 수집 및 조직을 통해 결론에 도달하는 과정을 통해서 수학적 지식과 기술을 적용할 기회를 갖는다(NCTM, 2000).

② 추론하기

추론(推論)은 이미 알고 있는 것으로부터 논리적 결론을 도출하는 행위 또는 과정이다(위키백과, 2016). 수학적 과정에서 추론하기(reasoning)는 유아가 수학적 문제에 대해 논리적 결론을 내리고, 자신의 수학적 사고를 설명하기 위해 사물 또는 사실들 간의 관계와 규칙성을 파악하는 것이다(황의명 · 조형숙 · 서동미, 2014 재인용).

③ 의사소통하기

의사소통(communication)은 서로의 생각과 감정을 말, 행동, 글 등을 통해 주고받는 것이다. 수학적 과정 중 의사소통하기는 유아가 수학적 상황과 일상생활에서 사용하는 언어를 수학적 언어 및 상징과 관련시키는 것이며, 수학으로 이해한 것을 다른 사람에게 말이나 글로 이야기하는 것을 의미한다(황의명 외, 2014 재인용).

④ 표상하기

표상(representation)이란 개인의 마음에 떠올려진 것 또는 그것을 겉으로 표현하기 위해 사용한 기호나 상징을 말한다(위키백과, 2016). 따라서 수학적 과정에서 표상하기는 유아 자신이 가지고 있는 수학적 개념이나 사고를 그림, 숫자, 문자, 언어 등으로 표현하는 것을 의미한다.

⑤ 연결하기

연결하기(connections)는 이전의 경험을 통해 알고 있는 것을 새로운 학습에 연결시키는 것으로, 유아 자신의 경험을 통해 비형식적으로 형성한 수학지식을 교육기관에서의 형식적인 수학지식과 연관시키는 것, 수학지식을 다른 교과의 지식과 연관시키는 것을 의미한다.

따라서 교사는 유아와 수학적 상호작용을 할 때 위와 같은 수학적 과정을 포함시키려는 노력을 할 필요가 있다. 예를 들어, 유아가 여러 가지 상자를 가지고 활동하는 경우, "어떤 상자가 더 크지/작지?", "길이와 높이는 어떻게 다르지?", "상자가 넘어지기 전까지 얼마나 많이 쌓을 수 있을까?", "큰 상자 안에 들어갈 작은 상자는 몇 개나 될까?' 등의 질문을 통해 부피 측정 학습에 길이, 높이, 넓이의 관계를 연결하고, 크기나 부피 관련 어휘를 사용하여 나타내 보고, 크기나 부피의 비교 결과를 예측하고 추론해 보는 등의 수학적 과정을 경험하게 할 것이다. 수학적 과정이 포함된 상호작용을 위해 교사가 할 수 있는 질문의 예는 〈표 5-2〉와 같다.

〈표 5-2〉 수학적 사고과정을 유도하는 질문의 예

수학 내용	질문의 예
수와 연산	• 이 집단에 얼마나 더 있니? • ㅇ 다음 혹은 ㅇ 후에 무슨 수가 오니? • 수 ㅇ와 수 ㅇ가 어떻게 다르니? • 만약, 10을 더 놓는다면 어떻게 될까? • 11은 5와 6으로 가를 수 있다고 했는데 또 다른 방법으로 가를 수 있니? • 여기에 얼마가 있는지 어림할 수 있니? • 25에 대해 가능한 많은 방법으로 설명할 수 있니?
기하와 공간	• 이 모양과 저 모양이 어떻게 비슷하니 또는 다르니? • 왜 이 모양도 둥근데 동그라미가 아니니? • 동그라미는 어떤 모양이어야 하니? • 이 모양을 뒤집는다면, 또는 여기서 저기로 옮긴다면 어떻게 될까? • 이 모양과 같은 것을 주변에서 볼 수 있니? • 네가 지은 건물에 대해 이야기해 볼 수 있니? • 유치원에 오는 길을 그려 볼 수 있겠니? • 미끄럼틀에 올라가 보면 어떻게 다를까?
측정	• 어느 것이 더 길고/무겁고/크니? • 얼마큼 긴지 보여 줄래? • 크기 순서대로 놓아 볼래? • 이 길이 만큼 긴 것을 찾아볼래? • 어떻게 같은 길인지 알 수 있니? • 이것으로 재면 어떻게 될까?
패턴과 대수	• 어떤 규칙을 찾아볼 수 있니? • 무엇이 다음에 올까? • 이것들로 또 다른 규칙적 배열을 만들 수 있니? • 이곳을 바꾼다면 어떻게 될까? • 점점 커지는 규칙도 있을까? • 이들 패턴의 규칙을 어떻게 나타낼까?
자료 수집과 분석	• 어떤 점이 같으니/다르니? • 이것은 어느 집단에 속할까? • 같은 것끼리 묶어 볼래? • 어떤 집단이 더 많으니? • 세지 않고 말할 수 있겠니? • 그래프로 나타내면 어떨까? • 이 집단의 이름을 무엇이라 할까?

출처: 홍혜경(2010) 재인용.

(2) 상호작용을 촉진하는 교사의 질문

수학적 과정이 포함되고 문제해결능력을 길러 주기 위한 상호작용 방법으로 교사의 질문이 중요하다. 교사의 질문은 유아와 할 수 있는 가장 좋은 상호작용 방법의 하나이다. 질문을 통해 유아 스스로 의문점을 가지게 되고, 문제를 해결하는 수학적 과정을 경험하면서 수학적 능력을 기르게 된다. 교사의 질문을 통해 유아 스스로 의문점을 가지게 되고, 문제를 해결하는 수학적 과정을 경험하면서 수학적 능력을 기르게 된다.

* 교사는 매일매일 질문하기 시범을 보인다. 교사는 유아에게 다음과 같은 질문을 자주 해야 한다.
  - 왜 너트와 볼트가 커다란 도토리보다 무거울까?
  - 누가 가장 키가 클까?
  - 누가 가장 긴 털실 조각을 가지고 있을까?
  - 몇 번이나 점프할 수 있니?
  - 얼마나 멀리 점프할 수 있니?
  - 이것들 중 어느 것이 가장 무거울까?
  - 어느 것이 가장 작을까?
* 교사는 유아가 수학적 문제해결 전략을 발달시키기 원하기 때문에 문제해결 전략에 관해 이야기하도록 유아에게 자주 요청해야만 한다.
  - 어떻게 그런 답을 얻었니? 또 다른 방법은 없니?
  - 네가 생각하고 있는 것은 무엇이니?
  - 답을 찾고 있니? 다른 방법을 생각해 본 적은 있니?
  - 그것이 답이라고 확신하니?
  - 만약 ~라면 어떤 일이 일어날까?
  - 왜 그럴까?

유아교사는 다음과 같은 질문과 상호작용으로 수와 수 세기 능력 발달을 도울 수 있다.

① 쌓기영역

- 두 개의 블록이 어떤 점이 같고 어떤 점이 다른지 물어본다.
- 유아가 쌓은 블록이 몇 개인지 물어본다.
- 원기둥 모양 블록이 몇 개인지, 네모 모양 블록이 몇 개인지 수를 세어 보게 한다.
- 단위 블록 하나를 양팔저울에 올려놓은 후 어떤 블록을 반대편에 올려놓아야 수평을 맞출 수 있는지 물어본다.

② 모래와 물

- 큰 그릇을 채우기 위해 몇 컵의 모래(물)가 필요한지 세어 보게 한다.
- 모래밭에 있는 유아들이 하나씩 먹을 수 있도록 모래 케이크를 만들어 보자.
- 모래성을 여기 양동이보다 높게 쌓아보자.

③ 동식물 기르기 영역

- 오늘 아침에 햄스터가 먹이를 얼마나 많이 먹었니? 먹이통에 어느 높이만큼 먹이를 채워 주어야 할까? 햄스터가 얼마나 자랐니? 몸무게는 얼마나 되지? 어느 햄스터가 가장 크니(작니)?
- 강낭콩 넝쿨에 꽃이 몇 송이 피었니?

(3) 질 높은 상호작용을 위한 교수 원칙

유아 수학교육의 질적 향상을 위해서는 교사-유아 간 상호작용의 질을 높여야 한다. 이를 위해 교사는 유아와의 적극적인 상호작용이 이루어질 수 있는 수학학습을 계획하고 수행하여야 하며, 이때 고려되어야 할 원칙을 살펴보면 다음과 같다(홍혜경, 2010).

* 유아가 수학에 대한 자발적 관심과 반응을 보일 때가 교수할 순간(teachable moment)이며, 이를 수학적 사고로 확장 또는 심화시켜야 한다.

유아의 자발적 놀이나 탐색과정에 수학적 사고가 이루어진다는 것을 자주 볼 수 있다. 유아는 자발적으로 수를 센다든지, 가장 큰 수를 알고 싶어 한다든지, 쌓기 활동 중에 같은 길이나 모양의 적목을 찾으려는 행동을 보인다. 이러한 상황이 목격되면 교사는 유아의 자발적 관심을 수학적 사고로 유도하거나 안내하는 역할을 보다 적극적으로 하는 것이 좋다.

유아놀이나 활동을 관찰하여 교수할 순간을 포착하여 수학적 사고를 위한 개입의 기회로 활용하는 것이 중요하다. 이를테면, "네가 찾는 길이의 적목이 없다면 대신할 수 있는 적목은 어떤 것일까?", "또 다른 것으로 같은 길이를 만들 수 있겠니?" 등의 개입을 통해 수학적 사고를 위한 기회로 유도할 수 있을 것이다.

* 일상경험이나 직관을 통해 획득된 비형식적 지식이나 경험을 형식적 지식과 연계할 수 있는 기회를 제공하여야 한다.

유아가 경험적 · 직관적 사고에 의해 형성된 비형식적 지식을 유아 스스로 설명하고, 표상하고, 타당화하고, 일반화하는 등 수학화(mathematizing)하는 기회를 통해 형식적 지식과 연계할 수 있도록 도와야 한다. 예를 들어, "두 사람이 나누어 가진 양이 같은지 어떻게 알았는지 말해 줄래?", "세 사람과 나눌 때도 같은 방법을 쓸 수 있을까?" 등의 질문은 유아 자신의 생각이나 해결방법을 재점검하게 이끈다.

* 유아를 위한 수학교육은 교육과정과 연계된 의도적 교수(intentional teaching)가 제공되어야 한다.

교사는 적절한 교육활동과 교수전략을 통해 수학적 개념, 문제해결방법, 수학적 어휘 등을 적극적으로 소개할 필요가 있다. 교사는 유아들이 주요 개념에 대한 이해를 돕기 위해 유아의 발달 수준과 수학 내용의 난이도에 따른 계획된 교수를 제공하는 것이 필요하다. 이를 위해 유아교사는 수학 내용 체계와 내용적 지식에 대해 충분히 알고 있어야 한다.

* 유아 수학활동에는 수학적 아이디어를 연결하고, 표상하고, 의사소통하고, 추론하고, 문제를 해결하는 수학적 과정이 포함되어야 한다.

누리과정과 표준보육과정에서는 무엇을 가르칠 것인가에 대한 구체적인 내용을 제시하고 있으나 수학적 과정에 대한 설명은 미흡한 편이다. 교사는 모든 수학 내용 학습에 수학적 과정을 포함시키는 노력이 필요하다. 예를 들어, 유아가 적목으로 탑을 쌓는 경우와 기차를 만드는 경우, "어느 것이 더 길까/높니?", "길이와 높이는 어떻게 다르니?", "탑을 눕혀도 기차 길이가 더 길까?" 등의 질문은 길이 측정 학습에 길이와 높이의 관계를 연결하고, 길이 관련 어휘를 사용하고, 길이에 대한 비교 결과를 예측하고 추론해 보는 등의 수학적 과정을 경험하게 할 것이다.

* 유아의 수학활동은 일과와 다른 교과와 통합적으로 계획되고 운영되어야 한다.

일과나 다른 활동과 분리된 수학활동은 유아에게 수학적 이해와 활용을 위한 맥락을 제공하지 못한다. 유아에게 의미 있는 수학학습이 이루어지려면 수학이 의미 있고 실제 수학이 필요한 상황을 제공하는 맥락이 필요하다. 이런 관점에서 볼 때, 유아의 수학활동은 일상생활과 타 교과활동과 통합적으로 계획되고 운영되어야 한다.

6장 환경 구성

영유아에게 양질의 교육환경을 제공하는 것은 매우 중요하다. 영유아는 풍부한 물리적 환경에서 놀이를 통한 상호작용을 통해 성장하고 학습하기 때문이다. 따라서 영유아에게 수학적 경험을 다양하고 풍부하게 할 수 있는 질 높은 물리적 환경을 조성해 줄 필요가 있다.
유아교육기관의 물리적 환경은 유아의 수학적 사고에 잘 반응하도록 구성되어야 하고, 호기심이 왕성하고 활동적인 유아가 능동적으로 의미 있는 학습경험을 할 수 있도록 세심하고 신중하게 구성하여야 한다.

1 영아반 및 유아반 실내외 수 흥미영역 구성

1) 실내 수 흥미영역

영유아는 교사가 구성해 놓은 실내 흥미영역에서 여러 가지 사물을 직접 다루는 가운데 이것은 크고 저것은 작고, 어떤 것은 무겁거나 가볍고, 또 어떤 것은 둥글거나 네모, 세모 등의 모양을 가졌음을 인식한다. 유아교육기관에서 이루어지는 매일의 일상생활 속에서 분류(같은 종류별로 분류하여 놀잇감 제자리에 정리하기), 모양 알기(블록 쌓기, 퍼즐 맞추기), 패턴 익히기(하루일과, 가방 패턴 모양으로 꾸미기) 등과 같은 수학학습이 이루어진다. 수학기술과 개념을 익히기 위한 좋은 방법은 블록이나 카드게임처럼 수학적 사고를 불러일으키는 학습자료가 풍부한 흥미영역에서 오랜 시간 탐색하고 탐구하는 것이다(Sarama & Clements, 2006).

흥미영역으로 구성된 교실은 영유아가 활발하게 경험을 쌓아 가는 공간이다. 흥미영역은 자료장이나 경계 표시로 명확하게 구분 지어 놓은 공간으로 각 영역에는 특정 주제에 맞는 지식과 기술을 향상시킬 목적으로 해당 자료와 시설을 비치해 놓는다(Seedfelt & Galper, 2010).

효율적인 흥미영역 구성을 위한 일반적 지침

- 모든 유아가 사용하기에 충분한 놀잇감이 준비되어야 한다.
- 유아가 놀잇감을 선택하고 정리하기에 용이해야 한다.
- 다양한 수준과 종류의 놀잇감이 준비되어야 한다.
- 유아가 자유롭게 놀이할 수 있도록 충분한 공간이 확보되어야 한다.
- 약간의 혼란스러움과 소음이 허용되는 환경이어야 한다.
- 성인의 감독이 용이해야 한다.
- 비교적 청결 유지가 용이해야 한다.
- 변화와 융통성이 지속적으로 유지되는 환경이어야 한다.

출처: 엄정애(2009).

(1) 영아반

① 실내 환경 구성

물리적으로 풍요로운 환경에서 놀이를 통한 상호작용을 통해 성장하고 학습하는 영아에게 양질의 환경을 제공하는 것은 매우 중요하다. 영아를 위한 실내 교육환경은 가정과 같이 따뜻하고 친숙하고, 안전하면서도 영아에게 적절한 자극을 줄 수 있는 다양한 교재 · 교구가 갖추어져 있어야 한다(김희진 · 김언아 · 홍희란, 2004). 여러 학자들의 견해(장영희, 1999; 김희진 외, 2004)를 참고하여 영아를 위한 교육환경 구성의 원리를 제시하면 다음과 같다.

* 정서적인 편안함을 추구하는 요구가 만족되도록 가정과 같은 분위기의 환경을 구성한다.

영아기 유아는 부모로부터의 격리에 대한 불안감이 크고 낯선 사람, 낯선 장소, 어두운 곳, 큰 소리 등에 공포심을 나타낸다. 따라서 가정과 같은 분위기가 나도록 환경을 구성하여 영아에게 안정되고 아늑하며 편안함을 느끼도록 공간을 조성해 준다. 특히, 어린이집에서 생활하는 영아는 하루의 대부분을 기관에서 보내기 때문에 가정과 같은 분위기가 나도록 환경을 구성하여 안정감과 편안함을 느낄 수 있도록 해야 한다.

* 영아기 발달특성인 탐색과 움직임의 욕구가 충족되도록 환경을 구성한다.

영아를 위한 교육환경에서 중요한 요소 중 하나는 연령에 따른 발달적 적합성이다. 이 시기 영아는 새로운 것에 대한 호기심이 많아 끊임없이 탐색한다. 보고, 듣고, 만지고, 냄새 맡고, 맛보는 등의 감각 활동과 자연 세계와 사물을 관찰하고 탐색할 수 있는 기회를 제공하는 환경이 조성되어야 한다. 또한, 영아는 걷고, 뛰고, 기어오르는 등 분주히 움직인다. 따라서 영아가 능동적으로 안전하게 대근육 운동을 할 수 있도록 환경이 구성되어야 한다.

* 적절한 수준의 동기유발이 되도록 적절한 양의 놀잇감이 있는 환경을 제공한다.

너무 많은 선택의 기회는 영아를 흥분시키고 집중을 방해하여 스스로나 타인에게 문제를 야기한다. 반면, 너무 적은 수와 종류의 놀잇감도 영아들 간의 갈등을 유발하게 한다. 최적의 양은 영아의 월령과 반응, 하루일과의 길이, 집단의 크기 등을 고려하여 결정하여야 하나, 월령이 낮을수록 적은 수의 다양한 놀잇감보다는 같은 유형의 놀잇감을 여러 개 준비한다.

* 안전하고 청결한 환경을 제공한다.

영아기는 오감각을 활용하여 활발하게 환경을 탐색하는 특성이 강하면서도 위험한 것과 위험하지 않은 것을 구별하거나 예측하는 능력이 충분히 발달하지 않았기 때문에 안전한 환경을 조성하는 것이 중요하다. 안전한 환경을 조성하기 위해서는 놀잇감이나 교재 · 교구뿐만 아니라 활동실의 마감재, 가구, 전기 시설, 바닥재나 활동실의 가구 배치 등 모든 측면이 안전하지 살펴보아야 한다. 또한, 영아기는 오감각을 활용하여 환경을 탐색하는 특성이 강하면서도 면역력이 약한 시기이기 때문에 청결한 환경을 제공하여야 한다.

② 실내 수 흥미영역

영아를 위한 수 흥미영역은 위와 같은 환경 구성의 원리에 따르면서 영아의 놀이 및 탐색활동을 자극하는 공간이어야 한다. 그리고 흥미영역에 제공해 주는 놀잇감이나 교재·교구는 탐색자료와 조작놀이 중심으로 준비해 준다. 이에 해당되는 것으로 물, 모래, 자연물(나뭇잎, 조약돌, 열매 등)을 탐색할 수 있는 자료, 쉽고 단순한 퍼즐류, 듀플로 블록, 우레탄이나 스펀지 블록, 일대일 대응 자료, 서열화 자료, 간단한 모양 맞추기 자료 등이 있다.

* 영아의 발달 수준에 맞게 탐색자료와 조작놀이자료를 다양하게 제공해 준다. 영아를 위한 수 흥미영역에 제공해 줄 수 있는 자료의 특징은 다음과 같다.
  - 영아에게 친숙한 수 활동 자료
  - 쉽고 단순한 수 활동 자료
  - 따뜻하고 부드러운 느낌의 헝겊으로 된 수 활동 자료
  - 영아의 오감각을 자극하는 수 활동 자료 등

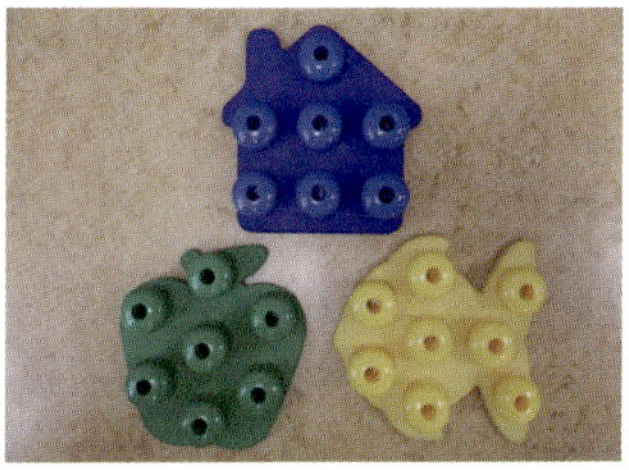

(2) 유아반

유아들의 수학학습을 위한 실내 흥미영역은 수학적 사고를 불러일으키는 다양한 학습자료(교재 · 교구)가 주제에 맞게 준비되는 것이 좋다. 그리고 수 흥미영역은 다른 교과를 통합하여 구성되기도 하는데, 대표적인 것이 과학과 조작영역이다. 과학은 수학과 밀접한 관련이 있는 학문으로서 수학학습 자료들과 통합적으로 운영되면 좋다. 그리고 조작하며 수 개념을 탐구할 수 있기 때문에 수학영역은 조작영역과 통합되어 수-조작영역으로 구성되는 경우가 많다.

유아의 놀이활동은 흥미영역에 구비된 교재 · 교구의 종류와 배치 방식에 따라 영향을 받기 때문에 다양한 교재 · 교구를 효과적으로 배치해야 한다. 그리고 유아를 위한 교육환경은 유아 스스로 활동을 선택할 수 있고, 직접적인 경험활동을 장려하는 환경으로 구성되어야 하고, 교사나 또래와 활발한 사회적 상호작용이 이루어지도록 구성되어야 한다(Ginsburg, 1989).

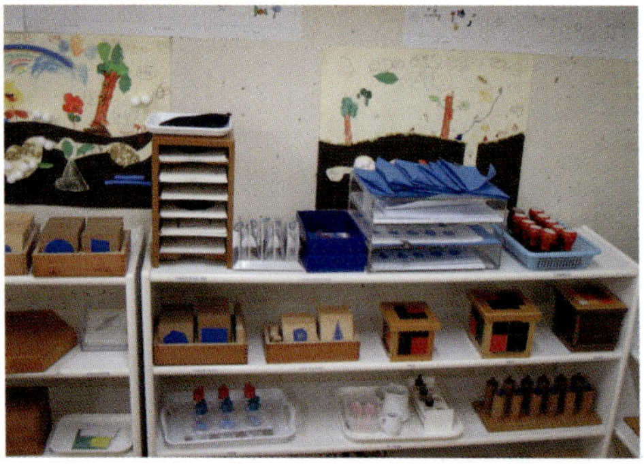

유아를 위한 실내 수 흥미영역에 제공해 주는 놀잇감이나 교재 · 교구는 유아의 연령별 발달 수준, 생활주제에 따라 다양하고 풍성하게 준비해 주는 것이 좋다. 수-조작영역에 제공해 줄 수 있는 것으로 다양한 주사위 게임, 퍼즐, 카드, 도미노, 다양한 측정도구, 계산기, 패턴블록, 칠교판, 단위 수 블록(base-ten 블록), 속성블록(attribution blocks), 다양한 패턴 활동 자료 등이 있다. 좀 더 구체적으로 수-조작 영역에 제시해 줄 수 있는 자료들은 다음과 같다(Seedfelt & Galper, 2010).

* 나무, 플라스틱, 종이판으로 된 퍼즐: 연령에 맞는 조각 수, 조각 모양
* 패턴을 익힐 수 있는 구슬과 실
* 패턴자료: 작은 블록과 타일, 모자이크 블록, 무늬찍기 도구 등
* 일대일 대응, 분류하기, 순서 짓기, 비교하기 자료
* 셈하기, 순서 짓기, 숫자에 맞게 놓을 수 있는 자료들: 조개, 단추 등
* 도미노, 카드놀이
* 분류하고 셈할 수 있는 동전모형
* 양팔저울과 측정할 물건들
* 지오보드와 고무밴드
* 화이트보드와 마커, 종이 및 필기류

2) 실외 수 흥미영역

실외놀이 환경은 유아에게 수학적 학습 자극을 주는 교실의 연장된 공간이다. 풍부한 자연환경과 열린 공간은 영유아의 수학 경험이 활성화되도록 돕는다. 물놀이와 모래놀이는 실외에서 더 자유롭고, 마음껏 흙을 파고, 다양한 자갈과 돌을 탐색하면서 자연과 물질에 대한 지식을 얻는다.

수학은 단지 숫자에 대한 것만이 아니라 수량, 관계, 패턴 및 측정에 대한 것이다. 즉, 수학은 모양, 부피, 면적과 길이, 시간과 일정, 패턴, 분류 및 범주에 대한 것이다(NCTM, 2006). 그리고 유아교육기관의 실외놀이 환경에 영유아가 이러한 수학적 요소

를 적용하여 조작하고 탐색해 볼 수 있는 소재가 산재해 있도록 구성하는 것이 좋다.

유아는 돌의 크기, 색깔, 모양 등으로 분류하고 서열화할 수 있고, 돌의 무게 차이를 측정할 수 있으며, 나무 둘레를 끈으로 측정할 수도 있다. 또한, 새집에 몇 마리의 새가 있는지, 어떤 색깔의 꽃이 몇 송이 있는지 예측해 보고 실제 세어 보는 수학적 경험을 할 수 있다. 이러한 것들은 영유아에게 잊지 못할 수학적 경험을 제공해 주고 유년기의 소중한 추억으로 간직될 수 있다.

(1) 영아 및 유아를 위한 실외놀이 환경

모든 영유아는 안전하고 발달에 적합한 실외 환경에서 매일 실외놀이를 할 기회를 가져야 한다. 이상적인 실외 환경은 풀, 콘크리트, 흙, 모래 등이 다양하게 있어야 하고, 양지와 음지, 대근육 활동을 위한 활동적인 공간과 책이나 음악 혹은 조작놀이를 할 수 있는 조용한 공간으로 균형을 이루어야 한다. 평평한 곳에는 시각적 흥미를 주는 놀이터를 만들 수 있고, 언덕을 만들어 오르고 굴러 내리게 할 수도 있다. 즉, 영유아를 위한 실외놀이 환경에는 동적인 요소(종합놀이터)와 정적인 요소(휴식 공간), 인공적 요소(놀이기구)와 자연적 요소(동식물)가 골고루 포함되어 있어야 한다(Frost, 1992). 영아 및 유아의 실외놀이를 위한 환경 및 운영에 관한 지침을 제시하면 다음과 같다(이숙재, 2008 재인용).

영아를 위한 실외놀이장 설계 기준

Frost(1992)는 3세 미만의 영아기 어린이를 위한 실외놀이장 설계 기준으로 다음의 4가지를 제시하였다.

다양한 동작을 할 수 있도록 설계한다.

- 3세 미만의 영아를 위한 실외놀이장은 기어가기, 일어서기, 깡총 뛰기, 붙잡기, 잡아당기기, 밀기, 걷기, 뛰기, 균형 잡기, 회전하기 등과 같은 다양한 동작을 할 수 있도록 설계되어야 한다.

감각을 자극하도록 설계한다.

- 이 시기의 어린이는 보고, 듣고, 맛보고, 냄새 맡고, 만지는 감각 경험을 통해 성장한다. 따라서 어린이가 다양하고 적절한 수준의 감각적인 경험을 할 수 있도록 실외놀이장을 설계한다.

신기함과 다양함을 맛보고 도전을 시도할 수 있도록 설계한다.

- 영아기 어린이는 빠른 속도로 성장하며 새로운 것을 추구하고 도전하는 성향이 있으므로 실외놀이장을 설계할 때는 어린이가 늘 신기하게 느낄 수 있고, 다양하며 새로운 도전을 해 볼 수 있도록 배려한다.

편안하고 안전한 실외놀이장이 되도록 설계한다.

- 영아기 어린이는 잘 넘어지고 무엇이든지 입에 넣는 등 위험한 행동을 많이 한다. 따라서 실외놀이장의 바닥, 놀이기구의 높이, 형태, 재료, 페인트 등이 어린이의 안전을 보장하도록 설계해야 한다.

유아를 위한 실외놀이장 설계 기준

Frost와 Klein(1979)은 3~8세 유아기 어린이를 위한 실외놀이장의 설계 기준을 다음과 같이 제시하였다.

유아의 놀이를 장려하도록 설계한다.

- 유아가 쉽게 접근할 수 있도록 설계한다.
- 개방적이고 편안한 공간을 조성한다.
- 실내에서 실외로 자유롭게 이동할 수 있도록 설계한다.

유아의 감각을 자극하도록 설계한다.

- 공간의 넓이와 크기, 빛, 질감 및 색깔의 변화와 대조를 경험하게 한다.

유아의 호기심을 자극하도록 설계한다.

- 유아가 원하는 대로 재구성할 수 있는 놀이시설을 설치한다.
- 실험자료와 구성놀잇감을 제공한다.

여러 가지 상호작용이 빈번하게 일어나도록 설계한다.

- 유아와 자료와의 상호작용: 실외놀이에서 사용할 수 있는 다양한 자료를 제공해 주고, 책 읽기, 퍼즐 맞추기나 단독놀이를 위한 반 밀폐 공간을 마련해 준다.
- 다른 유아와의 상호작용: 다양한 공간, 충돌을 피할 수 있는 적절한 넓이의 공간, 사회화를 촉구하는 시설을 제공한다.
- 유아와 성인 간 상호작용: 유아-성인 간 상호작용의 기회를 가질 수 있게 안전하고 성인의 감독이 용이하도록 공간을 조직하고, 성인이 휴식을 취할 수 있는 공간도 제공한다.

유아의 기본적인 사회적·신체적 욕구를 만족시켜 줄 수 있도록 설계한다.

- 유아가 편안하고 안락한 느낌이 들도록 설계한다.
- 유아의 신체 조건에 맞도록 설계한다.
- 위험하지 않도록 설계한다.

유아가 좀 더 발전된 놀이를 할 수 있도록 설계한다.

- 기능놀이, 연습놀이, 대근육 운동놀이가 이루어질 수 있도록 설계한다.
- 극놀이, 가상놀이, 사회적 놀이를 할 수 있도록 설계한다.
- 규칙있는 게임을 할 수 있도록 설계한다.

(2) 실외 수 흥미영역

영유아의 수학활동은 유아의 발달 수준에 맞게 잘 설계된 실외 공간에 적절하게 배치된 흥미영역에서 보다 잘 이루어진다. 실외 흥미영역은 탐구와 발견이 일어나도록 구성하는 것이 좋고, 이를 위해 다양한 흥미영역을 구성해 주도록 한다. Seedfelt 외(2010, 2012)의 제안을 참고하여 영유아의 수학활동을 활성화시킬 수 있는 흥미영역을 제시하면 다음과 같다.

① 자연학습 영역

* 동물 기르기 영역: 토끼, 새, 강아지, 오리 등의 집짐승을 관찰하거나 먹이를 줄 수 있는 영역이다. 각 동물들의 움직임, 사는 곳, 먹이 등의 특성을 관찰하고 기록할 수 있다. 이러한 환경은 자료 수집과 분석, 먹이 양 측정 및 비교 등의 수학적 경험을 위한 좋은 기회를 제공한다.
* 모래놀이 영역: 영유아는 실외 공간에 조성된 넓은 모래밭 안에 들어가 앉아서 놀이를 한다. 플라스틱 용기(컵, 스푼, 체, 각종 크기의 그릇, 팬 등), 페트병 등의 다양한 도구를 준비해 주면 놀이가 더욱 활성화된다. 영유아는 자신이 쏟아 놓은 모래와 한 그릇에서 다른 그릇으로 옮겨지는 모래의 양을 보고 부피 개념을 배운다. 작은 그릇에 담긴 모래를 모아 큰 그릇에 채우면서 얼마나 더 부어야 큰 그릇을 채울 수 있는지 측정할 수 있다. 모래놀이는 물놀이 영역 가까이 있으면 더욱 좋고, 다양한 놀이 도구, 요리도구, 측정도구, 모래로 모양 찍어내는 틀이 첨가되면 수학적 개념을 더욱 확장시킬 수 있다.

* 물놀이 영역: 물놀이 전용 수로, 물놀이를 할 수 있는 커다란 통을 준비해 준다. 물놀이는 물 붓기, 측정하기, 부피 비교 등의 핵심적인 수학 개념을 알려 준다. 물을 튀기고, 흘리고, 이리저리 옮기고 물 붓는 활동을 하면서 많은 수학적 개념을 배울 수 있다. 다양한 그릇에 들어 있는 양을 바로 비교할 수 있고, 커다란 그릇에 컵으로 물을 채우려면 몇 컵이나 부어야 할지 셀 수 있다.
* 식물 영역: 다양한 형태의 식물, 꽃, 채소가 있는 정원은 유아가 직접 물을 주고 키울 수 있도록 조성되는 것이 좋다. 교사와 함께 영유아는 정원의 흙을 파서 흙의 구성 성분, 그 안에 있는 곤충과 벌레를 탐색할 수 있다. 이러한 정원은 수학 경험의 보고이다. 식물의 성장 측정, 서로 다른 식물의 특성 비교, 꽃이나 채소에 필요한 물의 양 알기, 셈하기, 패턴 알기 등의 수학적 경험을 할 수 있다.

② 예술영역

미술활동도 실외에서 이루어질 수 있다. 건물 벽에 물을 칠하거나 큰 종이를 붙여 놓고 물감을 칠하면서 영유아는 '아름다움'을 경험한다. 실외에서 흙으로 된 바닥이나 벽에 커다랗게 그림을 그리거나 구성한 모양과 패턴을 탐색하는 중에 수학 개념을 익힌다. 교사는 영유아에게 정해진 순서대로 이루어진 패턴을 반복해서 그리도록 격려할 수도 있고, 시멘트 바닥이나 커다란 책상에 놓인 큰 종이에 크레파스나 마커로 그림을 그릴 수도 있다.

③ 수학영역

영유아는 혼자서 혹은 집단으로 방향, 거리, 위치 찾는 활동을 실외에서 더 쉽게 할 수 있다. 이러한 수학활동은 과학에서 요구하는 기술들과 매우 밀접하게 연결되어 있다.

실외에서 다양한 물건을 가지고 수를 세고, 순서에 맞추어 배열하는 활동을 할 수 있다. 영유아는 관찰을 통해 돌이나 나무의 수를 추정한다. 한 유아가 모은 돌, 다른 유아가 모은 도토리나 열매, 모래 상자 속의 플라스틱 컵들, 자전거나 그네를 타려고 기다리고 있는 유아 등 어디에나 셀 것 투성이다. 영유아는 모든 돌, 곤충, 씨앗, 도토리를 분류해 놓거나 작은 것에서 큰 것, 무거운 것에서 가벼운 것으로 늘어놓는다.

수학적 개념 형성을 위해 다양한 도구를 준비해 주는 것이 좋다. 온도계, 줄자, 자,

저울, 용량을 잴 수 있는 다양한 크기와 모양의 용기, 조작이 간단한 카메라 등을 준비한다.

④ 신체영역

실외놀이터의 빈 공간, 움직일 수 있거나 고정된 시설과 설비는 실외에서 달리기, 뛰기, 오르기 등의 신체활동을 촉진시킨다. 실외 시설은 사회성을 발달시키고 언어 사용과 협동놀이를 장려하고 주변 세계의 물리적 속성에 대한 개념을 알게 해 준다.

* 다양한 크기와 무게를 지닌 공: 공놀이하면서 둥근 공의 특성, 크기와 무게를 비교할 수 있다.
* 평균대, 낡은 통나무와 디딤돌, 낡은 타이어 위에 올라가고 그 위를 걸어 보면서 다양한 방법으로 몸의 균형 잡기 등의 조절력을 배운다.

실외에서 해볼 수 있는 수학활동

- 돌 모으기: 유아에게 운동장에 있는 돌을 5분 동안 모을 수 있는 만큼 모아 오도록 한다. 누가 가장 많이 가졌는지 보기 위해 유아 각자 자신의 돌을 세어 본다. 유아에게 가장 작은 것에서 가장 큰 것까지 크기에 따라 돌을 한 줄로 배열하게 한다. 그리고는 유아에게 자기가 모은 돌들을 작은 돌과 큰 돌로 분류하게 한다.
- 돌차기(hopscotch) 놀이: 콘크리트나 아스팔트 위에 분필로 돌차기 놀이를 위한 그림을 그린다. 각 칸에 숫자를 적는다. 유아들에게 전통적인 돌차기 게임을 가르쳐 준다.
- 토마토 차트 만들기: 정원이나 텃밭에서 할 수 있는 수학활동이 많이 있다. 유아는 토마토 나무의 수를 셀 수 있고, 이 수를 정원 옆에 놓아둔 차트(비가 내려도 지워지지 않는 것)에 기록한다. 토마토가 열리기 시작하면 다시 나무의 수를 센 다음 각 나무에 열린 토마토의 수를 세어 본다. 차트에 토마토 나무 옆의 작은 토마토를 그려 각 나무 당 토마토 수를 기록한다. 토마토 숫자나 그림을 바탕으로 막대그래프를 만든다. 이 그래프를 바탕으로 어떤 나무에 가장 많은 토마토가 열렸는지 살펴본다.
- 시장: 부모참여 수업이 있는 날 정원에서 생산한 야채와 꽃을 팔 시장을 만든다. 유아는 각 상품에 대한 가격표를 만드는 데 참여한다. 예컨대, '토마토, 1개당 500원' 등이라고 쓸 수 있다. 유아는 야채와 꽃을 팔고, 부모는 종이돈이나 진짜 돈을 사용하여 야채와 꽃을 구입한다.

- 강우량 측정하기: 철물점에서 우량계를 구입한다. 유아가 놀이하는 곳에서 떨어진 쪽에 구입한 우량계를 설치한다. 비가 많이 내린 다음에 우량계에 있는 비의 양을 측정한다. 유아는 우량계에 표시되어 있는 측정량과 용기에 있는 비의 양을 보고 비가 많이 올수록 용기가 더 가득 찬다는 것을 이해한다.

출처: Johnson, Christie, & Wardle(2006).

2 영아 및 유아의 수 활동 자료

영유아를 위한 수 활동 자료는 다음과 같은 특징을 가지는 것이 좋다.

* 영유아와 가족의 생활을 반영한다.
* 안전하면서도 적절한 도전이 이루어지도록 한다.
* 감각 운동적 학습을 격려한다.
* 자발적인 움직임을 통해 신체기술을 발달시킨다.
* 탐구, 실험, 발견을 격려한다.
* 놀이 및 탐색활동과 상호작용을 촉진시킨다.
* 개별적인 사용이 가능하도록 조직한다.
* 매우 다양하다.

1) 영아를 위한 수 활동 자료

(1) 탐색 자료

① 포개지는(쌓을 수 있는) 컵이나 링, 집어넣을 수 있는 놀잇감(도형을 구멍에 집어 넣는 도형 분류 상자)

② 모래 놀잇감

③ 물 놀잇감

④ 자연물(나뭇잎, 조약돌, 조개껍데기, 열매 등)

(2) 조작놀이 자료

① 퍼즐류(3~5조각)

② 끼우기, 링 쌓기

③ 누르면 튀어나오는 놀잇감

④ 볼트와 너트, 패그와 패그보드

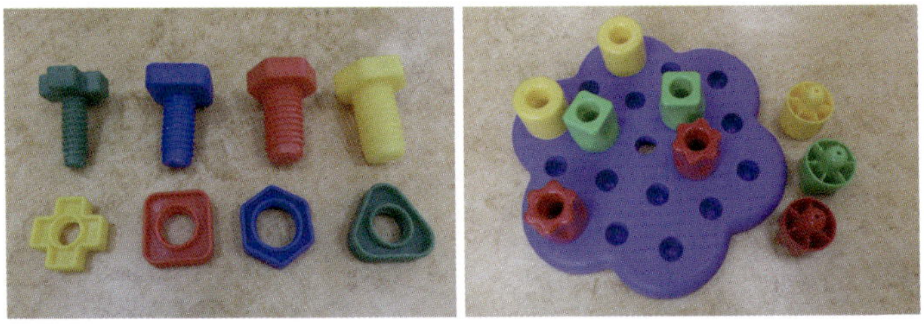

⑤ 듀플로 블록

⑥ 쌓기영역 자료: 우레탄 블록, 스펀지 블록

⑦ 언어영역 자료: 영아용 수학 동화(도형, 수, 숫자 인식)

⑧ 기타

2) 유아를 위한 수 활동 자료

유아를 위한 수 활동 자료는 매우 다양하다. 수 흥미영역 외에 다른 영역에서도 수 활동이 가능하기 때문에 다양한 영역별로 수학과 통합된 활동이 가능한 자료들이 있다. 또한, 유아의 수 활동을 위해 교사가 제작한 자료가 있고, 상품화되어 판매되고 있는 상업적인 수 활동 자료가 있으며, 자연물, 일상생활용품, 폐품도 수 활동 자료가 될 수 있다. 이에 대해 자세히 살펴보면 다음과 같다.

(1) 영역별 수학과 통합된 활동이 가능한 자료

① 쌓기영역: 유니트블록, 종이벽돌블록 등

② 역할놀이영역: 가게놀이(계산기, 가짜 돈, 가격표 만들기), 병원놀이(키, 몸무게, 체온, 혈압 측정)

③ 수-조작 영역: 다양한 보드게임, 카드 게임, 퍼즐, 조작교구, 퍼즐 등

④ 과학영역: 측정도구(표준화도구-양팔저울, 체중계, 온도계, 줄자 등)

(2) 상업적 활동 자료

① 다양한 동물, 공룡, 곤충, 자동차 등의 모형

② 다양한 색, 모양, 크기를 가진 적목 또는 칩(chips)

(3) 교사 제작 자료

(4) 자연물, 일상생활용품, 폐품 등

① 자연물

② 일상생활용품, 폐품

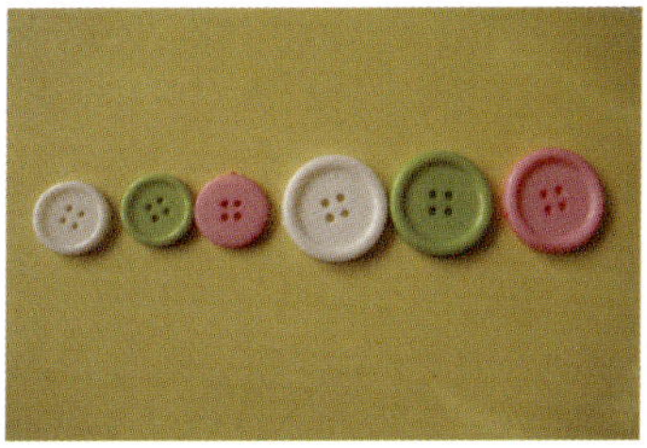
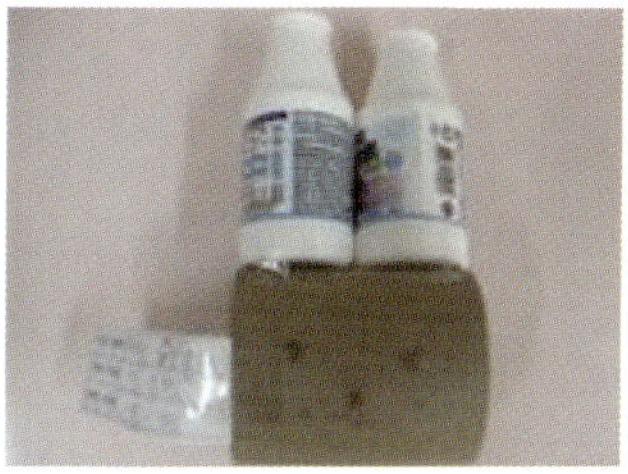

3 가정 및 지역사회 환경과의 연계

학교는 가정이나 지역사회와 분리된 채로 기능할 수 없다(Seedfelt et al., 2012). 때문에 유아교사뿐만 아니라 부모, 지역사회 모두 유아의 양질의 수학교육을 받을 수 있도록 노력해야 할 책임이 있다(NCTM, 2006). 유아교사 외에도 지역사회에는 학생의 수학교육을 위한 자원으로 활용 가능한 많은 전문가가 있다. 나아가 지역사회에는 박물관, 과학관, 미술관, 연구소, 문화체험센터 등 유아가 수학을 이해하는 데 기여할 수 있는 많은 기관과 자원들이 있고, 이것들은 유아의 시야를 넓히는 데 도움을 줄 수 있다.

가정과 유아교육기관 그리고 이웃은 유아의 발달과 학습을 위한 직접적인 기반으로 작용한다. 가정과 지역사회를 의미 있는 학습경험 자원으로 인식할 때 유아는 의미 있는 맥락에서 더 많이 배우게 된다.

1) 가정

부모(양육자)가 유아교육기관과 협력하여 교사와 함께 학급에 참여할 때 유아는 더 많이 배우게 된다. 가정의 역할이 영유아의 수학적 발달에 중요하다는 것이다. 그리고 부모는 자녀의 학습에 도움이 되기를 바라고 자녀의 교육에 참여하기를 원한다. 가정에서 자녀의 학습을 돕는 방법으로 부모가 주로 하는 것은 글자 가르치기, 수와 셈하기 가르치기, 책 읽어 주기가 대부분이다. 하지만 부모는 이러한 활동 이상을 잘 알지 못하고 특히 수학과 관련된 활동은 잘 알지 못한다. 따라서 유아교육기관에서는 부모가 영유아의 수학교육에 함께 참여하도록 다양한 노력을 기울일 필요가 있다.

(1) 전화, 쪽지, 게시판

등원 시간에 부모와의 간단한 대화, 전화 통화, 간단한 쪽지나 편지를 통해 영유아의 수학활동에 대해 상호작용한다. 또한, 유아교육기관의 수학 관련 교육 계획과 프로그램을 알려 주는 게시물이나 전시물을 게시판에 부착한다.

(2) 가정통신문

특정한 수학활동이 계획된 이유, 부모가 가정에서 이 활동을 도울 수 있는 방법 등에 대해 구체적으로 설명된 가정통신문을 가정으로 보낸다. 아래 제시된 가정통신문(자료 1~3)처럼 수학영역에서 영유아의 개념적 발달을 돕기 위해 부모가 할 수 있는 방법과 구체적인 내용을 안내해 주면 영유아와 그 가족에게 도움을 줄 수 있다. 예를 들어, 교사가 분량 측정과 관련된 활동을 계획할 경우, 가정에서 영유아의 수학학습을 도와주기 위해 부모–영유아가 함께할 수 있는 간단한 요리법 등에 대해서 안내해 주면 기관–가정이 연계된 수학 경험을 제공할 수 있게 된다. 그리고 영유아와 부모가 함께 수학에 대한 활동을 할 때 부모 역시 수학을 배우게 된다.

(3) 가정으로 활동 결과물 보내기

영유아가 기관에서 했던 수학적 활동과 경험을 가족들이 알 수 있도록 그림, 사진, 도표나 글 등의 결과물을 집으로 보내 준다.

[자료 1] 소식지 샘플

날짜:

__________________ 학부모님께

저희 학급에서는 매일 활동을 통해 유아에게 수 세기와 숫자 사용을 가르칠 계획입니다. 부모님께서도 집에서 함께하실 수 있습니다. 세탁물을 분류할 때, 식사 준비를 할 때나 슈퍼마켓에서 장을 볼 때 유아에게 지금 무엇을 하고 있는지 이야기를 하며 수를 꼭 사용해 주세요. 예를 들면,:

- 계산 시 잔돈이 필요할 때 유아에게 도움을 청하며 지갑에서 10원짜리 동전 세 개를 꺼내 달라고 하세요. 또 유아에게 천 원짜리 지폐를 주고 혹은 동전으로 천 원을 주고 천원 숍에 가서 사고 싶은 물건을 사라고 하세요.
- 계산대에서 계산하고 받은 잔돈을 유아 앞에서 세어 보세요.
- 침대 정리를 할 때 유아에게 도움을 청하고 끝나면 침대 모서리의 수를 세어 보게 하세요.
- 식사 준비를 하실 때 수저, 냅킨, 컵 등을 각 자리에 놓는 것을 유아가 돕도록 하세요.
- 유아의 옷을 입힐 때 발가락, 콧구멍, 단춧구멍, 신발, 양말, 손가락, 장갑의 수를 세도록 하세요.
- 파티에 초대할 유아들의 수를 세어 보게 하세요.
- 유아의 방에 있는 곰 인형들의 수를 세어 보게 하세요.
- 유아가 자기 전에 해 주는 포옹과 뽀뽀 수를 세어 보게 하세요.

부모님께서 이미 오랫동안 유아와 함께 수를 세고 숫자를 사용해 오셨습니다. 기억에 남는 순간들이 있었다면 부모님의 아이디어를 저희와 공유해 주세요. 전화를 주시거나, ________로 이메일을 보내 주시거나, 혹은 저희를 만나실 때 생각을 이야기해 주세요. 저희는 이 아이디어를 목록으로 만들어 각 가정에 보내 드릴 계획입니다.

저희는 부모님과 유아가 함께하는 것을 즐겁게 생각합니다.
안녕히 계세요.

출처: Seedfelt & Galper(2010).

[자료 2] 가정통신문 샘플

날짜:

____________________ 학부모님께

저희는 새로운 수학 내용을 위한 준비가 되었습니다. 저희는 기본적인 측정개념을 공부할 것입니다. 항상 측정에 관해 읽고 이야기하지만, 길이, 부피, 무게, 면적, 시간의 속성에 관한 유아의 이해에 초점을 맞추어 노력할 것입니다. 유치원과 가정에서 부모님께서 저희를 도와주실 수 있는 일이 많이 있습니다. 가능하실 땐 언제나 유치원에 오셔서 자원봉사해 주시는 것을 환영합니다. 저희가 부모님의 방문에 준비할 수 있도록 여유를 두어 알려 주시기만 하시면 됩니다. 시간이 맞지 않아 유치원에 오실 수 없으시면 저희가 자녀의 측정개념의 기초를 튼튼히 하도록 도와주십시오.

유아는 키를 재고 몸무게를 달아 보는 것을 좋아합니다. 부모님께서는 자녀의 성장을 표로 만들 수도 있습니다. 자신이 1cm 자랐다는 것을 아는 것은 매우 흥분되는 일이겠지요!

자녀에게 집 주변의 물건들을 측정하도록 제안하십시오. 자나 줄자는 필요 없습니다. 끈이나 털실 조각 또는 긴 블록을 사용하십시오. 나중에 진짜 측정도구를 줄 수 있습니다. 또한, 집안일을 하는데, 병원 가는 데 시간이 얼마나 걸릴 것인가에 관해 얘기할 수 있습니다. 어떤 일이 다른 일보다 시간이 오래 걸릴 것인가 추측해 보도록 할 수도 있지요. 자녀가 지금은 시계를 보는 것을 어려워할 수도 있지만 '전에'와 '후에'를 이해하고 있습니다.

요리를 할 때 자녀가 양념의 양을 재도록 해 주십시오. '소금의 양'과 '밀가루의 양'을 비교하도록 해 주세요.

자녀들이 관찰한 것을 수학 잡지에 그림이나 표로 나타내 보도록 격려해 주십시오. 아마도 자신들의 측정활동에 관하여 문장으로 말할 수 있을 것입니다.

감사합니다.

출처: Seedfelt & Galper(2010).

[자료 3] 패턴에 대한 수학적 아이디어

날짜:

_____________________ 학부모님께

수학을 해 봅시다!

여러분은 매일 문제를 해결하기 위해 수를 사용합니다. 자녀와 매일 문제해결을 위한 활동을 해 봅시다.

식료품점에 가서 물건 사기: 걸음마기 유아라도 여러분을 도울 수 있습니다.

- 가게에 가기 전에 자녀와 함께 전단지에 나온 식료품들을 봅니다. 자녀가 구입하고자 하는 품목 1~2개를 선택합니다. 가격이 얼마나 되는지 이야기하고 구입할 물건리스트에 포함시킵니다.
- 여러분이 가게에서 물건을 살 때 자녀에게 자녀가 선택한 품목에 대해 기억하도록 합니다.
- 자녀에게 200g 무게와 똑같은 사과의 개수는 몇 개가 될지 추측해 보게 합니다. 자녀가 200g만큼의 사과를 선택하도록 도와줍니다.
- 토마토 수프 캔 2개를 찾도록 합니다.

자녀는 부모님이 식료품에 대한 가격을 지불하는 것을 보게 합니다. 만약, 상품권이나 신용카드를 사용한다면 자녀는 이것들이 돈처럼 사용된다는 것을 알게 됩니다. 집으로 돌아왔을 때 자녀는 다음과 같은 것을 할 수 있습니다.

- 식료품을 정리하는 것을 도울 수 있습니다. 쌀은 제일 밑에 있는 칸에 과자는 두 번째 칸에 넣기 등
- 구입한 과일 채소 캔들의 숫자를 세기
- 과일과 채소 중 어느 것이 더 많은지 판단하기
- 먹을 과자 2개 고르기

부모님이 수를 즐기는 모습을 보여 주십시오. 예를 들어, 다음과 같습니다.

- 자녀와 카드 게임 보드게임과 같은 수와 관련된 게임을 하세요.
- 자녀에게 부모님이 수 세기 더하기 빼기 등을 이용해 문제를 해결하는 것을 보여 주세요. "컵 2개가 더 필요해.", "내가 얼마나 더 필요할까?", "너무 많구나.", "어떻게 할까?" 등.

문제해결방법과 수 개념을 가르치기 위해 장난감을 이용하세요.

- 공
  - 어떤 공이 더 크니/작니?
  - 공을 몇 번이나 잡았니?
  - 여기 공이 몇 개가 있니?
  - 공을 얼마나 멀리 보낼 수 있니? 어떻게 알 수 있을까?
  - 어떤 공이 물이 뜰까? 여기 한번 띄워 보자.
  - 잔디, 땅, 보도블록 위에서 공을 굴리면 어떻게 될까?
- 블록
  - 얼마나 높게 쌓을 수 있겠지?
  - 여기 둥근 블록은 몇 개나 있니?
  - 이 건물에는 몇 개의 블록이 있니?
  - 너의 장난감 차/인형/곰 인형이 들어갈 만큼 큰 집을 지어 보자.
- 상자
  - 어떤 상자가 더 크니?
  - 상자가 넘어지기 전까지 얼마나 많이 쌓을 수 있을까?
  - 큰 상자 안에 들어갈 작은 상자들이 몇 개나 될까?

집안일을 분담하세요. 다음과 같이 할 수 있습니다.

- 세탁물 분류하기: 아주 어린 유아라 할지라도 도울 수 있습니다. 세탁물을 분리하여 건조기에서 옷을 꺼내 세탁물을 두어야 하는 곳에 가져다 놓습니다. 유아는 자신의 옷을 분류하여 자신의 방에 가져다 둘 뿐만 아니라 집안 식구의 옷들도 가져다 놓을 수 있습니다.
- 식탁 차리기: 식탁을 차리면서 식구들의 자리에 냅킨 하나, 수저 하나 등을 놓고 유아는 일대일 대응을 사용하는 경험을 할 수 있습니다.
- 옷 고르기: 다음날 입을 옷을 고르면서 유아는 미리 생각하며 신발에 맞는 양말을 고르면서 다시 일대일 대응 기술을 습득하게 됩니다.

출처: Seedfelt & Galper(2010).

2) 지역사회

지역사회는 다양하고 풍부한 자연적 자원, 물질적 자원, 인적 자원을 보유하고 있다. 교사와 부모는 영유아에게 제공해 줄 수 있는 수학적 자료와 경험들을 확장시켜 주기 위해 이러한 자원 정보에 대해 많이 알고 활용하도록 노력해야 할 것이다. Seedfelt와 Galper(2010)의 제안을 참고하여 지역사회 자원을 활용하는 방안에 대해 제시하면 다음과 같다.

(1) 지역사회의 음식점, 가게(마트)

음식점이나 작은 가게는 돈에 대한 기본 개념을 배우기 좋은 장소이다. 영유아는 돈의 크기와 모양, 재질 등에 따른 가치 차이를 잘 모르거나 혼동한다. 동전의 크기, 색깔 및 지폐의 크기, 색깔에 따른 액수와 가치는 매우 복잡하고 어려워 잘 이해하지 못하지만 물건을 사고파는 것을 좋아한다. 영유아는 교사의 도움을 받아서 사고 싶은 물건의 목록을 만들거나 돈을 세거나 요리활동이나 파티를 위한 재료를 구입하기 위해 가게에 직접 가 보는 경험을 할 수 있다. 그리고 현재 가지고 있는 돈으로 필요한 물건을 사고 나서 근처 음식점에서 음식을 사서 먹을 수 있는지, 모자라거나 남지는 않는지 등 여러 가지 상황을 생각해 보고 이야기 나누어 볼 수도 있다. 이러한 경험은 유아의 수학적 지식과 기술 학습에 도움을 주고, 수학적 개념 형성의 기회를 제공하게 된다.

(2) 지역사회의 건물

지역사회에 있는 대규모의 건물(빌딩, 경기장, 백화점 등), 역사적인 건물들은 여러 가지 수학활동을 하는 데 도움이 될 수 있다. 영유아는 간단한 건물을 그릴 수 있고, 크고 작은 블록으로 건물 모형을 만들고 건물의 층수를 세어 볼 수 있다. 또한, 건물의 위치가 유아교육기관이나 영유아의 집에서 얼마나 떨어져 있는지, 어느 방향에 있는지 등에 대해 생각해 볼 기회를 제공해 줄 수 있다.

(3) 지도

지도를 만들고 이용한다는 것은 측정과 기하학의 내용을 포함하고 있다. 영유아는 자신이 살고 있는 집에서 자신의 방의 위치나 모양을 간단히 그릴 수 있고, 유아교육기관의 전개도를 그려 볼 수 있다. 나이가 많아지면서 가구, 창문 또는 현관문을 나타내는 모양을 상징적인 기호 형태로 표현할 수 있다. 이것이 기호 표시의 시작이다. 이러한 활동을 통해 영유아는 수학을 배우는 동시에 자신이 살고 있는 지역에 무엇이 어디에 있는지 더 많이 알게 되고 배우게 된다.

(4) 과학관, 박물관

과학관이나 박물관 같은 시설에서는 유아교육기관에서 할 수 없는 실험을 해 볼 수 있고, 현대의 놀라운 과학 기술이 구현되는 실제 현장을 생생하게 목격하고 체험할 수 있다. 최근에는 영유아를 위한 어린이 전용 박물관과 과학관이 마련되어 영유아의 발달 수준에 맞게 직접 체험해 볼 수 있고, 가족들이 함께 참여하여 수학적 개념과 문제를 다루어 볼 수 있는 기회를 가질 수 있다. 아래 사진은 경기도에 있는 어린이 박물관에서 가족과 함께 영유아가 건축물을 구성하는 모습이다.

경기도 어린이 박물관

(5) 기타 지역사회 자원

* 지역의 대학교 및 연구소
* 라디오 혹은 텔레비전 방송국
* 병원 및 의사의 진료실
* 제과점, 약국, 공장, 농장 등

(6) 지역사회 전문가

수학적 경험을 강화해 줄 수 있는 전문가로는 부모, 컴퓨터 기술자, 음악가, 화가, 요리사, 기계공학자 등 수학적 측면을 다루는 영역에 종사하는 사람들 모두가 이에 해당된다. 교사는 그들이 방문할 때 유아를 잘 준비시키고, 전문가가 직접 시범을 보이거나 전문가와 영유아가 함께 체험하는 기회를 가질 수 있도록 사전에 철저한 계획과 준비를 하는 것이 좋다. 특히, 수학에 관계된 여성 전문가가 직접 방문하면 유아에게 수학이 남성만의 전유물이 아니라는 인식을 가지게 하므로 학문이나 직업에 대한 선입견과 편견을 예방하는 차원에서 도움이 될 수 있을 것이다.

7장 평가

아동수학교육에서의 평가는 유아교육기관에서의 교사가 실제 영유아를 대상으로 수학교육을 실시하기 위해 수학적 개념에 관해 영유아가 무엇을 어느 정도 알고 있는지, 어떤 것을 할 수 있는지에 대한 정확하고 객관적인 평가가 이루어져야 한다. 본 장에서는 유치원과 어린이집에서 실시되고 있는 영유아 수학교육에서 흔히 사용되고 있는 관찰, 면접, 검사, 그리고 대안적 평가방식의 하나인 작품수집을 통한 포트폴리오 평가 관련 내용과 실시 방법에 관하여 구체적으로 살펴 보고자 한다.

1 아동수학교육 평가의 개념 및 목적

최근 아동수학교육 분야에서 아동의 수학적 능력(수학적 탐구능력)을 평가하기 위해 표준화된 검사 실시에서 교육과정 내 수학활동 수행 과정을 관찰하는 등과 같은 다각적인 평가방법들이 사용되고 있다. 교육과정에서의 평가는 교사가 유아수학교육의 목적과 내용에 관한 계획을 세우기 전에 유아의 현행 수학적 발달 수준을 정확하게 평가하고 있어야 하며, 이러한 교육계획안에 기초하여 수학교육을 실시할 경우에는 객관적인 관찰을 통해 자신의 교수법이 적절하게 이루어지고 있는가에 대한 평가가 이루어져야 한다. 평가 결과에 기초하여 보다 적절한 방향으로 교수법을 개선하고, 다음 교육계획안을 계획할 때 평가결과를 반영하는 순환적 과정이 지속적으로 이루어질 때, 영유아를 위한 효과적인 수학교육이 이루어질 수 있다.

1) 수학교육 평가의 개념

교육 분야에서의 평가에 관한 개념은 여러 학자들에 의해 다양하게 정의되고 있다.

일반적으로 교육평가에 대한 개념은 크게 교육목적 달성도의 확인에 초점을 두고 교육과정 및 수업의 프로그램에 의하여 교육적 목표가 어느 정도 달성되었는가를 규명하는 데 초점을 두는 입장(김종서, 1998)과 교육 프로그램 전반에 관한 의사결정을 하기 위하여 필요한 정보를 수집하고 사용하는 과정으로 교육평가를 보는 또 다른 관점이 있다(Cronbach, 1963, 서소정, 2013 재인용). 두 가지 관점을 종합하여 정리해 보면, 교육평가란 교육목표를 달성하기 이루어지는 전반적인 교육활동에 대한 의사결정 시 필요한 정보를 수집하고 이를 활용하여 피드백하는 일련의 과정이라고 볼 수 있다.

이러한 교육평가의 개념적 정의에 기초하여 영유아 수학교육의 평가에 대한 개념을 정의해 본다면, 영유아 수학학습의 성취와 진보를 확인하고, 이에 기초하여 적절한 교육적 프로그램을 제공하는 등과 같은 교육적 결정을 내리기 위해서 다양한 교육적 자료를 수집하고, 자료를 해석하는 일련의 과정이다. 또한, 수학교육체계의 기본적인 피드백 기제(feedback mechanism)라고 볼 수 있다(안경숙 · 김소향, 2015).

최근까지도 영유아 수학교육에서 평가는 성숙주의적 관점에서의 인지발달적 준비도 검사나 행동주의적 관점에 기초한 표준화된 검사 및 수학 성취도 평가가 주를 이루어 왔다. 하지만 이러한 기존의 평가방식은 영유아의 학습 성취와 진보 상태를 평가하고 이들의 잠재적 발달 가능성을 고려하여 평가하는 데 있어 많은 제한점이 있는 것으로 보고되었다. 전통적인 평가는 교수–학습이 이루어진 후 사전에 준비된 폐쇄형 질문을 사용하여 영유아의 반응을 살펴보고, 이를 기초로 학습의 결과를 평가하는 것에 초점을 두고 있기에, 최근 유아교육에서는 대안적 평가(alternative assessment)에 대한 요구가 높아지고 있다.

대안적 평가에는 여러 유형이 있는데, 유아교육 현장에서는 유아가 자신의 학습(예: 수 세기 활동)을 수행하는 과정을 평가하는 수행평가(performance assessment), 매일의 일상적 활동에서 영유아의 발달과 학습을 평가하는 참평가(authentic assessment), 그리고 교육과정에 통합된 평가(curriculum–embedded assessment) 등이 영유아 수학교육 분야에서 사용될 수 있다(안경숙 · 김소향, 2015).

2) 수학교육 평가의 목적

영유아는 전통적 또는 대안적 평가를 통해 수학적 이해에 대한 피드백을 얻을 수 있으며, 교사는 영유아가 무엇을, 어느 정도 잘 배우고 있는지에 대한 피드백을 얻을 수 있다. 또한, 유아교육기관 원장과 학부모는 수학교육 프로그램의 효율성과 효과에 대한 전반적인 피드백을 얻을 수 있다. 이에 영유아 수학교육에 대한 평가는 단순히 영유아의 현행 수학적 기본 개념 발달과 지식수준에 대한 측정에만 그치는 것이 아닌, 이들의 수학적 성취와 진보에 대한 다각적인 정보를 수집, 해석하여 향후 교수-학습과정에 반영하는 복합적인 과정이라 볼 수 있다. 나아가 부모에게 자녀의 발달 수준과 변화를 공유함으로써 자녀에 대한 부모의 이해를 증진시키고, 교육기관과 부모와의 원활한 의사소통에 활용될 수 있는 유용한 정보를 제공한다.

3) 수학교육 평가의 기준 및 내용

(1) 수학교육 평가의 기준

영유아의 수학교육 평가를 하기 위해서는 평가의 질을 판단하는 준거를 수립하는 것이 필요하다. 본 절에서는 미국의 수학교사협회에서 제시하고 있는 영유아 수학교육 평가기준을 살펴보고자 한다.

미국수학교사협회(NCTM, 2000)에서는 수학교육을 위한 평가기준을 크게 8가지로 제시하였는데, 이러한 평가기준은 수학교육평가의 초점과 과정에 대한 내용으로 구성되어 있다(http://www.nctm.org/). 미국수학교사협회(NCTM, 2000)에서는 평가원리를 다음과 같이 강조하고 있다. 우선, 유아의 수학교육에 대한 평가는 다면적 방식으로 이루어져야 하며, 평가결과는 유아의 수학적 학습을 확장시켜 줄 수 있어야 한다. 둘째, 모든 영유아를 위한 질적인 수학교육을 제공하기 위해서는 평가는 교수-학습과정에 통합되어야 한다. 마지막으로, 평가는 영유아의 자연스러운 일상생활과 일과 내에서 통합적으로 이루어져야 하며, 또한 매일 교실활동의 중요한 하나의 부분이 되어야 한다.

미국수학교사협회(NCTM, 2000)에서 제시하고 있는 수학교육 평가기준을 요약하여 제시하면 다음 〈표 7-1〉과 같다.

〈표 7-1〉 NCTM 수학교사협회 수학교육 평가기준

NCTM 수학교육 평가기준	
기준 1	• 수학교육에 대한 평가는 주기적 과정이어야 한다. – 수학의 개별지도에 대한 정보의 정기적 수집과 분석 – 수업 지도 분석에 기초한 전문성 발달 – 전문성 발달의 결과로 교수법 개선
기준 2	• 수학교육평가는 다음과 같은 기회를 제공한다. – 교사 자신의 교수방법에 대한 분석 – 교사 자신의 교수방법에 대한 동료 교사와의 상호 교류 및 의사소통 – 교사 자신의 교수방법에 대한 장학사와의 협의
기준 3	• 수학교육평가는 다음의 다양한 정보에 기초해야 한다. – 영유아의 수학학습을 위한 교사의 목표와 기대 – 목표를 달성하기 위한 교사의 계획 – 교사의 포트폴리오, 수업계획 샘플, 교사의 활동과 자료, 수학에 대한 영유아의 이해 평가방법 – 교실에서의 교사 지도에 대한 다수의 일화분석 – 수학에 대한 영유아의 이해 및 수학에 대한 성향에 대한 실증적 증거
기준 4	• 수학적 개념에 대한 지식과 수학적 과정에 대한 이해 및 적용능력을 갖추고 수학과 다른 학문을 연결시킬 수 있다. – 수학적 지식과 과정에 대한 올바른 지식을 가짐 – 상호 연관된 개념과 과정의 연결망으로서 수학 제시 – 수학과 다른 학문 간의 통합적 연결 및 일상생활에서의 연결 초점 – 수학적 지식 및 과정, 수학과 타 학문 및 일상생활과의 연결에 대한 이해를 확장하는 수학적 대화에 영유아 참여기회 제공
기준 5	• 수학교육의 평가는 문제해결, 추론, 의사소통을 포함하는 과정으로서 다음과 같은 사항을 실천할 수 있는 증거를 제시할 수 있어야 한다. – 문제를 공식화하고 시험하기, 다른 전략을 사용하여 문제해결하기, 결과를 증명하고 해석하기, 이러한 해결방인을 일반화하기 등 문제해결의 양상 모델을 제시하고 강조 – 수학적 추론의 역할 모델링을 제시하고 강조 – 구어적 · 문어적 · 시각적 유형을 사용한 수학적 의사소통 모델을 제시하고 강조 – 문제해결 과정에서 영유아의 이해와 수학적 추론 및 의사소통능력을 확장하는 대화에 영유아의 참여 기회 제공

NCTM 수학교육 평가기준	
기준 6	• 영유아의 수학적 성향을 조성해 주는지 평가한다. – 교사가 수학적 성향의 모델을 보임 – 사고의 방법으로써 수학의 가치를 인식하고 타 학문과 일상생활에서의 수학적용의 예를 제공 – 영유아의 발달에 적합한 과제를 활용하여 수학활동에 참여하고, 수학적 대화에 영유아를 참여시킴으로써 이들의 자신감, 인내심, 호기심, 융통성, 창의성 등을 증진
기준 7	• 영유아의 수학이해를 평가하는 방법에 관하여 다음의 사항을 기초로 평가한다. – 영유아의 현행 수학적 이해 또는 발달 수준을 파악하기 위해 다양한 평가방법을 사용 – 유아의 발달 수준, 수학적 성숙도, 문화적 배경에 평가방법을 맞춤 – 실제 영유아 수학교육 내용 및 방법에 평가방법을 맞춤 – 개별 영유아의 수학에 대한 이해, 수학적 성향을 분석하여 이들의 수학발달 정보를 영유아 자신, 부모, 그리고 원장에게 제공 – 영유아의 수학에 대한 이해와 수학적 성향에 관한 평가정보에 맞추어 추후 학습활동을 계획
기준 8	• 영유아의 수학적 능력의 발달을 조성하는 학습환경을 구성하는 능력에 대한 평가는 다음 사항에 기초한다. – 수학은 개별적인 활동인 동시에 다른 사람과의 협력활동을 통해 함께 탐색하고 창조해 가는 과목이라는 인식이 물리적 학습환경에 반영 – 영유아의 아이디어를 존중하고 호기심과 자발성을 장려 – 영유아가 자신의 결론을 이끌어내고 확인하는 것을 장려 – 영유아가 수학적 사전 지식에 기초하고, 이를 확대하여 새로운 의미를 구성하도록 허용할 수 있는 난이도의 과제를 선정 – 주변 자원을 적절히 활용 – 수학적 과제 선정 시 영유아의 다양한 흥미와 언어적 · 문화적 · 사회경제적 배경을 고려 – 모든 영유아의 참여와 지속적인 수학 연구를 수행할 수 있도록 격려

출처: http://www.nctm.org/standards & positions

(2) 수학교육 평가를 위한 내용

영유아의 수학교육 평가의 목적을 달성하기 위해서는 영유아의 발달에 적합한 총체적 · 심층적 · 역동적인 평가의 방향으로 나아가야 하며, 수학교육의 목적, 교육내용, 교수–학습방법, 평가가 서로 일관성 있게 연계되어야 한다(안경숙 · 김소향, 2015).

만 3~5세 누리과정에서 제시하고 있는 수학교육(수학적 탐구영역)의 궁극적인 목적은 영유아의 초기 수학적 능력을 증진시켜 수학적 소양을 길러 주는 것이다. 21세기 현대사회에서 수학적 소양을 갖춘 인재로 성장하기 위해서는 수학적 지식, 수학적 과정 기술, 그리고 수학적 태도를 갖추어야 한다. 따라서 영유아의 수학교육 평가는 영유아에게 어떤 수학 내용을 가르칠 것인가에 교육내용의 선정과 매우 밀접하게 연계되어 있다.

본 절에서는 다음의 세 가지 차원, 즉 영유아가 다양한 수학적 경험을 통해 논리 · 수학적 지식을 구성할 수 있는가?(수학적 지식), 영유아가 일상생활 속에서 수학과 관련된 다양한 활동을 통해 수학적 과정 기술이 발달되는가?(수학적 과정), 그리고 영유아 수학교육에서 중요한 측면의 하나인 수학에 대한 흥미나 성향, 호기심, 주의집중, 개방성, 적극성, 지속성 등과 같은 긍정적인 수학적 태도가 형성되는가?(수학적 태도)에 초점을 두고 수학교육 평가의 내용을 제시하고자 한다.

① 수학적 능력 또는 지식

우리나라의 3~5세 누리과정 해설서(교육과학기술부 · 보건복지부, 2013)의 수학적 탐구에서 제시하고 있는 수학적 능력/지식과 관련된 내용을 연령별로 제시하면 다음과 같다(표 7-2, 제3장 내용 참고).

② 수학적 과정에 관한 교육내용

영유아기 수학적 과정 기술에 관한 교육내용(교육과학기술부 · 보건복지부, 2013; NCTM, 2000)을 요약하여 정리해 보면, 우선 영아기에 주로 사용하는 수학적 과정 기술은 영아가 다양한 사물을 탐색, 조작하고, 혼자 놀이가 이루어질 수 있는 과정 기술에 초점을 두고 있다. 즉, 수학적 개념을 형성할 수 있는 다양한 놀잇감을 선택하기, 탐색하기, 조작하기, 놀이하기, 공유하기라고 볼 수 있다. 영아는 주변의 다양한 사물을 가지고 충분한 시간 동안 탐색활동을 하면서 스스로 놀잇감을 선택한다. 선택한 놀잇감을 탐색하고, 익숙해지면 자신의 방식으로 적극적으로 놀이하게 되며, 이후 성인과의 상호작용을 통해 이들의 추가된 아이디어가 영아의 놀이가 확장되어 공유하는 과정에서 수학적 지식을 구성할 수 있는 교육적 기회를 가지게 된다.

유아가 수학과 관련된 다양한 활동을 통해 사용하는 수학적 과정 기술은 문제해결하기(problem-solving), 추론하기(reasoning), 의사소통하기(communication), 연계하기(connections), 표상하기(representation)이다(NCTM, 2000). 우선, 유아는 일상생활 속에서 자연스럽게 발생하는 문제를 해결하기 위해 많은 시간을 보낸다. 수학적 이해를 발달시키기 위해 문제해결하기는 매우 중요한 과정적 기술이다. 추론하기는 질문이나 문제를 통해 정답에 도달하기 위해 사고하는 과정으로 유아는 다양한 수학적 경험을 통해 점차적으로 추론하기 과정 기술을 발달시킨다. 의사소통하기는 다른 사람들과 생각, 아이디어, 감정을 나누는 것이다. 수학에 대한 의사소통을 하려면 수학적 언어를 가지고 특별한 개념을 표상하는 상징에 대한 이해가 이루어져야 한다. 유아는 자신의 생각을 말로 표현할 뿐만 아니라, 시각적 · 상징적으로 표현하고 이를 또래와 공유함으로써 수학적으로 의사소통할 수 있는 기술을 발달시킨다.

연계하기는 유아수학교육에서 크게 3가지 차원에서 이루어져야 한다. 첫째 가정에서 이루어지는 비형식적 수학과 유아교육기관에서 이루어지는 형식적 수학 간의 연계이다. 둘째, 수학교육내용 영역 간의 연계나 수학적 요소들 간의 연계이다(예: 수를 사용하여 수 패턴 만들기). 또한, 수학과 다른 학문 영역 간의 연계이다(예: 문학과 과학에 수학적 지식이나 개념의 연계).

표상하기는 유아가 문제를 해결하고 자신이 추론한 것을 다른 사람들과 수학적으로 의사소통할 때 매우 유용하다. 유아는 자신의 수학적 아이디어를 설명하거나 표상하기 위해 그림을 그리거나 계산할 때 사용되는 표시나 다른 추상적 상징을 사용하고 어린 유아인 경우에는 자신의 손가락을 사용하기도 한다. 그리고 유아가 언어적으로 표현하여 다른 사람들이 자신이 말하고자 하는 의미를 이해할 수 있도록 한다. 유아의 표상행동은 유아의 수학적 사고방식의 이해 수준을 가늠할 수 있는 실증적 근거를 제공한다.

③ 수학적 태도

수학적 태도는 수학에 대한 일반적인 감정적 성향이며, 수학활동을 하는 과정에서 나타나는 특별한 행동양식을 의미한다(Martin, 2001). 영유아기 수학교육에서 가장 비중 있게 다루어져야 할 부분은 바로 영유아가 수학에 대한 흥미나 성향과 같은 수학적 태도의 발달이다. 일반적으로 여러 학자들에 의해 공통적으로 제시되고 있는 수학적 태도의 요소는 바로 호기심, 주의집중, 개방성, 적극성, 그리고 지속성이다(안경숙 · 김소향, 2015). 호기심(curiosity)은 수학적 문제해결의 동기로 작용되며, 이러한 호기심을 나타내는 행동으로는 수학적 주제나 내용에 대한 언어적 표현을 자주 하는 행동이 포함된다. 주의집중(attention)은 유아가 수학적 상황이나 활동과정에 주의를 기울이는 태도이며, 개방성(openness)은 수학활동 과정에서 또래 유아들의 의견을 수용하며, 결과를 그대로 인정하는 태도이다. 적극성(enthusiasm)은 수학과 관련된 모든 활동에 적극적으로 참여하는 태도이다. 교사는 유아의 이러한 수학적 태도와 관련된 요소들을 이해하고 발달시킬 수 있도록 다양한 수학적 활동을 제공하고, 실수가 허용되는 분위기를 조성하여 유아가 수학활동을 즐길 수 있는 환경 구성과 지원을 해야 한다.

2 수학지도 평가의 방법

1) 관찰

영유아의 수학적 행동을 관찰하고, 관찰된 행동을 객관적 · 체계적으로 기록하는 것은 아동행동연구에서 가장 오래된 연구방법 중의 하나이다. 교사는 관찰을 이용하여 영유아가 얼마나 수학적 사건이나 활동에 관심과 흥미를 보이는지, 현행 수학적 지식 또는 개념발달의 수준은 어떠한지, 그리고 일상생활 속에서 발생하는 문제를 해결하기 위해 수학 개념을 어떻게 적용하는지를 평가할 수 있다.

관찰법은 일상 사건이나 우연한 행동에 대한 무의식적 또는 우연한 관찰이라기보다는 주로 특정한 목적을 가지고 체계적인 절차를 통해 이루어지므로 과학적 연구라고 볼 수 있다. 따라서 언제, 어디서, 어떻게 관찰할 것인지, 관찰내용을 누가 어떻게, 어느 정도 기록하고, 기록된 내용을 어떻게 분석할 것인가에 관한 전반적인 과정이 사전에 계획되어 체계적으로 이루어진다.

영유아의 수학적 행동발달을 관찰하는 데 있어 주로 많이 사용되는 관찰기록의 대표적인 방법으로는 일화기록법, 평정척도법, 체크리스트 등이 있다. 이를 구체적으로 살펴보면 다음과 같다.

(1) 일화기록법(anecdotal records)

일화기록법이란 일화에 대한 서술적인 기록으로 몇 초에서 몇 분 동안 일어난 사건, 행동, 또는 현상에 대하여 이야기를 풀어내듯이 설명하는 방법이다(정옥분, 2008). 일화기록법은 특별하게 정해진 양식이 없어도 어떤 한순간에 발생한 영유아의 행동을 순서대로 사실적이고 객관적으로 관찰하고 기록하는 장점 때문에 교사나 외부 전문가에 의해 관련 현장에서 가장 빈번하게 사용되고 있다. 반면에 관찰 대상 영유아의 일부 행동만을 기록하기 때문에 해석 시 오류를 범할 가능성이 있으며, 관찰 당시 충분한 상황에 대한 배경 설명이 부족하기 때문에 관찰 자료의 가치가 제한을 받는 점 등의 단점이 있다.

영유아 수학교육과 관련하여 일화기록 작성 시 참고할 수 있는 지침사항은 다음과 같이 요약될 수 있다(서소정, 2013; 정옥분, 2008).

일화기록 지침서

- 발달상의 중요한 사건(한 가지 사건/행동) 기록을 위해 사용할 수 있다.
- 관찰 대상 영유아의 말과 행동뿐만 아니라, 그와 상호작용하는 또래와 교사의 말과 행동 역시도 기록한다.
- 기록은 객관적이고 사실적이어야 하며, 관찰자의 추론과 주관적인 해석이 배제되어야 한다.
- 신문 기사 쓰듯이 일어난 사건에 대한 핵심 단어를 사용하여 간단명료하게 기록하여야 한다.
- 발달상의 중요 포인트를 적어 놓는다.

수학교육 현장에서 교사가 사용하기 적합한 일화기록 관찰방법의 양식은 [그림 7-1]에 제시되어 있다.

일화기록법의 관찰양식

관찰 영유아 : 생년월일: 년 월 일

관찰자 : 관찰일: 년 월 일

관찰시간 : 관찰일 현재 영유아의 연령: 년 개월

관찰행동/사건

기록 :

발달영역 :

해석 :

[그림 7-1] 일화기록법의 관찰양식

출처: 서소정(2013).

(2) 평정척도법(rating scales)

평정척도법은 개인이 지니고 있는 어떤 특성이나 성격은 미리 정해진 범주에 따라 평가할 때 사용되는 관찰의 보조도구로서, 관찰자가 사전에 관찰하려는 행동 영역에 대해서 미리 알고 있을 때 유용하게 사용될 수 있다. 관찰하고자 하는 어떤 행동의 출현 유무를 표시할 뿐만 아니라, 행동의 질적 특성이나 발생 빈도에 따라 수량적인 차이를 나타내도록 구성되기 때문에 숙련된 관찰자나 교사에 의해 사용될 때 신뢰할 수 있는 자료를 수집할 수 있다.

교사는 평가하고자 하는 유아의 수학적 행동에 관한 항목들을 가지고 유아를 관찰한 후 질적 특성이나 발생 빈도에 따라 점수를 부과하게 된다. 그러나 평정척도를 사용할 경우에는 주로 중앙값에 점수를 부여하는 경향이 강하다. 또한, 가까이 위치한 문항들끼리 비슷한 점수를 주는 오류가 발생할 가능성도 있다.

일반적으로 개별 영유아의 수학적 행동 특징에 대하여 다른 대상과 비교하여 그 정도를 3단계, 5단계 또는 7단계로 평정하며, 척도의 표시는 숫자, 그림, 언어 등의 여러 형태로 나타낸다. 유아의 수준이 어느 정도인지 표준 평정 척도를 사용할 경우에는 상대적 평가가 가능하다.

평정척도법은 아래의 지침을 유의해서 사용해야 한다(서소정, 2013; 정옥분, 2008).

첫째, 평정 대상이 되는 행동 특성은 가능한 한 명확하고 간결하게, 관찰 가능한 용어로 기술되어야 한다.

둘째, 가치 판단적인 용어 사용은 피해야 하며, 너무 극단적 수준의 특성은 제시하지 않는 것이 좋다.

셋째, 여러 척도에서 의미가 중복되지 않는 단어를 사용하여야 하며, 사용되는 단어가 평정하고자 하는 특성과 일치하여야 한다.

마지막으로, 수량화된 점수를 부과하도록 작성된 것이므로, 관찰과 동시에 사용하기는 어렵고 관찰을 충분히 한 후, 그 결과를 평가하는 수단으로 사용한다.

유아의 수학적 능력 관찰기록서

관찰유아 : 생년월일 : 성별:
관찰자 : 관찰일 :

다음은 유아의 수학적 능력에 관한 질문입니다. 현재 관찰 대상 유아는 어느 정도의 수학적 능력을 가지고 있다고 생각하는가?

1=전혀 수행하지 못한다. 2=평균 이하이다. 3=평균 수준이다.
4=평균 이상이다. 5=매우 잘 수행한다

	전혀 수행못함	←	평균	→	매우 잘 수행함
1. 주변 사물의 다양한 모양에 관심을 보인다.	1	2	3	4	5
2. 동그라미, 세모, 네모 등 기본적인 도형의 이름을 말한다.	1	2	3	4	5
3. 1에서 10까지 틀리지 않고 셀 수 있다.	1	2	3	4	5
4. 같은 모양끼리 분류할 수 있다.	1	2	3	4	5
5. 오른쪽, 왼쪽, 위, 아래 등 위치를 나타내는 단어를 듣고 이해할 수 있다.	1	2	3	4	5

[그림 7-2] 평정척도(예: 숫자평정척도)를 사용한 관찰양식의 예

· 수의 기초개념

· 분류하기

· 시간 개념

· 공간 개념

하위 5% | 하위20% | 중간50% | 상위20% | 상위5%에 속함

[그림 7-3] 표준 평정척도

• 분류능력

☐ 1) 사물을 한 가지 속성/준거(예: 모양, 크기, 색깔)에 의해 분류한다.
☐ 2) 사물을 두 가지 이상의 속성/준거(예: 파랗고 긴 것)에 의해 분류한다.
☐ 3) 사물을 개념적 준거(예: 동물, 도구)에 의해 분류한다.
☐ 4) 분류된 사물을 보고 분류기준을 안다.

• 서열화 능력

☐ 1) 사물을 전혀 배열할 수 없다.
☐ 2) 사물을 크기별로 배열할 수 없다.
☐ 3) 사물을 한 가지 특성을 기준으로 배열할 수 있다.
☐ 4) 사물을 두 가지 특성을 기준으로 배열할 수 있다.
☐ 5) 서열화된 사물끼리 연결할 수 있다.
(예: 아기곰–작은 집/엄마곰–중간 크기 집/아빠곰–큰 집)

[그림 7-4] 기술 평정척도

(3) 체크리스트(checklist)

사전에 관찰자/교사가 관찰하고자 하는 영유아 수학적 행동의 특성에 대한 항목(목표행동)을 선정해 두고, 목표행동 특성의 출현 여부(예/아니오)를 체크하는 것으로 행동목록법이라고도 한다. 체크리스트는 단순한 행동의 목록으로 중요하게 생각되는 행동의 유무를 확인하기 위한 것으로, 특히 관찰자의 주관적인 평가를 가급적 배제할 수 있도록 관찰이 가능한 기술이다. 이에 체크리스트법은 교육현장에서는 영유아의 자유선택 놀이활동 시 '공간 개념이 있다'와 같이 추상적이고 포괄적이라 관찰하기 어려운 문항보다는 '안과 밖을 구별한다', '위, 아래, 옆, 뒤 등과 같이 공간적 위치에 관련된 용어를 안다' 등과 같은 관찰 가능한 구체적 문항을 평가에 많이 사용하고 있다. 관찰 시간이 절약되고 영유아의 행동을 쉽고 객관적으로 관찰할 수 있다는 이점이 있지만, 관찰되는 행동의 지속 시간, 특성, 빈도 등에 대한 구체적인 정보를 설명해 주지 못하는 단점이 있다.

다음은 관찰자가 체크리스트를 사용하는 데 있어 유의할 점이다(서소정, 2013; 황해익, 2004).

* 체크리스트는 관찰 전에 준비되어 있어야 한다.
* 체크리스트에 포함된 문항은 가능한 관찰 가능한 구체적인 행동을 나타내는 것이어야 한다. 예를 들면, '수 개념을 안다'라는 문항을 가지고 영유아의 행동을 관찰한다면 너무 포괄적이고 모호할 것이다. 따라서 "1에서 10까지의 숫자를 셀 수 있다." 등으로 구체적으로 기술해야 한다.
* 체크리스트의 문항은 포괄적이고 대표적인 목록으로 구성되어야 하며, 문항 간 서로 중복 없이 일정한 체계에 맞게 논리적으로 조직되어야 한다.
* 관찰행동의 출현 유무 표기와 함께 처음 그 행동이 나타난 날짜를 기록하게 만드는 것이 좋다.

[그림 7-5]는 유아교육기관에서 교사가 사용하기에 유용한 체크리스트 관찰양식의 예이다.

유아의 수학적 행동발달 관찰 기록지

어린이집	연령	이름	장소	관찰시간	회기	영역
			실내	오전 11~12시 중 10분씩	3	자유선택활동 시간

관찰유아 : 생년월일 : 성별:
관찰자 : 관찰일 :

※ 지시: 다음은 유아의 수학적 행동발달을 전체적으로 평가해 볼 수 있는 체크리스트이다.
1. 관찰할 대상인 유아를 선택한다.
2. 체크리스트에 있는 행동이 나타나면 V로 표시한다.

범주	행동 \ 회차	1회기	2회기	3회기	참고
	날짜				
수학적 지식	물건이 놓인 위치와 방향(위, 아래, 앞, 뒤, 옆)을 말할 수 있다.				
	그림을 보고 그림 속 사물의 위치와 방향에 맞게 다른 그림을 놓는다.				
	원 모양을 찾아낸다.				
	삼각형 모양을 찾아낸다.				
	사각형 모양을 찾아낸다.				
	기본적인 덧셈과 뺄셈(10 이내)을 할 수 있다.				
	기본도형으로 다른 도형의 모양을 구성한다.				

[그림 7-5] 체크리스트 양식의 예

범주	회차 / 날짜 \ 행동	1회기	2회기	3회기	참고
수학적 과정 기술	수학적 상황에서 자신의 방법과 또래 유아의 방법을 비교한다.				
	수학적 상황에서 문제를 발견했을 때 문제를 해결하고자 한다.				
	수학적 용어를 적절히 사용한다.				
	주어진 수학적 정보에 기초하여 유추, 예측한다.				
	게임과 같은 수학적 문제상황에서 수학적 전략을 점검한다.				
	자신의 수학적 아이디어를 설명하기 위하여 추상적 상징을 사용한다(예: 수나 그림)				
수학적 태도	수학적 내용에 대한 호기심을 보이며 관련 활동에 적극적으로 참여하다.				
	수학적 내용에 주의집중한다.				
	자신과 다른 수학적 내용에 관하여 다른 유아의 의견을 존중하고 받아들인다.				
	문제해결을 위한 수학적 상황이 종료될 때까지 지속적으로 참여한다.				

[그림 7-5] 체크리스트 양식의 예(계속)

2) 면접법

면접법은 교사가 영유아를 대상으로 구두로 질문을 하고, 이러한 질문에 대한 영유아가 응답한 내용을 바탕으로 정보를 수집하는 방법이다. 즉, 교사는 유아가 특정 수학적 개념을 정말로 이해하고 있는가에 관한 질문을 통해 평가할 수 있다.

면접법은 기본적으로 인지능력(지능 또는 수학적 기초능력)이 부족한 학령 전 아동을 대상으로 보다 정확한 정보를 얻을 수 있기에 아동행동연구에 있어 행동관찰법과 병행해서 빈번하게 사용되고 있다. 예를 들어, 유아가 수학적 표상능력을 가지고 있는지에 관하여 심층적으로 이해하기 위해서는 유아교육기관 자유놀이 상황에 대상 유아의 수학적 표상행동을 관찰하고, 관찰한 결과를 기초로 하여 유아에게 면접을 실시하여 평가하면 보다 정확한 정보를 수집할 수 있다. 또한, 연구대상 유아가 면접 동안 질문의 내용을 제대로 이해하지 못하였다면 해당 유아의 발달 수준에 맞추어 다시 질문(probing)할 수 있는 장점이 있기에 관련 연구에서 면접법이 많이 사용되고 있다.

영유아의 수학적 행동을 연구하는 데 있어 주로 비지시적 면접(non-directive interview)을 사용하는데, 비지시적 면접법은 정신분석에서 유래된 것으로 면접자가 사전에 아무런 지시 없이 피면접자로 하여금 자신의 감정이나 의견을 자유롭게 표현할 수 있도록 도움을 준다. 따라서 절차나 방법이 따로 정해지지 않아 오직 자유롭게 피면접자가 자신이 면접 당시 느끼고 있는 감정에 대해 얘기할 수 있도록 면접자는 자연스러운 분위기를 유도한다.

효과적인 수학교육을 실시하기 위해서는 즉흥적이고 자연스러운 상황에서 이루어지는 비형식적인 면접을 교실 일과의 일부분으로 만드는 것이 바람직하다. 모든 유아가(특히, 어린 영아인 경우) 이러한 면접 상황에 정확하게 반응하는 것이 아니기 때문에 유아의 수학적 능력에 대한 발달을 평가하기 위해 교사가 면접 시 사용할 수 있는 교수적 질문의 예를 제시하면 다음과 같다(표 7-3).

〈표 7-3〉 유아의 수학적 능력에 대한 평가를 위한 면접 질문의 예

유아 수학교육 내용 영역		면접 시 교수적 질문의 예
수와 연산		• 몇 개나 있니? • 둘 중 어느 것이 더 많니? • 나는 3개의 연필을 가지고 있어. 네가 나에게 연필 3개를 더 준다면 모두 몇 개가 되니? • 오늘 간식으로 쿠키 4개를 나누어 주었어. 네가 2개를 이미 먹었으니 이제 쿠키 몇 개가 남아 있니? • 10 이전에 오는 수는 어떤 수니?
공간과 도형		• 이 모양을 이용하여 그림을 그려 볼 수 있니? • 이 종이를 잘라서 다른 모양을 만들 수 있니? • 네모를 그릴 수 있니? 세모를 만들 수 있니? • 만약 이 모양의 한쪽 끝을 잘라낸다면 무엇처럼 보일까?
측정	길이	• 어느 것이 더 길 것 같니? • 이 둘레를 재려면 어느 정도의 리본이 필요하니? • 3개의 연필을 가장 짧은 것부터 긴 순서대로 놓아 볼 수 있니?
	면적	• 어느 모양에 가장 많은 블록을 가지고 다 덮을 수 있을까? • 책 위를 덮으려면 더 많은 블록이 필요할까? 네가 직접 보여 줄 수 있겠니?
	무게	• 어느 것이 더 무겁니? • 누구의 몸무게가 더 나갈지/ 덜 나갈지 어떻게 알 수 있을까? • 한 번에 세 돌을 놓을 때 어느 돌이 가장 무거울까?
	용량	• 어느 용기가 가장 많이 담을 수 있을까? • 네가 3개의 그릇을 가지고 있다고 할 때, 만약 한 번에 한 용기에 물을 가득 채워야 한다면 가장 많은 물을 담을 수 있는 용기를 어떻게 찾을 수 있을까?
	시간	• 문까지 걷는 데 시간이 더 걸릴까? • 집에서 유치원까지 올 때 제일 먼저 무엇을 하니? • 교실에서 우리가 가장 많은 시간을 무엇을 하는 데 쓰지?
패턴		• 우리가 그다음에 해야 할 일이 무엇인지? • 파란색, 노란색 다음에는 무슨 색이 오니? • 이 이야기 다음에는 어떤 일이 일어날 것 같니? 왜 그렇게 생각했니?
자료의 조직과 이해		• 어느 쪽이 더 많은 것 같니? • 이 물건에 다른 이름이 있을까? 어떤 이름이 있을까? • 이 물건을 네가 가지고 있는 바구니에 넣을 수 있을까? 왜 넣을 수 없다고 생각하니?

출처: 미국수학교사협회(NCTM, 2000; 안경숙 · 김소향, 2015 재인용)

3) 검사법

영유아에 대한 검사는 영유아의 행동 및 발달에 관하여 객관적으로 평가하기 위해 사용되고 있는 측정방법이다. 따라서 검사를 사용하면 영유아의 능력의 여러 측면을 정확하게 평가할 수 있다. 영유아의 수학적 능력을 측정하기 위한 방법으로 널리 사용하고 있는 검사는 표준화된 발달검사와 지능검사로 구분된다. 본 절에서는 영유아를 대상으로 이들의 수학적 능력발달을 측정하기 위해 관련 현장에서 사용되고 있는 표준화된 발달검사와 지능검사에 초점을 두고자 한다.

표준화된 검사는 구성된 항목별 측정값을 대규모의 표준조사를 통해 측정된 값의 평균과 대별하여 비교할 수 있는 검사이다. 즉, 표준화는 하나의 측정을 전체 표본을 구성하는 측정과 비교하여 타당성을 가지는가를 통계적으로 검증한 것이다. 예를 들면, 한 유아의 수학적 지능검사를 통해 나온 검사 값이 100이라고 하면, 동일 연령대 유아의 수학적 지능의 평균 점수 100에 기초해 볼 때, 대상 아동의 수학적 지능은 평균 또는 보통 수준이라고 할 수 있다. 이에 표준화된 검사는 개별 유아의 수학적 능력을 전체 모집단에 견주어 그 수준을 비교하여 평가하는 데 유용하게 사용된다.

그러나 연령이 낮은 유아의 수학적 능력검사 결과를 해석, 판별하는 데 있어 매우 신중하게 접근할 필요가 있다. 예를 들어, 유아기에 수학적 지능검사를 실시하여 영재아로 판정되었다고 하더라도 이후, 학령기에 보통 수준의 학업능력을 수행할 수 있으며, 그 반대의 경우가 발생할 수 있는 가능성이 있다. 즉, 유아의 수학적 능력을 정해진 몇 개의 문항만으로 측정해서 판별하는 것은 이들이 가지고 있는 무한한 잠재력을 평가하는 데 있어 제한적이다.

유아 수학교육의 전반적인 내용을 측정하기 위해 개발된 검사도구(표준화된 검사도구 포함)로는 〈표 7-4〉에 제시된 것과 같다.

위와 같이 수학적 능력 측정에 초점을 둔 검사도구 이외에도 유아의 전반적인 지적 능력을 평가하는 지능검사는 미래 학업능력을 예측하거나 문제해결력을 예측하는 데 사용된다. 이미 한국에서 표준화되어 널리 사용되고 있는 지능검사로는 K-ABC, K-WISC III, K-WPPSI 등이 있다. 본 절에서는 한국판 웩슬러 아동용 지능검사(Ko-

〈표 7-4〉 수학교육 평가와 관련된 검사도구

검사	개발자 및 출판사
유아 그림 수학능력검사	황해익 · 최혜진 (2007) 양서원
수학활동 중심의 유아수학능력 진단검사	김현정(2006) 한국교원대학교 박사학위논문
프로젝트 스펙트럼 중심 유아용 논리수학적 지능 평가도구	박혜신(2005) 전북대학교 대학원 박사학위논문
NCTM의 수학교육 내용 기준에 근거한 유아수학 능력 평가도구	김지영(2005) 원광대학교 대학원 박사학위논문
게임을 통한 유아수학 교육평가 도구	김소향(2004) 덕성여자대학교 박사학위논문

출처: 한유미(2013).

rean-Wechsler Intelligence Scale for Children: K-WISC-IV) 4판을 소개하고자 한다.

한국판 웩슬러 아동용 지능검사(K-WISC-IV)는 6세 0개월~16세 11개월까지의 아동의 인지적 능력을 평가하기 위한 개별 검사도구(곽금주 · 오상우 · 김청택, 2011)이다. 본 검사는 기존의 한국판 웩슬러 아동용 지능검사(K-WISC-III)를 개정한 것으로, 개정 과정에서 인지발달, 지적평가, 인지과정에 대한 최근 연구들을 통합하여 전반적인 지적 능력(전체검사 IQ)을 나타내는 합성점수는 물론, 특정 인지 영역에서의 지적 기능을 나타내는 소검사와 합성점수를 제공한다(학지사 심리검사연구소, 2012).

한국판 웩슬러 아동용 지능검사(K-WISC-IV, 곽금주 외 2011)의 특징은 다음과 같다.

첫째, K-WISC-IV는 15개의 소검사로 구성되어 있다. K-WISC-III와 동일한 10개 소검사와 5개의 새로운 소검사(공통그림찾기, 순차처리, 행렬추리, 선택, 단어추리)가 추가되었다.

둘째, K-WISC-IV는 다섯 가지 합성점수를 얻을 수 있으며, 아동의 전체적인 인지능력을 나타내는 전체검사 IQ를 제공한다(15개의 소검사로 이루어져 있지만 합성점수를 얻기 위해서는 대부분 10개의 주요검사만 실시한다).

셋째, K-WISC-IV는 3개의 소검사(토막 짜기, 숫자, 선택)에서 7개의 처리점수를 제공한다. 이러한 점수들은 아동의 소검사 수행에 기여하는 인지적 능력에 대한 보다 자세한 정보를 제공하도록 고안되었다(처리점수는 다른 소검사 점수로 대체할 수 없으며, 합성점수에도 포함되지 않음).

[그림 7-6] K-WISC-IV | Korean - Wechsler Intelligence Scale for Children - 한국 웩슬러 아동 지능검사 4판
출처: 학지사 심리검사연구소(http:www.khops.co.kr)

넷째, 심리교육적 도구라는 점이다. K-WISC-IV는 전반적인 인지적 기능에 대한 포괄적인 평가를 할 때 사용할 수 있다. 또한, 지적 영역에서의 영재, 지적 장애, 그리고 인지적 감정과 약점을 확인하기 위한 평가의 일부분으로 사용 가능하다. 따라서 임상 장면 및 교육 장면에서 치료 계획이나 배치 결정을 내릴 때 유용하다.

마지막으로, 다양한 인지기능 수행 여부를 평가할 수 있다. 인지 능력이 평균 이하로 추정되는 아동, 아동의 인지기능을 재평가해야 하는 아동, 낮은 지적 능력이 아닌 신체적 · 언어적 · 감각적 제한이 있는 아동, 청각장애아 또는 듣는 데 어려움이 있는 아동의 평가 등이 가능하다.

4) 작품을 통한 포트폴리오(portfolios) 평가

영유아 보육 및 유아교육 현장에서 아동의 행동 특성을 포함한 전반적인 발달 수준, 학습한 내용, 기술 및 실제 수행 능력을 평가하기 위한 방법 중의 하나로 포트폴리오 평가가 이루어지고 있다. 포트폴리오는 영유아가 실제 교육활동을 통해 얻어진 작업의 결과, 작품이나 관련 내용 등을 집약한 자료 수집철, 작품집, 자료 묶음 등을 의미하며, 포트폴리오를 통한 영유아를 평가한다는 것은 평가 대상 영유아가 실제 교육활동 중에 결과물로 나타낸 작품 등을 수집한 자료를 평가한다는 것으로 볼 수 있다.

(1) 개념

포트폴리오는 시간의 경과에 따라 아동의 발달이나 학습의 진보 과정과 관련된 내용을 기록하여 이를 조직적 · 유목적으로 수집한 것이다(MaAfee & Leong, 2007). 따라서 개별 아동의 경험, 노력, 진보 상황, 성과를 나타내 주는 것뿐만 아니라 다른 의미 있는 사람(또래 아동 및 교사)들과의 공유되는 성취를 보여 줌으로써 평가의 기초를 제공한다.

일반적으로 포트폴리오의 개념을 다음과 같이 네 가지 유형으로 구분하고 있다(황혜익, 2004; MaAfee & Leong, 2007).

첫째, 전시 포트폴리오(showcase portfolio)는 대상 아동이 가장 잘했다고 생각하는 작품 또는 가장 좋아하는 작품을 보여 준다.

둘째, 평가 포트폴리오(evaluation portfolio)는 대부분 구체화되고 채점된 자료를 포함함으로써 대상 아동을 평가할 수 있는 근거를 제공한다.

셋째, 기록작업 포트폴리오(documentation portfolio)는 대상 아동의 진보 상황에 관하여 증거 자료를 포함한다.

넷째, 과정 포트폴리오(process portfolio)는 대상 아동 스스로에 의해 기록되고 평가된 것으로 보다 큰 프로젝트 수행을 위해 진행 중에 있는 작업을 포함한다.

(2) 특징

포트폴리오는 영유아의 연령과 현행 발달 수준, 발달 또는 교육 영역, 또는 교육기관에서 추구하는 목적에 따라 아동발달의 모든 면에 관하여 비형식적이지만 다양한 자료를 조직적으로 저장, 보관하는 데 매우 적합한 방법이다. 포트폴리오의 특징을 살펴보면 다음과 같다(McAfee& Leong, 2007).

첫째, 아동이 잘하는 것, 잘 할 수 있는 장점에 초점을 둔다.

둘째, 아동의 연령, 발달 수준, 발달영역, 또는 평가 목적에 따라 융통성과 다양성을 가진다.

셋째, 아동이 자신의 학습에 주체로서 학습과정(learning process)에 책임을 질 수 있도록 지속적 · 역동적 평가를 위한 유용한 기초자료를 제공한다.

넷째, 시간의 흐름에 따라 아동 자신의 발달에 적합한 항목을 선정하는 과정에서 반성적 사고를 포함시킬 수 있다.

다섯째, 개별 아동에 대한 독특한 역량뿐만 아니라 함께 참여한 모든 아동에게 공통적인 정보를 포함할 수 있다.

(3) 내용 구성

포트폴리오는 대상 아동의 모든 정보, 기록, 작품을 모은 파일이 아니라, 이를 구성하는 데 있어 반드시 사전에 계획되고 조직화되어야 한다.

포트폴리오에 적합한 항목 유형은 아동의 성취에 있어 다양한 정보원, 방법, 그리고 맥락들을 결합하여 선정해야 한다.

〈표 7-5〉는 수학 포트폴리오 평가에 포함될 수 있는 적합한 항목 유형의 예시를 보여 주고 있다.

〈표 7-5〉 수학 포트폴리오 평가에 포함될 수 있는 적합한 항목 유형의 예시

- 도표나 그림으로 정보를 표현할 수 있는 유아의 능력을 보여 주는 작품의 예: 그림, 낙서, 콜라주 등
- 퍼즐, 해결된 문제를 어떻게 풀었는가를 보여 주는 예나 체계적인 관찰기록
- 아동 작품(예: 블록 구성물, 패턴 블록, 3차원 작품)
- 작업이나 놀이에 참여한 아동의 사진, 전시나 진열된 사진(예: 요리활동 시 요리 재료를 세거나 세기를 할 때의 사진)
- 오디오나 비디오 기록
- 참여도 차트(예: 특정 기간 동안 정해진 작업에 아동이 참여해서 한 일)
- 수학적 활동 참여에 대한 결과 일지(예: 키 재기, 손바닥으로 교실 물건 측정)
- 제일 좋아하는 활동이나 할 일 등 과정에 대한 면담 보고자 기술을 통해 도출된 자료 (예: 어린 아동인 경우에는 그릴 수 있고 성인의 도움을 받아 이를 받아쓰기)
- 수학적 행동/언어 사용에 관한 구조화된 관찰, 일화기록 또는 메모
- 기억전략에 대한 자기보고나 유도된 반응들
- 유아가 가장 좋아하는 게임이나 퍼즐 등의 예
- 사물의 변화 혹은 일이 진행되는 순서에 대한 이해를 나타내는 자기보고(예: 물 주기, 햇빛의 길이, 식물의 성장과 변화)
- 유아의 개념적인 이해, 탐구, 가설 세우기, 문제해결하기 등을 기록으로 나타내 주는 사진 혹은 체크리스트나 면접에서 얻어진 자료

참고: 황해익(2014); 한유미(2013).

포트폴리오 항목을 선정하는 데 있어서도 반드시 정보를 제공하고, 수집하기 용이하며, 유의미한 교실활동의 대표물이여야 한다. 즉, 정보를 제공하는 항목은 시간의 경과에 따라 영유아의 수학적 발달과 학습의 다양한 면을 반영하여야 하기 때문에 수집이 쉬워야 한다. 또한, 영유아 자신에게 유의미하고 흥미로운 학급활동을 통해 산출된 작업물이 포함되어야 한다.

포트폴리오는 영유아 결과물의 수집과 보관으로 이루어지기 때문에 영유아 스스로의 사고나 학습 과정이 반드시 기록되어야 한다. 따라서 영유아 자신의 행동과 작업에 대해 평가하고 성찰하는 능력을 발달시키는 것이 포트폴리오 평가의 주요한 목적이라고 볼 수 있다. 따라서 영유아의 자기반성(self-reflection)과 자기평가(self-evaluation) 과정을 통해 자신의 행동과 학습에 대한 주체자로서 책임감을 인식하게 된다.

(4) 유아의 자기평가

유아는 특정 수학활동을 경험하거나 수학영역에 참여한 후 즐겁고 만족스러웠다고 느끼면 웃는 얼굴 그림, 보통이면 무표정한 얼굴 그림에, 만족스럽지 않았다고 느끼면 찡그린 얼굴 그림에 표시할 수 있다. 이는 수학활동에 대한 성취도 정도를 유아 자신에게 직접 표현하게 함으로써 유아 스스로가 느낀 활동 참여에 대한 이해 정도 및 내면화 과정을 엿볼 수 있게 해 준다(한유미, 2013).

교사나 부모의 조언은 아동 자신이 활동 중에 무엇을 배우고 연습했는지에 대해 성찰할 수 있게 도움을 줄 수 있다. 다음은 유아발달에 적합한 성찰과 자기평가에 대해 바람직한 교사 조언의 사례를 제시하였다(황해익 외, 2004).

* 네가 무엇을 했는지 내게 말해 줄 수 있니?
* 네가 어떻게 했는지 내게 보여 줘./말해 줘.
* 왜 이렇게 하기로 결정했니?
* 네가 이것을 하는 동안 어떤 생각과 느낌이 들었니?
* 네가 그린 이 그림에서 어떤 점이 가장 좋으니? 왜 그렇게 생각하니?

* 만약 네가 다시 이 그림(또는 활동)을 한다면 어떤 점을 고치고 싶니?
* 이 작품을 하면서 너는 무엇을 배웠니?
* 이것을 하는 동안 어려운 점이 없었니? 있었다면 어떻게 문제를 풀었니?

이 름 :
날 짜: 년 월 일 ~ 월 일

나의 느낌	월	화	수	목	금	토	비고

[그림 7-7] 유아의 자기평가 기록지

출처: 한유미(2013).

유아의 작품에 대한 견해, 논평, 조언 등을 기록하여 수집하는 것은 대상 유아뿐만 아니라 교사, 부모, 또래 아동도 참여할 수 있는 중요한 활동이다. 즉, 유아에게 의미 있는 대상인 교사, 부모, 친구는 대상 아동의 작품에 대해 칭찬하고 싶은 점, 새로운 점, 진보한 점 등을 찾아 말로 전하거나 작품 옆에 간단하게 기록할 수 있다. 이를 위한 기록지의 양식(부모용 및 또래용 조언 기록지)을 제시하면 다음과 같다(그림 7-8).

• 유아명 : 날짜 :

• 작품명(유아에게 직접 질문):

• 자녀의 작품에서 가장 좋다고 생각하시는 점을 자녀에게 이야기하시고 간단하게 기록해 주세요.

• 자녀의 작품에서 어느 부분을 보완하여 더 좋을지 자녀와 이야기를 나누시고 간단하게 기록해 주세요.

• 현재 자녀의 활동 결과물과 관련해서 유치원/어린이집에서 어떠한 교육활동을 추가로 마련해 주는 것이 좋으신지 자녀와 이야기를 나누시고 간단하게 기록해 주세요.

( )의 어머니 또는 아버지

[그림 7-8] 부모용 조언 기록지

출처: 황해익(2004).

2 × 6

제4부 아동수학교육의 실제

8장 통합적 접근에 따른 아동수학교육의 실제

본 장에서는 영유아에게 필요한 수학교육을 통합적으로 제시할 수 있는 다양한 방법과 주제를 통해 현장에서 적용 가능한 활동을 중심으로 소개하고자 한다. 일상생활을 통한 수학교육, 자연친화적 수학교육, 문학을 통한 수학교육, 전통놀이를 통한 수학교육, 음악 및 동작활동을 통한 수학교육, 요리활동을 통한 수학교육, 게임 활동을 통한 수학교육에 대한 성격, 교수–학습 방법과 실제 활동을 살펴보고자 한다.

1 일상생활을 통한 수학교육의 접근법

1) 일상생활을 통한 수학교육의 성격

영유아는 일상생활 속에서 자연스럽게 수학을 경험한다. 자신을 둘러싼 환경과 관계를 맺으면서 생활하고 그 안에서 학습한다. 주위의 모든 환경을 탐색하고 자신만의 전략을 사용하여 문제를 해결해 봄으로써 비형식적 수학의 원리를 알아 나간다(Clements & Sarama, 2002). 즉, 영유아는 일상생활이 가장 많이 이루어지는 유치원과 가정 그리고 지역사회에서 친구와 가족들과 가진 것을 세어 보기, 비교하기, 나누어 보기 등으로 수학을 사용한다. 이처럼 영유아의 생활 속에는 수학적 요소가 내재되어 있으며, 경험을 통해 수학 개념을 능동적으로 구성하고 스스로 수학적 사고를 발달시킬 수 있다.

영유아가 수학의 개념과 수학적 사고를 형성할 수 있도록 친숙한 상황에서 수와 연산, 공간과 도형, 측정, 분류와 서열, 패턴, 통계와 확률과 같은 수학적 개념에 대한 기초 활동을 제공하는 것이 중요하다. 따라서 수학적 개념, 기술과 태도를 이해하고 일상생활 속에서 수학과 관련된 개념을 찾아보고 즉흥적 상황에서도 수학활동을 할 수 있다.

2) 일상생활을 통한 수학교육의 목표

* 일상생활에서 접할 수 있는 수학에 대하여 긍정적인 태도를 가진다.
* 일상생활 속에서 여러 상황과 문제를 수학적으로 이해한다.
* 일상생활에서 수학을 유용하게 사용한다.

3) 일상생활을 통한 수학교육의 의의

* 영유아의 발달적 특성에 적합하다.
* 현대사회적 요구에 부합한다.
* 수학에 쉽게 다가갈 수 있다.
* 다양한 교재 · 교구의 활용이 가능하다.
* 영유아의 적극적인 의사소통을 촉진한다.
* 수학의 실용적 측면을 이해하여 긍정적인 수학적 태도를 기른다.
* 가정과의 연계가 용이하다.

4) 일상생활을 통한 수학교육의 교수-학습 방법

* 일상생활을 통한 접근은 언제 어디서나 수학교육이 이루어질 수 있다. 즉, 익숙한 사물과 상황을 바탕으로 적합한 상호작용을 한다.
* 교사는 즉흥적인 상황과 의도적인 상황을 고려하여 수학활동을 계획한다.
* 영유아의 예상치 못한 질문이나 궁금해하는 것에 대해 적절한 제안이나 질문을 한다.
* 영유아의 일상생활을 세심하게 관찰하고, 영유아의 흥미를 고려하여 활동을 제시한다.

일상생활 활동 1

활동명	내 신발을 내 자리에	대상연령	만 3세	집단형태	개별
관련주제	일대일 대응, 비교				
목표	• 일대일 대응을 안다. • 같은 점과 차이점을 구별할 수 있다. • 신발장에 신발을 바르게 정리하는 태도를 기른다.				
준비물	신발, 신발장(유아 이름표가 붙은 신발장)				
활동방법	도입	1. 등원 시간에 영유아를 반갑게 맞이하며 인사한다. – ○○야, 안녕하세요?			
	전개	1. 반갑게 맞이하며 인사한다. – ○○야, 신발을 들고 신발장 앞으로 가 보자. 2. 신발장에서 자신의 이름이 어디에 적혀 있는지 찾아본다. – ○○ 이름이 어디 있는지 찾아볼 수 있을까요? 어디에 있을까요? 3. 이름이 적혀 있는 칸에 신발의 앞쪽이 안으로 들어가도록 신발을 정리한다. – 다른 친구들이 신발 정리한 것을 살펴보자. 어떻게 되어 있나요? – 신발의 앞이 안으로 들어가게 정리해 보세요. 4. 신발을 정리한 것에 대해 칭찬한다. – ○○는 신발 정리를 잘 할 수 있구나. 			
	마무리	1. 교실로 들어가도록 한다. – 교실에 들어가서 친구들과 반갑게 인사하자.			
참고	**유의점:** 영유아가 스스로 할 수 있도록 칭찬과 격려를 한다. **확장 활동:** 신발장에 있는 친구들의 신발을 보면서 등원한 친구들은 몇 명인지, 아직 오지 않은 친구들은 몇 명인지 수 세기를 할 수 있다.				

일상생활 활동 2

활동명	오늘 하루일과를 알아보아요	대상연령	만 5세	집단형태	대 · 소집단
관련주제	시간, 순서				
목표	• 시간의 흐름을 이해한다. • 시간의 흐름과 일상생활 간의 관계를 안다. • 유치원에서의 하루일과를 순서대로 말한다. • 시간과 관련된 어휘(어제, 오늘, ~한 후, 먼저, 마지막)를 익힌다.				
준비물	융판, 하루일과 순서 그림 자료				
활동방법	도입: 1. 주의집중을 하고 오늘의 일과 순서에 대해 소개한다. – 오늘 ○○반 친구들이 어떤 놀이를 할지 소개할게요.				
	전개: 1. 어제, 오늘의 활동에 대해 미리 소개하였다면 그 활동에 대해 먼저 이야기한다. – 오늘 우리 어떤 활동을 하기로 했었나요? – 그래, 어제 △△△를 한다고 했었지. 2. 하루일과 그림 자료를 융판에 붙이며 활동을 소개한다. – 오늘은 제일 '먼저' □□□를 할 거예요. – '두 번째'는 어제 이야기했었던 △△△를 할 거예요. – '세 번째'는 맛있는 점심 식사를 해요. – '네 번째'는 점심 식사를 한 후에는 ◇◇◇를 하고, – '마지막'으로 옷을 입고 집에 갈 거예요. 				
	마무리: 1. 가장 먼저 어떤 활동을 한다고 했는지 상기시키고 그 활동으로 안내한다. – 자, 그럼 가장 '먼저' 어떤 활동을 하기로 했나요? – '첫 번째'로 □□□를 하도록 해요.				
참고	**유의점:** 영유아가 익숙한 하루일과를 통해 '첫 번째, 두 번째, 세 번째' 순서의 개념을 알고 말할 수 있도록 한다. **확장 활동:** 서수의 개념을 영유아가 알고 있을 경우 '다음은 몇 번째이지?'라는 질문으로 영유아가 수 어휘를 사용하도록 유도하며 이야기를 나눌 수 있다.				

2 자연친화적 수학교육의 접근법

1) 자연친화적 수학교육의 성격

영유아는 자연에서 자발적으로 다양한 수학 놀이를 경험할 수 있으며, 이는 수학적 기초개념 형성에 영향을 미친다. 자연에서 쉽게 접할 수 있는 씨앗, 꽃잎, 나뭇가지, 열매의 껍질 등의 배열을 관찰하며 일정한 규칙을 알 수 있게 된다. 자연은 일정한 수학적 법칙을 가지고 있으며, 영유아는 자연의 탐구를 통해 자연이 가진 수학적 요소를 수학활동에 효과적으로 사용할 수 있다. 자연은 새로운 경험을 구성해 나가는 비구조적이고 개방적인 의미를 가진 독특한 학습환경이다. 자연물을 활용하여 교사와 친구들과 다양한 수학활동에 도전할 수 있고 토의와 협의 과정을 통해 수학적 지식을 나눌 수 있다. 이를 통해 영유아는 좀 더 쉽고 재미있는 접근으로 수학을 체계적으로 이해할 수 있다.

2) 자연친화적 수학교육의 목표

* 주변의 사물과 자연현상에 대하여 관심을 가진다.
* 자연 안에서 수학에 대한 긍정적인 태도를 기른다.
* 자연물을 활용하여 수학의 기초능력을 이해한다.
* 구체적인 경험과 자연물의 조작으로 수학활동을 한다.

3) 자연친화적 수학교육의 의의

* 자발적인 수학 놀이를 경험할 수 있다.
* 자연은 수학적 사고과정을 경험하기에 구체적이고 친숙한 환경이다.
* 다양한 자연물과 구체물을 활용할 수 있다.
* 어떠한 공간에서도 자연물을 활용하여 수학적인 활동을 할 수 있다.
* 구조화된 방법이나 학습내용을 습득하는 것이 아니라 스스로 또래와 함께 경험하고 적용할 수 있다.

* 또래와 협력체계를 형성하여 성공적인 의사소통을 경험할 수 있다.
* 수학적 태도, 수학적인 성향을 긍정적으로 형성할 수 있다.

4) 자연친화적 수학교육의 교수-학습 방법

* 영유아가 적극적인 참여자로 비형식적인 방법으로 문제를 해결하고 자신만의 산물을 창출한다.
* 자연에 대한 긍정적인 태도 형성을 위해 자연을 탐색한 후 주요한 활동을 탐색하는 과정으로 진행한다.
* 영유아 스스로가 자연을 탐색할 수 있는 시간을 충분히 제공한다.
* 미리 설명하는 방법을 지양하고 확산적 질문과 상호작용을 통해 영유아가 자연에 대한 탐구적 태도를 형성한다.

자연친화적 활동 1

활동명	바다에서 볼 수 있는 것들		대상연령	만 3~5세	집단형태	개별
관련주제	순서, 분류와 유목화, 감각놀이, 수 세기, 관찰					
목표	• 모양이나 크기를 보고 순서대로 놓는다. • 다른 것과 같은 것을 분류할 수 있다. • 감각을 느낀다. • 수 세기를 한다. • 덧셈과 뺄셈을 한다. • 같은 것을 모으고 비슷한 것을 찾는다.					
준비물	바다에서 쉽게 볼 수 있는 것들(돌, 조개껍데기, 나뭇가지, 나뭇잎, 열매 등)					
활동방법	도입	1. 바닷가 모래밭이나 야외에서 자연물을 활용하여 수학으로 어떤 활동을 할 수 있는지 알아본다. – 바다에서 무엇을 보았어요? – 그것들을 가지고 무엇을 할 수 있을까요?				

활동방법	전개	– 돌멩이와 조개껍데기의 표면의 느낌은 어떻게 다르니? 매끄러운 부분과 거칠거칠한 부분을 비교해 볼까요? – 어느 것이 가장 크고 어느 것이 가장 작을까요?(가느다란 것, 굵은 것) 커다란 조약돌과 조개껍데기를 순서대로 놓아 볼까요? – 같은 조개껍데기끼리 모아 보아요. 왜 같은 것이라고 생각했어요? – 구별해 놓은 것을 세어 볼 수 있을까요? 모두 합치면 몇 개인가요? – 구르는 것과 구르지 않는 것은 무엇일까요? – 나뭇가지, 나뭇잎, 열매, 조개껍데기, 조약돌 냄새를 맡아 보아요. 어떤 냄새가 나나요? – 모두 함께 섞여 있는 것들에서 같은 모양(색깔)끼리 모아 보자. 비슷한 줄무늬를 찾아 보아요. 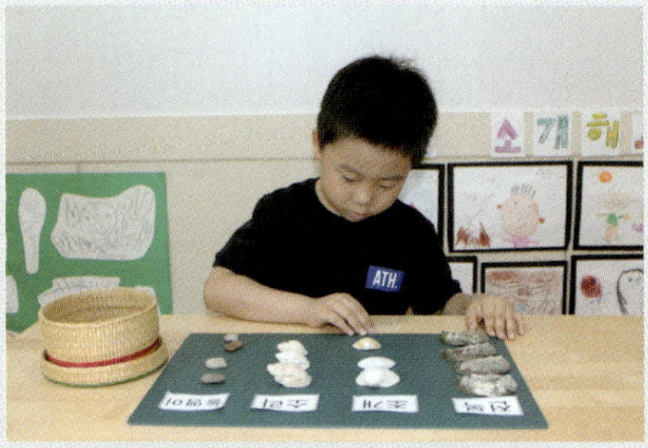
	마무리	1. 자연물을 활용한 수학활동이 어떠했는지 평가해 본다. – 오늘 바다에서 볼 수 있는 것들을 보니 어떤 느낌이 들었나요? – 어떤 점이 재미있었나요? – 힘들거나 어려웠던 점은 무엇이었나요?
참고		**유의점:** 날카롭고 거친 표면에 다치지 않도록 영유아에게 안내하고 주의한다. **확장 활동:** 바닷가에서 주워 온 자연물을 이용할 경우 가정과의 연계활동으로 실시한다.

자연친화적 활동 2

활동명	모래와 물 측정하기	대상연령	만 4세	집단형태	개별 • 소집단
관련주제	크기, 측정, 비교				
목표	• 모래와 물을 탐색하고 놀이한다. • 감각을 느낀다. • 크기를 구분한다. • 크기를 측정하는 도구를 경험한다. • 컵과 스푼으로 나눗셈을 한다.				
준비물	계량컵, 계량스푼, 모래, 물				

활동방법	도입	1. 모래와 물을 소개한다. – 이것들을 본 적이 있나요? – 그것들을 가지고 무엇을 할 수 있을까요?
	전개	1. 계량컵과 계량스푼으로 물과 모래놀이를 하면서 물과 모래를 충분히 탐색한다. – 물과 모래를 가지고 어떤 놀이를 할 수 있을까요? – 물과 모래의 촉감은 어떻게 다른가요? 여기 있는 컵과 스푼을 어떻게 사용해 볼 수 있을까요? 2. 계량컵과 계량스푼을 가지고 자유롭게 물놀이나 모래놀이를 한 후, 컵과 스푼의 크기에 대해 이야기를 나눈다. – 어느 것이 가장 작은 컵이니? 가장 작은 스푼은 어느 것이니? 3. 컵과 스푼의 크기를 직접 비교해 본다. – 저 큰 컵에 모래(물)를 채우려면 이 작은 컵을 몇 번 사용해야 할까요?   
	마무리	1. 물과 모래를 이용한 수학활동을 평가한다. – 오늘 한 놀이 중에 측정의 개념이 어느 부분에 들어 있었나요? – 어떤 점이 재미있었나요? – 힘들거나 어려웠던 점은 무엇이었나요?
참고		**유의점:** 물과 모래를 친구에게 뿌리지 않도록 규칙을 정한다. **확장 활동:** 계량컵과 계량스푼을 이용하여 측정하고 비교한 것을 그래프로 표현한다.

3 문학을 통한 수학교육의 접근법

1) 문학 활동을 통한 수학교육의 성격

문학을 통한 수학교육의 접근은 영유아에게 좀 더 흥미 있게 통합적으로 다가간다. 문학적 가치를 지닌 문학작품을 활용하여 수학적 개념을 이해하는 것이다. Dewey의 경험 중심 교육 사상에 근간을 두고 지속적으로 영유아의 흥미를 유발하여 총체적인 발달을 이끈다. 수학 개념을 분리하거나 단순히 반복 전달하는 것이 아니라, 문학을 통해 실제와 유사한 상황을 자연스럽게 제고하여 발달과 흥미를 반영한 문학을 활용하여 맥락적 상황에서 진정한 교수-학습이 이루어진다. 영유아가 친근하게 접할 수 있는 주제를 다룬 문학을 수학교육에 적용하는 방법은 생활 속에서 거부감 없이 수학활동을 연관시키며 경험할 수 있다. 또한, 자아개념, 나누기, 협동, 타인 배려 등의 사회 · 정서적 개념을 함께 다루기 때문에 자연스럽게 사회교육도 이루어진다.

2) 문학 활동을 통한 수학교육의 목표

* 문학작품을 통해 수학에 호기심과 흥미를 가진다.
* 문학작품을 통해 수학적 개념을 이해한다.
* 문학작품을 통해 수학적 어휘를 자연스럽게 사용한다.

3) 문학 활동을 통한 수학교육의 의의

* 자신의 발달에 적합한 방식으로 수학적 개념을 자연스럽게 이해할 수 있다.
* 삶과 관련된 내용을 다루고 있으므로 적극적으로 흥미와 호기심을 갖는다.
* 문학작품을 통해 더 쉽고 자연스럽게 수학적 어휘를 습득한다.
* 수학뿐만 아니라 언어, 조형, 동작, 음악 등과 같은 다른 영역의 활동으로 전이가 용이하다.

4) 문학 활동을 통한 수학교육의 교수-학습 방법

* 교사는 영유아의 이야기를 잘 듣고 관찰한 후에 그들의 사고를 명료하게 밝히고 확장 및 반응한다.
* 문학작품의 종류, 활용하는 시기, 횟수, 주제 선정, 지도 내용, 확장 활동 등 보다 구체적인 계획을 한다.
* 수학교육 활용을 위한 문학작품의 정보와 현황을 파악하여 영유아가 늘 가까이 할 수 있도록 환경을 준비한다.
* 영유아의 직접적인 경험과 관련되고 수학적 상황을 제공할 수 있는 문학작품을 선택한다.
* 이야기 상황과 관련된 수학적 이해를 형상적 · 상징적으로 표상할 수 있는 기회를 제공한다.
* 수학적 언어 사용을 격려하여 비형식적 경험에 의한 이해와 수학적 의미를 연계, 심화한다.

문학 활동 1

활동명	모양에 관한 동시 짓기		대상연령	만 4세	집단형태	대 · 소집단
관련주제	모양					
목표	• 동시를 듣고 공통적인 것을 재구성한다. • 기본 도형을 이해한다. • 동시를 감상하며 운율의 재미를 느낀다.					
준비물	기본 도형 및 사물그림 카드(융판용), 바구니, 개인용 활동지, 필기도구					
내용	도입	1. 작은 상자에 있는 도형 카드를 나와서 융판에 붙인다. 2. 기본 도형을 손가락으로 만들어 본다.				
	전개	1. 기본 도형의 모양과 같은 물건을 교실 안에서 찾아본다. – 우리 교실에서 동그라미, 세모, 네모의 모양인 것은 무엇이 있을까? 찾아와서 바구니에 넣어 보자. 2. 가져온 물건과 사물 그림카드를 보여 주고 융판에 붙여 가며 동시를 들려준다. – 너희가 가져온 물건으로 선생님이 동시를 만들어 볼게. 잘 들어 보자.				

내용	전개	「무엇이 있을까?」 동그라미 모양에는 무엇이 있을까? 보름달, 동전, 내 얼굴이 있지. 세모난 모양에는 무엇이 있을까? 옷걸이, 칭칭이, 샌드위치가 있지. 네모난 모양에는 무엇이 있을까? 그림책, 색종이, 창문이 있지. 3. 교사가 질문의 문장을 말하면 사물의 이름을 말한다. – 동그라미 모양에는 무엇이 있을까요? – 보름달, 동전, 내 얼굴이 동그라미 모양이에요. 4. 영유아가 질문의 문장을 말하면 교사가 대답한다. – 무엇이 네모 모양일까요? – 우리 교실에 있는 책, 컴퓨터, 창문이 네모 모양이구나.  
	마무리	– 집에 가서 동그라미, 세모, 네모 모양의 물건에는 어떤 것들이 있는지 찾아보고 내일 이야기해 보자.
참고		**유의점:** 많은 영유아가 생각하고 의견을 말할 수 있는 기회를 준다. **확장 활동:** 활동지에 그림을 그리거나 붙여서 동시를 완성해 본다. 교사는 그림 아래에 사물의 이름을 써 준다.

문학 활동 2

<table>
<tr><th>활동명</th><th colspan="2">모양나라 이야기</th><th>대상연령</th><th>만 3세</th><th>집단형태</th><th>개별 • 소집단</th></tr>
<tr><td>관련주제</td><td colspan="6">색, 모양</td></tr>
<tr><td>목표</td><td colspan="6">• 재미있는 모양을 구성한다.
• 모양 자석을 이용하여 동화를 듣고 이야기를 꾸밀 수 있다.</td></tr>
<tr><td>준비물</td><td colspan="6">모양 자석, 바구니, 개별자석판</td></tr>
<tr><td rowspan="2">내용</td><td>도입</td><td colspan="5">1. 손유희('동그란 주전자')로 모양에 대한 호기심을 유도한다.</td></tr>
<tr><td>전개</td><td colspan="5">1. '모양나라 이야기'의 자석 동화를 듣는다.
- 오늘은 우리 친구들 얼굴처럼 동그란 모양과 칭칭이처럼 세모난 모양과 같이 여러 가지 모양이 나오는 동화를 들려줄게요.

옛날 모양 나라에 여러 모양들이 살고 있었어요.
동그라미, 세모, 네모, 반 동그라미도 있었어요.
하루는 세모가 네모에게 놀러 갔어요.
"네모야! 우리 같이 놀자."
"흥! 모서리가 세 개밖에 없는 주제에, 난 네모하고만 놀 거야!"
모양들은 모두 자기들만 최고라고 같은 모양끼리만 놀았어요.
어느 봄날, 모양들은 꽃동산으로 소풍을 갔어요.
그곳에는 알록달록 예쁜 꽃들이 가득 피어 있었어요.
"와, 정말 예쁘다! 우리도 꽃을 만들어 보자."
"그래, 그래, 우리도 만들어 보자."
네모는 네모끼리, 동그라미는 동그라미끼리, 세모는 세모끼리 모였어요.
"영차, 이렇게, 어?"<br>"이렇게, 저렇게, 어?"
꽃잎이 있으면 줄기가 없고, 줄기가 있으면 꽃이 밉고 도무지 예쁜 동산이 되지 않는 것이었어요.
"옳지! 이러면 되겠구나."
한참만에 동그라미 아주머니가 좋은 생각을 내셨어요.
"세모와 동그라미로 꽃을 만들고 긴 네모로 줄기를 만드는 거야. 네모야, 어서 이리로 오렴."
네모가 우물쭈물 세모 옆으로 왔어요.
"어서 와, 네모야. 동그라미와 내가 꽃잎을 만들 테니 우리가 일어설 수 있게 도와주겠니?"
세모의 다리를 잡고 긴 네모가 목을 쭉 뻗자 드디어 한 송이의 예쁜 꽃이 되었어요.
"와! 우리가 모이니까 이렇게 멋지구나."
모양들은 그때부터 서로 같이 놀고 도와주게 되었답니다.</td></tr>
</table>

내용	전개	2. 동화의 내용을 회상하며 이야기를 나눈다. – 모양 나라에는 어떤 모양들이 살고 있었나요? – 예쁜 꽃을 만들기 위해 친구들이 어떻게 했는지 생각나요? 3. 모양 자석으로 자석 판에 구성하고 말한다. – ○○가 만든 것은 무엇이니? – 어떤 모양이 제일 많은지 볼까?, 네모가 4개나 있네. – 우리 친구들이 여러 가지 재미있는 모양을 잘 만드는구나. 
	마무리	1. 붙여 놓은 모양 자석을 떼어서 상자에 담고, 자유선택활동 시간에 사용하는 방법을 소개한다. – 언어 영역에 모양나라 상자를 놓아둘 테니 다른 모양들도 만들어 보아요.
참고		**유의점:** 차례를 지켜 모양을 만들어 볼 수 있다. **확장 활동:** 색종이나 잡지를 다양한 모양으로 잘라 이젤에 붙여 놓은 도화지에 마음대로 붙이는 놀이를 한다.

4 전통놀이를 통한 수학교육의 접근법

1) 전통놀이를 통한 수학교육의 성격

전통놀이는 옛날부터 민간에게 전승되어 오는 놀이이다. 우리나라의 전통놀이는 고대 농업의 원시 신앙의 형태로 전해져 왔다. 전통놀이는 역사성과 사회성을 가지며 지역의 특성이 두드러지고 자연환경이나 생산 양식을 토대로 민족적 공감성과 예술성이 깃들여 있다. 즉, 전통놀이는 영유아의 사회적·도덕적 개념을 구성하기에 적절하며, 수 세기, 일대일 대응, 기하학, 장소와 위치, 측정과 관련된 수학적 사고를 형성하는 데 효과적이다. 우리 조상의 생활과 함께하는 공동체 의식을 공유하고 건전한 놀이로 단결과 협동을 할 수 있는 집단 놀이를 통해 수학적 의의를 찾을 수 있다.

2) 전통놀이를 통한 수학교육의 목표

* 수학적 잠재력을 개발한다.
* 놀이 환경에서 논리적 · 수학적 지식이 발달한다.
* 자연스러운 수학 환경을 통해 확산적 사고력 및 문제해결력이 발달한다.
* 시간적 · 공간적 열린 구조로 스스로 규칙을 구성하여 적용한다.
* 고정된 사고를 벗어나 다양한 사고를 촉진시켜 공간 및 추리 능력이 발달한다.

3) 전통놀이를 통한 수학교육의 의의

* 우리의 전통문화에 쉽게 접근할 수 있다.
* 여럿이 함께 활동하여 또래와 어울려 지내는 방법을 알 수 있다.
* 가정에서 부모, 조부모, 형제들과 자연스럽게 놀이할 수 있다.
* 지필 수학보다 더 많은 수학적 개념을 자연스럽게 익히며 논리 · 수학적 지식을 구성할 수 있다.

4) 전통놀이를 통한 수학교육의 교수-학습 방법

* 생활주제, 전통놀이의 역사와 유래, 가족 초청 등과 관련된 활동을 계획한다.
* 유아가 흥미를 가지고 접근할 수 있는 주제와 연관된 전통놀이를 선정하고 개별활동, 대 · 소집단 활동, 유아 수준 등을 고려한다.
* 획일적인 방식을 지양하고, 전통놀이의 전개 상황에 따라 지속적인 평가를 함으로써 발전적인 수학학습 개선의 참고자료로 사용한다.

전통놀이 활동 1

<table>
<tr><th>활동명</th><th colspan="2">땅따먹기 놀이</th><th>대상연령</th><th>만 5세</th><th>집단형태</th><th>소집단</th></tr>
<tr><td>관련주제</td><td colspan="6">우리나라</td></tr>
<tr><td>목표</td><td colspan="6">• 전통놀이에 대해 관심을 가진다.
• 공간개념과 도형의 안과 밖의 개념을 이해한다.
• 도형의 이름을 사용한다.
• 우리나라 전통놀이를 즐거워하고 사랑하는 태도를 기른다.</td></tr>
<tr><td>준비물</td><td colspan="6">작은 자갈돌</td></tr>
<tr><td rowspan="3">내용</td><td>도입</td><td colspan="5">1. 놀이터나 공터에서 작은 돌을 찾아본다.
2. 돌을 가지고 할 수 있는 놀이에 대하여 이야기한다.
– 돌을 가지고 할 수 있는 놀이에는 어떤 것이 있을까요?</td></tr>
<tr><td>전개</td><td colspan="5">1. 땅에 큰 원이나 사각형을 그린다.
2. 그린 원이나 사각형 구석에 자기 손가락의 뼘을 재어 자기 집을 만든다.
3. 가위바위보로 순서를 정한다.
4. 자기 집을 시작으로 돌을 세 번 튕겨서 다시 자기 집으로 돌아온다.
5. 돌이 지나간 자리의 안쪽이 자기 집이 된다.
6. 세 번 이내에 자기 집으로 들어오지 못할 경우 순서가 바뀐다.
7. 따먹을 땅이 없을 때까지 계속하고 가장 많은 땅을 차지한 사람이 이긴다.
 </td></tr>
<tr><td>마무리</td><td colspan="5">1. 땅따먹기를 한 소감을 이야기한다.
2. 다음에는 어떤 방법으로 하면 더 재미있을지 이야기한다.</td></tr>
<tr><td>참고</td><td colspan="6">유의점: 남의 땅으로 들어간 돌이라도 튕겨서 자기 집으로 돌아오면 남의 땅을 차지할 수 있다.
돌을 퉁길 때는 엄지와 집게손가락이나 가운뎃손가락 손톱으로 퉁긴다.
확장 활동: 팀을 구성해서 순서와 규칙을 정해 더 큰 땅따먹기를 할 수 있다.</td></tr>
</table>

전통놀이 활동 2

<table>
<tr><th>활동명</th><th>비석치기</th><th>대상연령</th><th>만 5세</th><th>집단형태</th><th>대 · 소집단</th></tr>
<tr><td>관련주제</td><td colspan="5">우리나라</td></tr>
<tr><td>목표</td><td colspan="5">• 전통놀이에 대해 관심을 가진다.
• 공간 및 거리의 개념을 이해한다.
• 돌로 비석을 칠 수 있다.
• 맞힌 비석의 숫자를 센다.
• 놀이의 규칙을 지키는 태도를 기른다.</td></tr>
<tr><td>준비물</td><td colspan="5">넓적한 돌</td></tr>
<tr><td rowspan="3">내용</td><td>도입</td><td colspan="4">1. 비석치기에 필요한 넓적한 돌을 관찰하며 비석치기에 대하여 이야기한다.
– 이 돌을 가지고 무슨 놀이를 할 수 있을까요?
– 이 놀이의 제목은 비석치기인데, 무슨 뜻일까요?
2. 비석치기를 할 때 지켜야 할 약속을 이야기한다.</td></tr>
<tr><td>전개</td><td colspan="4">1. 5m 정도 거리를 두고 두 줄을 긋는다.
2. 누가 먼저 공격할지 가위바위보로 순서를 정한다.
3. 진 편은 비석을 세워 놓고 이긴 편은 차례대로 돌로 비석을 맞힌다.
4. 자신의 돌로 상대편의 비석을 맞히면 계속 던질 수 있다. 못 맞히면 공격을 하지 못한다.
5. 공격하는 사람이 모두 죽은 경우 수비와 바꾼다.
6. 앞서 던진 편이 다음번 차례가 되었을 때 죽은 단계부터 다시 시작한다.
7. 마지막 단계까지 먼저 통과하면 이긴다.
 </td></tr>
<tr><td>마무리</td><td colspan="4">1. 비석치기를 한 소감을 이야기한다.
2. 다음에는 어떤 방법으로 하면 더 재미있을지 이야기한다.</td></tr>
<tr><td>참고</td><td colspan="5">유의점: 비석을 유아에게 던지지 않도록 주의한다.
넓은 공간에서 활동한다.
확장 활동: 던져서 맞힌 횟수를 그래프로 만들 수 있다.</td></tr>
</table>

5 음악 및 동작활동을 통한 수학교육의 접근법

1) 음악 및 동작을 통한 수학교육의 성격

영유아는 음악을 듣고, 노래를 부르고, 악기를 연주한다. 그리고 자신의 생각과 느낌을 동작으로 표현하면서 만족감, 안정감, 즐거움을 느끼며 정서적으로 충만해진다. 음악 속에는 분류, 규칙성, 순서, 일대일 대응 등의 수학 개념이 있다(Shilling, 2002). 동작활동은 몸을 움직여 전반적인 발달을 추구하며, 수, 색, 공간, 시간, 어휘 등 기본적 인지 개념이 있다. 음악을 사용하면 유아의 환경을 풍부하게 하여 과도한 중압감과 스트레스에서 벗어나게 할 수 있으며, 몸을 움직이고 사용하여 편안하게 수학에 흥미를 가질 수 있다.

음악과 동작으로 다양한 표상을 할 수 있는 기회를 주고 상상력을 발달시키는 풍부한 음악적 경험은 수학적 사고뿐만 아니라 인지발달에 긍정적인 영향을 준다(Geist, 2008). 영유아가 음악을 통해 리듬에 맞춰 움직이며 표현하는 것을 즐기기 때문에 수학에 대한 친숙함, 자신감 등 긍정적인 정서를 갖게 하여 수학적 동기유발을 용이하게 하고 수학적으로 사고를 하는 데에도 도움이 된다.

2) 음악 및 동작을 통한 수학교육의 목표

* 다양한 음악 활동을 통해 생각과 느낌을 탐색한다.
* 음악 및 동작교육을 통해 자유롭고 독창적으로 표현하여 창의적 사고력과 표현력을 기른다.
* 창의적인 동작 표현을 통해 수렴적 기술과 발산적 기술을 사용하여 문제해결을 한다.

3) 음악 및 동작활동을 통한 수학교육의 의의

* 음악 및 동작과 수학은 많은 공통점을 지니고 있으며, 긍정적인 정서를 유발하기

때문에 수학활동을 하는 데 동기유발이 용이하다.

* 감각적 인식능력을 증진시켜 활동에 몰입한다.
* 즐겁고 생동감 있는 긍정적인 환경으로 수학적 개념을 더 잘 기억한다.
* 자유롭고 독창적 표현으로 상상력과 표현력이 신장되고 창의적 사고를 한다.

4) 음악 및 동작을 통한 수학의 교수-학습 방법

* 음악을 들려준 후 음악에서 수학적 요소를 경험하고 이야기를 나눈다.
* 신체를 이용한 수학활동을 계획한다.
* 영유아가 스스로 생각하고 표현해 볼 수 있는 기회를 제공한다. 마음대로 계획하고 운영할 수 있는 활동 시간을 포함시켜 창의적 사고를 촉진한다.

음악 및 동작 활동 1

활동명	숫자 노래		대상연령	5세	집단형태	대집단
관련주제	숫자 이름, 순서, 공간, 나의 몸					
목표	• 숫자 이름을 안다. • 숫자 순서를 안다. • 즐겁게 노래 부른다. • 노래의 내용을 적절하게 동작으로 표현하다.					
준비물	숫자풀이 노래 가사판(그림 자료), 숫자풀이 노래 음원(악보), 키보드					
내용	도입	1. 숫자에 대해 이야기 나눈다. – 숫자에는 어떤 것이 있나요? – 다 함께 10까지 세어 보자.				
내용	전개	1. (가사 자료를 제시하며) 노래 제목을 소개한다. – 오늘 배울 노래의 제목은 '숫자풀이 노래'에요. 이 노래는 옛날부터 전해져 내려오는 노래에요. 이런 노래를 '전래 동요'라고 해요. 2. 노래를 들려준다. – 노래를 들려줄 테니까 잘 들어 보세요. 3. 노랫말에 대해 이야기 나눈다. – 어떤 노랫말이 있었나요?				

<table>
<tr><td>내용</td><td></td><td>4. 선생님이 노랫말을 읽어 줄 테니 잘 들어 보세요.

하나 하면 할머니가 지팡이를 짚는다고 잘잘잘
둘 하면 두부장수 두부를 판다고 잘잘잘
셋 하면 새색시가 거울을 본다고 잘잘잘
넷 하면 냇가에서 빨래를 한다고 잘잘잘
다섯 하면 다람쥐가 도토리를 줍는다고 잘잘잘
여섯 하면 여학생이 공부를 한다고 잘잘잘
일곱 하면 일꾼들이 나무를 벤다고 잘잘잘
여덟 하면 엿장수가 호박엿을 판다고 잘잘잘
아홉 하면 아버지가 신문을 본다고 잘잘잘
열하면 열무장수 열무가 왔다고 잘잘잘

5. 유아들이 노랫말을 읽어 본다.
– 선생님이 한 줄씩 읽어 볼 테니까 따라 읽어 보자.
– 다 함께 읽어 보자.
6. 한 음으로 노래 불러 본다.
– 한 음으로 노래 불러 보자. 어떤 음으로 불러 볼까?
7. 모두 다 함께 노래 불러 본다.
8. 노랫말을 동작으로 표현해 본다.
– 노랫말을 몸으로 표현해 보자.
</td></tr>
<tr><td></td><td>마무리</td><td>1. 전체적인 활동에 대해 평가한다.
– 오늘 배운 노래는 어땠나요?
– 어떤 부분이 재미있었나요?
– 몸으로 표현한 것은 어땠나요?</td></tr>
<tr><td>참고</td><td colspan="2">유의점: 유아의 발달 수준을 고려하여 하나에서 다섯까지 소개하고, 후에 여섯에서 열까지 나누어 소개한다.
확장 활동: 노래 가사를 개사하고 그에 맞는 율동을 만든다.</td></tr>
</table>

음악 및 동작 활동2

<table>
<tr><th>활동명</th><th colspan="2">리본 춤</th><th>대상연령</th><th>만 4세</th><th>집단형태</th><th>대집단</th></tr>
<tr><td>관련주제</td><td colspan="6">공간, 나의 몸, 도구의 사용</td></tr>
<tr><td>목표</td><td colspan="6">• 방향을 나타내는 어휘를 알고 사용한다.
• 방향에 대한 감각을 기른다.
• 도구를 적절한 방법으로 사용한다.
• 나의 몸에 관심을 갖는다.</td></tr>
<tr><td>준비물</td><td colspan="6">리본 막대, 다양한 음악</td></tr>
<tr><td rowspan="3">내용</td><td>도입</td><td colspan="5">1. 방향에는 어떤 것이 있는지 이야기 나눈다.
방향(앞, 뒤, 옆, 위, 아래, 오른쪽, 왼쪽)에는 어떤 것이 있나요?</td></tr>
<tr><td>전개</td><td colspan="5">1. 리본 막대를 소개한다.
– 여기 리본 막대가 있어요. 예전에 리본 막대를 본 적이 있나요?
– 이것을 흔들면(리본 막대를 흔들면서) 이렇게 된단다.
2. 자유롭게 리본 막대를 움직여 본다.
– 우리 리본 막대를 움직여 보자. 어떻게 움직이나요?
3. 교사가 지시하는 대로 리본 막대를 움직여 본다.
– 이번에는 선생님이 말하는 대로 움직여 봐요.
– 아래로 움직여 봐요.
– 위로 움직여 보자.
– 옆(오른쪽, 왼쪽)으로 움직여 보세요.
– 앞쪽으로 움직여 보세요.
– 뒤쪽으로 움직여 보세요.
4. 음악에 맞추어 자유롭게 다양한 방향으로 리본을 흔들며 춤춰 본다.
– 음악을 들려줄 테니까 여러 가지 방향으로 리본을 움직이며 춤춰 보아요.
</td></tr>
<tr><td>마무리</td><td colspan="5">1. 전체적인 활동에 대해 평가한다.
– 리본 춤을 추니까 어땠나요?
– 어떤 점이 즐거웠나요?</td></tr>
<tr><td>참고</td><td colspan="6">유의점: 리본 막대를 사용함에 있어서 다른 친구와의 안전에 유의한다.
확장 활동: 다른 음악, 다른 도구를 사용하여 리듬에 맞추어 표현할 수 있다.
한 명의 영유아가 방향을 정하고 다른 영유아들이 따라 해 볼 수 있다.</td></tr>
</table>

6 요리활동을 통한 수학교육의 접근법

1) 요리활동을 통한 수학교육 접근법의 성격

영유아는 가정에서 일상적으로 부모가 요리하는 모습을 접할 수 있다. 요리된 음식을 매일 먹으며 때로는 음식의 재료를 구입하기 위해 부모와 함께 시장이나 마트에 가서 다양한 식재료와 식료품에 대한 정보를 얻기도 하고 그중 영유아가 좋아하는 것이 있다면 더 많은 관심을 갖게 된다. 영유아에게 요리활동은 그 자체로 흥미와 만족감을 주고 수학 개념뿐만 아니라 신체, 사회 · 정서, 인지와 언어발달에 이르기까지 통합적 경험을 제공해 준다(원경미, 2005). 영유아에게 사랑받는 요리활동은 직접적인 조작과 경험을 제공하고 올바른 식습관 형성을 통해 영유아의 건강한 삶에 긍정적인 영향을 미치며 전인적 발달을 이룬다.

2) 요리활동을 통한 수학교육 접근법의 목표

* 친숙한 요리 재료를 활용하여 수학적 개념을 이해한다.
* 요리활동 과정을 통해 수학적 기술이 발달한다.
* 요리활동 전 과정에 직접 참여하여 수학에 대한 긍정적인 태도를 형성하고, 성취감과 자신감을 기른다.

3) 요리활동을 통한 수학교육 접근의 교육적 의의

* 영유아에게 친숙한 재료를 활용하여 수학적 개념을 확장한다.
* 요리활동 과정은 수학적 기술을 증진시킨다. 요리법에 따라 필요한 재료 목록과 재료를 적절하게 섞고 조리하는 일련의 순서로 요리하는 수학적 과정을 이해한다.
* 추상적인 수학적 개념을 무게와 부피 측정 등 직접적인 경험에 의해 구체적인 개념으로 인식한다.
* 영유아는 요리의 계획에서 마무리에 이르는 과정에 적극적으로 참여하면서 자신의

능력을 발견한다. 먹고 싶은 요리의 종류를 결정하고 토의를 통해 자신이 맡은 재료를 준비, 완성된 작품을 눈과 입으로 맛을 보며 영유아는 즐거움과 만족감 성취감을 느낀다.

* 가정과의 연계가 용이하다. 요리활동은 가정에서 빈번하게 이루어지고 있는 일상적인 활동이기 때문에 부모의 참여와 관심을 높여 가정의 연결을 용이하게 하는 매개가 된다.

4) 요리활동을 통한 수학교육의 교수-학습 방법

* 영유아가 실제로 조작하면서 다양한 해결방법을 수학적으로 탐구할 수 있는 요리를 선택한다.
* 영유아의 이전 경험과 이해가 활동의 폭을 결정하므로 사전 활동 때 요리 재료를 충분히 탐색하며 상호작용한다.
* 구체물이나 시각적 자료를 함께 사용해서 수학적 문제 상황에 대해 토의한다.
* 요리를 소개하거나 방법을 결정할 때 영유아와 함께 계획하고 준비한다.
* 요리활동을 마친 후 회상의 과정을 통해 느낌과 생각을 표현해 보고 요리 전에 토의한 수학 개념을 다시 한번 점검한다.
* 요리를 통해 습득한 수학 개념을 다시 연계할 수 있도록 다양한 활동과 구체물을 준비한다.

요리활동 1

<table>
<tr><th>활동명</th><th colspan="2">과일 화채</th><th>대상연령</th><th>만 5세</th><th>집단형태</th><th>대 · 소집단</th></tr>
<tr><td>관련주제</td><td colspan="6">여름/과일</td></tr>
<tr><td>목표</td><td colspan="6">• 과일의 색깔, 모양, 이름을 안다.
• 과일의 맛을 표현한다.
• 과일을 자르는 과정에서 과일 속과 잘린 모양을 관찰하며 즐거움을 느낀다.</td></tr>
<tr><td>준비물</td><td colspan="6">탄산수, 오미자청, 참외, 수박, 방울토마토, 바나나, 키위, 간식 그릇, 숟가락, 빵칼, 과일스쿱, 쟁반, 앞치마, 투명한 화채 그릇</td></tr>
<tr><td rowspan="3">내용</td><td>도입</td><td colspan="5">1. 좋아하는 과일에 대해 이야기한다.
– 어떤 과일을 좋아하나요?
2. 과일 화채를 먹어 보았던 경험과 맛에 대해 이야기한다.
– 과일 화채가 무엇인지 알고 있나요? 먹어 본 적이 있어요? 어떤 맛이었나요?</td></tr>
<tr><td>전개</td><td colspan="5">1. 화채로 만들 과일을 소개한다.
2. 참외와 키위의 껍질 벗기는 것을 보여 준다.
3. 영유아는 바나나의 껍질을 벗긴다.
4. 빵칼로 여러 종류의 과일을 썰어서 투명한 화채 그릇에 담는다(수박은 과일스쿱을 이용하여 동그랗게 파낸다).
5. 그릇에 과일이 살짝 잠길 정도로 탄산수와 오미자청을 붓는다.
6. 책상을 정리한 후 모여 앉는다.
</td></tr>
<tr><td>마무리</td><td colspan="5">1. 전체적인 활동에 대해 평가한다.
– 투명한 그릇에 담긴 과일 화채를 보면서 어떤 과일이 들어갔는지 이야기한다.
– 질서를 잘 지켜 요리활동을 하여 즐거운 마음으로 맛있게 먹을 수 있게 되었음을 이야기한다.
2. 과일 화채를 간식으로 먹는다.</td></tr>
<tr><td>참고</td><td colspan="6">유의점: 음식을 만들 때 손을 깨끗이 씻는다. 과일을 씻거나 자를 때 무르지 않게 잡는다.
확장 활동: 교사가 그려 놓은 커다란 바구니 위에 붙일 여러 가지 과일을 색칠하고 오려 풀로 붙이는 과일 바구니 꾸미기 활동을 한다.</td></tr>
</table>

요리활동 2

<table>
<tr><th>활동명</th><th colspan="2">꼬치 만들기</th><th>대상연령</th><th>만 4세</th><th>집단형태</th><th>대 · 소집단</th></tr>
<tr><td>관련주제</td><td colspan="6">규칙성</td></tr>
<tr><td>목표</td><td colspan="6">• 일정한 순서가 반복되는 것을 경험한다.
• 요리 재료의 크기와 특성을 안다.
• 요리도구를 안전하게 사용한다.</td></tr>
<tr><td>준비물</td><td colspan="6">방울토마토, 메추리알, 오이, 맛살, 당근, 꼬치, 도마, 칼</td></tr>
<tr><td rowspan="3">내용</td><td>도입</td><td colspan="5">1. 꼬치요리에 사용할 재료에 대해 이야기한다.
2. 꼬치를 먹어 본 경험을 말한다.</td></tr>
<tr><td>전개</td><td colspan="5">1. 요리 재료와 도구를 소개한다.
2. 요리 순서도를 보며 만드는 방법을 이야기한다.
3. 오이와 맛살, 당근을 알맞은 크기로 자른다.
4. 꼬치에 메추리알, 방울토마토, 오이, 맛살, 당근을 끼운다.
5. 재료를 꼬치에 다른 순서로 끼운다.
6. 완성된 꼬치에 소스를 뿌린다.
7. 정리한 후 모여 앉는다.
</td></tr>
<tr><td>마무리</td><td colspan="5">1. 전체적인 활동에 대해 평가한다.
– 어떤 재료와 도구를 사용했는지 이야기한다.
– 채소를 포함한 음식을 골고루 먹어야 함을 이야기한다.
2. 함께 먹는다.</td></tr>
<tr><td>참고</td><td colspan="6">유의점: 음식을 만들 때 손을 깨끗이 씻는다.
칼로 재료를 자를 때 다치지 않도록 조심한다.
꼬치에 찔리거나 긁히지 않도록 주의한다.
확장 활동: 미술 영역에 준비된 채소 도장으로 우리 동네를 꾸미는 채소 도장 찍기 활동을 한다.</td></tr>
</table>

7 게임 활동을 통한 수학교육의 접근법

1) 게임 활동을 통한 수학교육 접근법의 성격

게임은 누구나 즐거워하며 영유아교육기관에서 흔히 실행된다. 매일의 활동 과정에서 또래와 사회적 상호작용을 하며 자유선택활동시간이나 대 · 소집단시간에 이루어진다. 수학적 개념은 교실 내 흥미영역 중 수학영역에서 이루어지거나 자발적으로 선택한 활동에 즐겁게 참여하면서 습득 · 확장한다. 영유아는 게임을 하는 과정에서 수, 공간, 위치, 속도, 거리, 색깔, 모양 등 다양한 수학적 개념을 구성한다. 게임 방법과 규칙을 정하면서 단순하고 복잡한 개념을 이해하고 자신의 역할을 끝까지 수행하고 책임감을 갖는다. 또한, 게임 안에 내재된 도덕성, 언어, 사회성, 인지 · 정서적 발달이 자연스럽게 이루어지며, 자율적 사고능력을 기른다.

2) 게임 활동을 통한 수학교육 접근법의 목표

* 게임을 통해 수학적 개념에 흥미와 관심을 가진다.
* 게임을 통해 자연스럽게 수학적 어휘를 사용한다.
* 게임의 목적을 달성하기 위한 수학적 문제해결능력, 추론 및 예측 능력을 기른다.

3) 게임 활동을 통한 수학교육의 의의

* 영유아는 게임을 통해 다양한 수 경험을 하게 된다. 수 세기, 비교, 균형, 무게, 공간과 사물 간의 관계, 힘의 조절, 문제해결력, 수학적 언어 사용 능력 등이 자연스럽게 신장된다.
* 순서, 규칙, 수와 양에 대해 결정하는 기회를 갖는다.
* 자기 생각을 말하고 계획을 수행하고 동의를 구하는 등 사회 · 도덕적 개념을 습득하고 논리 · 수학적 지식을 발전시키는 지적 분위기를 경험한다.
* 게임을 하면서 셈하는 동안 영유아는 스스로 합리성을 찾는다.
* 자기 자신과 또래의 피드백을 받는 기회가 된다.

4) 게임 활동을 통한 수학교육의 교수-학습 방법

* 영유아에게 너무 쉽거나 어려운 게임이 아닌 도전 가능한 게임을 선택한다.
* 다양한 방법으로 게임을 소개한다.
* 스스로 생각할 시간을 충분히 준다.
* 잘못된 대답이나 낮은 수준의 놀이를 할 때, 직접적으로 정정하지 않고 다른 참여자들처럼 상호작용하여 간접적으로 중재한다.
* 또래와의 경쟁은 지양하고 상호작용을 격려한다.

게임 활동 1

<table>
<tr><th>활동명</th><th colspan="2">수 기억카드</th><th>대상연령</th><th>만 3세</th><th>집단형태</th><th>소집단</th></tr>
<tr><td>관련주제</td><td colspan="6">수 모양 인식, 합리적 수 세기</td></tr>
<tr><td>목표</td><td colspan="6">• 숫자의 모양을 변별하여 인지한다.
• 합리적인 수 세기를 한다.
• 게임 규칙을 지킨다.</td></tr>
<tr><td>준비물</td><td colspan="6">수 카드 1~4까지 2세트, 수 카드 담을 접시, 색 구슬 50개, 색 구슬 담을 통(유아 수만큼)</td></tr>
<tr><td rowspan="2">내용</td><td>도입</td><td colspan="5">1. 숫자 카드(1~4까지)를 순서대로 제시하며, 수의 명칭을 말한다.
– 이 숫자의 이름은 무엇일까요?
2. 1~4까지 순서대로 숫자 카드를 제시하고, 각 숫자에 맞는 구슬을 놓는다.
– 숫자 1이면 여기 있는 구슬 몇 개를 가져와야 할까요?
게임 방식에 대해 추측하고 설명한다.
– 이 숫자카드를 가지고 무엇을 할 수 있을까요?

〈활동 방법〉
숫자 카드의 숫자가 보이지 않게 바닥에 놓고, 두 장씩 골라 뒤집어 같은 숫자가 나오면 숫자 이름을 말하고 그 숫자만큼 구슬을 가져간다. 카드를 뒤집어서 다른 숫자가 나왔을 경우에는 다시 그 자리에 숫자가 보이지 않게 뒤집어 둔다.</td></tr>
<tr><td>전개</td><td colspan="5">1. 숫자 카드를 골고루 잘 섞은 후 배열을 맞추어 바닥에 뒤집어 놓고 게임 진행 순서를 진행한다.
– 어떤 방법으로 게임을 먼저 시작할 사람을 정할까요?
2. 가위바위보로 순서를 정한 뒤, 게임을 시작한다. 영유아가 같은 수를 골랐을 경우에는 다음과 같이 진행한다.
– 그 숫자의 이름은 무엇이니?</td></tr>
</table>

구분		내용
내용	전개	– 숫자 3이면 구슬을 몇 개 가져가야 할까요? – 구슬 세 개를 큰 소리로 세면서 가져가 볼까요? 3. 서로 다른 숫자 카드를 골랐을 경우에는 다음과 같이 진행한다. – 두 숫자 이름은 각각 무엇이니? 혹은 (카드를 하나씩 가리키며) 이 숫자의 이름은 무엇일까?  
	마무리	1. 바닥에 있는 숫자 카드가 모두 없어지면 게임은 끝난다. 2. 영유아가 가지고 있는 숫자 카드의 이름을 모두 말하고 가지고 있는 구슬이 모두 몇 개인지 세어 본다. – 가지고 있는 숫자 카드의 이름을 말해 줄 수 있겠니? – 숫자 1은 두 개, 숫자 2는 한 개, 숫자 3은 두 개 가지고 있구나. 구슬은 모두 몇 개인지 볼까?
참고		**유의점:** 구슬의 수가 많을 수 있으므로, 개인이 갖고 있는 구슬을 하나씩 꺼내 구슬 통에 담으면서 개수를 센다. 교사는 영유아가 순서대로 수를 셀 수 있도록 함께 세어 줄 수 있다. 숫자 카드의 개수와 수 크기는 영유아의 연령과 발달 수준에 따라 차이를 두고 준비한다(수 세기: 4세는 10까지, 5세는 20까지, 수 단어 획득: 3~4세는 열까지, 5세는 스물까지). 연령이 어린 영유아일수록 본 게임에 들어가기 전에 적은 수(예: 1~2만으로 구성)로 연습게임을 하면 영유아의 이해도를 높일 수 있다. **확장 활동:** 일대일 게임 형식이나 집단게임 형식으로 진행한다.

게임 활동 2

<table>
<tr><th>활동명</th><th>같은 신발 그림자 찾기</th><th>대상연령</th><th>만 3세</th><th>집단형태</th><th>대집단</th></tr>
<tr><td>관련주제</td><td colspan="5">분류</td></tr>
<tr><td>목표</td><td colspan="5">• 모양을 변별하여 지각하고 같은 모양끼리 분류한다.
• 신발의 모양과 색을 인식하여 같은 것끼리 짝을 짓는다.
• 게임에 필요한 규칙을 지키며 놀이하는 태도를 기른다.</td></tr>
<tr><td>준비물</td><td colspan="5">출발선, 반환선, 색과 단추 모양이 다른 신발 12켤레, 점수판, 신호악기</td></tr>
<tr><td rowspan="2">내용</td><td colspan="5">도입
1. 유아와 기본 모양(동그라미, 세모, 네모)을 탐색한다.
– 이 모양을 본 적 있어요?
– 어디서 보았어요?
– 이 모양의 이름이 무엇일까요?
– 이 모양과 같은 것에는 어떤 것이 있을까요?
2. 신발의 단추를 보며 이야기 나눈다.
– 이것은 무엇일까요?
– 신발의 단추는 어떤 모양인가요?</td></tr>
<tr><td colspan="5">전개
1. 게임 방식에 대해 이야기 나눈다.
– 두 팀으로 나누어 앉아 양 팀의 인원수를 확인한다.
– 게임 자료를 보며 게임 방법에 대해 이야기 나눈다.
– 비닐 주머니에서 신발을 하나씩 꺼내어 한발에 신는다.
– 각 팀에서 1명씩 나와 출발선에 선다.
– 신호 악기 소리를 듣고 출발한다.
– 반환점에 있는 신발의 짝을 찾아 신고 출발선으로 되돌아온다.
– 돌아온 유아는 교사에게 확인을 받는다.
(규칙을 잘 지키고 알맞은 신발을 찾아온 팀에게 점수를 준다.)
2. 게임을 진행한다.
 </td></tr>
</table>

내용	마무리	1. 게임이 끝난 후 게임을 평가한다. – 같은 신발을 찾아보니 어땠나요? – 신발에 어떤 모양의 단추가 있었나요? – 어느 팀의 점수가 더 많았나요?
참고	**유의점:** 높은 연령에서는 신발 모양과 단추를 다양하게 준비한다. **확장 활동:** 세계 여러 나라의 특색이 있는 신발, 의복 등 다양한 주제로 게임을 한다.	

6장 연령에 따른 아동수학교육의 실제

본 장에서는 제3차 0~2세 어린이집 표준보육과정(2013, 보건복지부)과 3~5세 누리과정(2013, 교육과학기술부)의 자연탐구영역의 '수학적 탐구하기'를 중심으로 목표와 내용, 연령에 따른 수준별·연령별 활동 예시와 실제 활동의 예를 중심으로 재구성하였다. 예비 또는 현직 유아교사들에게 표준보육과정(누리과정)의 '수학적 탐구하기'의 내용을 보다 실질적이고 체계적으로 이해할 수 있도록 하였으며, 제3차 표준보육과정 및 누리과정을 중심으로 유아수학교육의 접근방법과 실제 부분에 대하여 이해를 돕고자 한다.
따라서 본 장에서는 0~2세 제3차 어린이집 표준보육과정(2013, 보건복지부)과 3~5세 누리과정(2013, 교육과학기술부)의 자연탐구영역의 내용범주인 '탐구하는 태도 기르기', '수학적 탐구하기', '과학적 탐구하기' 중에서 '수학적 탐구하기' 내용범주를 중심으로 연령에 따른 수준별 활동 예시와 실제 활동의 예를 살펴보고자 한다.

1 0~1세 영아를 위한 수학활동

0~1세 영아기는 주변의 다양한 상황과 사물에 관심을 가지며, 일상생활 속에서 있고 없는 상황을 자연스럽게 지각하고 구분한다. 또한, 일상과 놀이에서 주변 공간과 환경을 탐색하며 성인의 도움을 받아 일상생활에서 접하는 모든 상황 속에서 주변 사물의 차이를 경험하게 되는 시기이다. 이 시기의 영아는 자신의 생활용품, 놀잇감 등 주변의 여러 사물에 관심을 기울이고 놀면서 사물과 상황이 가진 기초 수학적 특성을 지각하게 된다. 아울러 영아가 놀이와 일상생활 장면에서 수량을 지각하며, 주변 공간을 탐색하고, 차이를 지각하는 등의 간단한 규칙성을 지각하는 것에 중점을 두고 있다.

1) 수학적 탐구하기

영아가 있고 없는 상황을 알게 되면서 '있다'와 '없다'를 구별하고, '한 개'와 '여러 개'의 수량을 지각하게 되는 데 중점을 둔다. 또한, 영아가 교사의 도움을 받아 보육실, 보육실 창밖, 실외 공간을 살펴보며 익숙한 물건의 위, 장소, 모양을 탐색하도록 하며, 영아가 주변의 익숙한 물건의 색, 모양, 질감, 크기, 길이의 차이를 감각적으로 느낄 수 있도록 한다. 영아에게 규칙적으로 반복되는 하루일과를 제공하고 반복되는 소리, 리듬이 들어가는 노래, 말놀이, 동작을 제공하여 간단한 규칙성을 경험하는 데 중점을 두도록 한다.

(1) 0~1세 내용범주별 세부내용

'수학적 탐구하기'는 수량 지각하기, 주변 공간 탐색하기, 차이를 지각하기, 간단한 규칙성 지각하기의 내용으로 구성되어 있으며, 있고 없는 상황을 지각하고, '있다'와 '없다'를 구별하고, '한 개'와 '여러 개'를 구별하고, 도움을 받아 주변의 공간을 탐색하고, 주변 사물의 모양을 지각하며, 주변 사물의 차이를 지각하고, 일상과 놀이에서 간단한 규칙성을 경험하는 데 중점을 두는 내용으로서 세부내용은 다음과 같다.

0~1세 '수학적 탐구하기' 세부내용

내용범주	내용	1수준	2수준	3수준	4수준
수학적 탐구하기	수량 지각하기		있고 없는 상황을 지각한다.	'있다'와 '없다'를 구별한다.	'한 개'와 '여러 개'를 구별한다.
	주변 공간 탐색하기		도움을 받아 주변의 공간을 탐색한다.		
		주변 사물의 모양을 지각한다.			
	차이를 지각하기		주변 사물의 차이를 지각한다.		
	간단한 규칙성 지각하기		일상과 놀이에서 간단한 규칙성을 경험한다.		

(2) 내용범주별 지도원리 및 유의점

① 수량 지각하기

'수량 지각하기'는 0~1세 영아가 사물이 있고 없는 상황을 지각하고, 알아차리고 구별하며, 한 개와 여러 개를 구별하는 내용이다. 구체적으로 '수량 지각하기'는 '있고 없는 상황을 지각하는 것', '있고 없는 것을 구별하는 것', '한 개와 여러 개를 구별하는 것'으로 구성되어 있다. 이를 통해 영아가 사물의 수량을 지각하게 되면서 수학적 탐구의 기초를 마련하게 하기 위함이다.

수준별 활동 예시

* 수량 지각하기

수준	활동개요	사진
2수준	친근한 대상인 교사가 얼굴을 부채로 가렸다가 나타났다 하거나 영아의 얼굴을 가렸다 나타났다 하게 해 보아 영아가 '있다, 없다'를 경험할 수 있도록 돕는다.	
3수준	여러 가지 놀잇감이 들어있는 박스에서 교사가 말하는 놀잇감을 구별하며 찾아본다.	
4수준	보육실에서 매트나 스카프 아래에 숨겨진 한 개 또는 여러 개의 놀잇감을 찾아보며 자연스럽게 수량을 경험할 수 있도록 한다.	

출처: 제3차 어린이집 표준보육과정교사용 지침서.

프로교사 되기

- 교사는 영아가 있고 없는 상황을 지각할 수 있도록 물건을 숨기고 찾는 놀이, 까꿍 놀이 등을 하면서 언어적으로 지원해 주고, 영아가 이러한 상황을 자주 경험하도록 해 준다. (예) "(교사 얼굴을 부채로 가리면서) 선생님이 어디 갔지" "(부채를 치우며) 선생님이 여기 있었네." "(영아 얼굴을 부채로 가리며) ㅇㅇ가 어디 갔지" "(부채를 치우며) ㅇㅇ가 여기 있었네."
- 일상생활에서 눈앞에서 물건이 있다가 없어지는 경험을 통해 있고 없는 상황을 지각하게 된 영아에게 교사가 사물의 위치에 변화를 주거나 영아가 보는 앞에서 숨기고 찾는 놀이를 하면서 없어진 물건을 찾아보도록 격려하여 영아가 자연스럽게 '있다'와 '없다'를 구별할 수 있도록 돕는다.

  예: "(블록 위에 스카프를 덮으면서) 블록 없다! 블록이 어디로 갔을까? 와! 스카프 밑에 숨어 있었네."
- 있다'와 '없다'를 구별하게 된 영아가 많고 적음에 관심을 가지며 '하나', '많다' 등의 수량 관련 어휘를 알아듣고 구별하는 것을 돕기 위해 교사는 일상생활에서 수량에 관련된 어휘를 사용하여 영아가 자연스럽게 어휘를 듣고 익힐 수 있도록 한다.

예: 벽면에 영아의 사진이나 친숙한 그림을 이용한 까꿍 놀이판을 눈높이에 맞게 게시해 주고, 영아에게 친숙한 놀잇감을 한쪽 바구니에는 한 개, 다른 쪽 바구니에는 여러 개 제시하면서 영아들이 자연스럽게 수량을 경험할 수 있도록 한다.

- 놀이 중이나 일상생활 중 자연스러운 상황에서 수량에 관련된 어휘를 사용하여 경험할 수 있도록 하고, 지시적이거나 인위적인 상황을 만들어 수를 세거나 숫자에 관련된 어휘를 사용하지 않도록 유의한다.

출처: 제3차 어린이집 표준보육과정 교사용 지침서.

② 주변 공간 탐색하기

'주변 공간 탐색하기'는 0~1세 영아가 교사의 도움을 받아 다양한 위치에서 주변 공간에 놓여 있는 사물을 살펴보고 자신과 가까이 또는 멀리 있는 사물과의 관계를 인식하도록 하는 내용이다. 구체적으로 '주변 공간 탐색하기'는 '도움을 받아 주변의 공간을 탐색하는 것', '주변 사물의 모양을 지각하는 것'으로 구성되어 있다.

수준별 활동 예시

* 주변 사물의 모양 지각하기

수준	활동개요	사진
1수준	아기 침대 위에 걸쳐진 모빌걸이에 매달린 다양한 모양의 놀잇감을 누워서 만져 보거나 흔들어 보며 탐색할 수 있도록 한다.	
2수준	걸음마대의 다양한 위치에 매달린 여러 가지 모양의 놀잇감을 살펴보고, 놀잇감을 앉아서 또는 서서 잡아 보거나 당겨 볼 수 있도록 한다.	
3수준	영아가 일상생활에서 보았던 음식 봉지로 제공된 한 조각 꼭지 퍼즐의 모양을 보면서 해당하는 꼭지 퍼즐을 맞추어 본다.	
4수준	음식 봉지를 이용하여 만들어 제공된 두 조각 퍼즐의 잘려진 조각의 모양을 보고 퍼즐을 맞추어 하나의 모양을 완성해 본다.	

프로교사 되기

교사는 영아가 자신을 둘러싼 공간과 공간에 놓여 있는 사물에 관심을 갖도록 도움을 주며 상호작용한다. (예: "(영아 옆에 놓여 있는 곰 인형을 앞뒤로 움직이며) 어? 곰 인형이 있네. 곰 인형에게 기어가 볼까?", "(영아의 두 손을 잡고) 선생님과 손을 잡고 문 앞으로 가 보자~ 무엇이 보이나.", "(보육실을 스스로 걸어 다니는 영아에게) ○○야, 책이 어디 있지? 책을 가져와 보자."

- 영아가 매일 접하는 사물을 가지고 놀 때, 모양과 관련된 어휘에 친숙해지도록 상호작용한다.
  예: "(영아의 눈앞에 교사의 얼굴을 보이며) ○ ○ 앞에 동그란 선생님 얼굴이 있네."
  "(여러 가지 모양을 누르면 불빛이 들어오는 놀잇감으로 놀이하고 있는 영아에게) ○ ○가 네모난 단추를 눌렀네. 불빛이 보이네."
  "○ ○야, 데굴데굴 공이 굴러가네. 동그란 공을 따라가 보자!"
  "(구멍에 모양 넣기 놀이를 하는 영아에게) 이 구멍에는 어떤 것을 넣어 볼까? 동그란 모양을 넣었네."
- 이동능력이 발달되지 않은 영아는 영아 가까이에 영아가 흥미를 보이는 사물을 놓아주거나 교사가 영아를 안고 영아가 공간에 관심을 갖도록 돕는다.
- 도움을 받아 서는 단계의 영아는 교사가 잡고 설 수 있도록 도움을 주어 공간을 탐색하는 범위를 넓혀 준다. 또한, 교사가 누워서 발로 비행기 놀이를 해 주거나 말타기 놀이를 해 주어 영아가 공간을 다양한 위치에서 탐색하도록 한다.
- 영아에게 변화가 많은 환경보다는 친숙하고 익숙한 환경이 영아가 공간을 탐색하는 데 효과적이다.
- 영아의 시각 능력이 성인과 다름을 알고 성인의 시각에서 활동을 계획하지 않도록 유의한다.

③ 차이를 지각하기

'차이를 지각하기'는 1세 영아가 일상생활 속에서 접하는 사물의 색, 크기, 길이 등의 차이를 감각적으로 지각하도록 하는 내용이다. 구체적으로 '차이를 지각하기'는 '주변 사물의 차이를 지각하는 것'으로 구성되어 있다. 이를 통해 1세 영아의 사물에 대한 호기심과 흥미를 불러일으키고 사물의 속성에 대한 지각 능력을 증진하기 위함이다.

수준별 활동 예시

* 차이를 지각하기

수준	활동개요	사진
3수준	다양한 크기의 스펀지 블록을 제공하여 2~3개 늘어뜨리거나 쌓아 보고 쓰러뜨려 볼 수 있도록 한다.	
4수준	크기가 큰 원통블록에 작은 원통블록을 넣어 보기도 하고 크기가 동일한 원통블록을 늘어뜨리거나 높게 쌓아 보며 크기의 차이를 느낄 수 있도록 한다.	

프로교사 되기

- 교사는 영아가 사물로 놀이할 때, 사물의 속성을 지각하도록 색, 크기, 길이, 무게 관련 어휘를 자연스럽게 사용한다.

  예: "(여러 가지 색의 블록을 가지고 놀이하는 영아에게) ○○가 빨간 블록을 가지고 있네. 옆에 초록 블록도 있구나. 초록 블록을 빨간 블록을 옆에 놓아 볼까?"

  "(여러 가지 크기의 스펀지 블록을 2~3개 쌓고 있는 영아에게) ○○가 블록을 쌓고 있네. 큰 블록을 놓았네. 그 위에 작은 블록을 놓았네."
- 영아가 충분히 사물을 살펴보기 전에 서둘러 영아와 상호작용하기보다는 영아가 사물을 충분하게 살펴보는 모습을 지켜보다가, 영아가 흥미를 보이는 사물의 속성과 관련된 어휘를 사용하여 상호작용한다.

  예: "(여러 가지 색과 크기, 길이의 블록을 살펴보다가 색이 다른 두 개의 블록을 양손에 쥐는 영아를 보며) ○○가 블록을 들었네. 한 손에는 빨간 블록을 들고 다른 한 손에는 초록 블록을 들었구나!"

  "(여러 가지 색, 크기, 길이의 블록을 살펴보다가 크기가 서로 다른 두 개의 블록을 쌓는 영아를 보며) ○○가 블록을 쌓았네. 작은 블록이 아래에 있네."
- 영아가 사물의 속성을 충분히 살펴볼 수 있는 시간과 분위기를 조성해야 한다.
- 영아가 색, 크기, 길이의 차이를 자연스럽게 느낄 수 있도록 다양한 색, 크기, 길이, 무게의 놀잇감을 배치한다.
- 영아는 놀잇감을 손으로 만지거나 입에 넣는 등 오감을 이용해서 다양하게 살펴보므로 안전에 문제가 없는 놀잇감을 제공하도록 세심히 점검한다.

④ 간단한 규칙성 지각하기

'간단한 규칙성 지각하기'는 1세 영아가 일상에서 반복적인 하루일과 흐름을 느끼고 일상생활과 사물에서 나타나는 규칙 있는 색, 모양, 소리, 동작을 지각하는 내용이다. 구체적으로 '간단한 규칙성 지각하기'는 '일상과 놀이에서 간단한 규칙성을 경험하는 것'으로 구성되어 있다. 이를 통해 영아의 일상생활과 놀이에서 나타나는 간단한 규칙에 대한 지각 능력을 증진하기 위함이다.

수준별 활동 예시

* 간단한 규칙성 경험하기

수준	활동개요	사진
3수준	교사와 손을 잡고 보육실을 걸어 다니며 교사가 불러 주는 "어디까지 왔니."에 손짓으로 반응해 볼 수 있도록 한다.	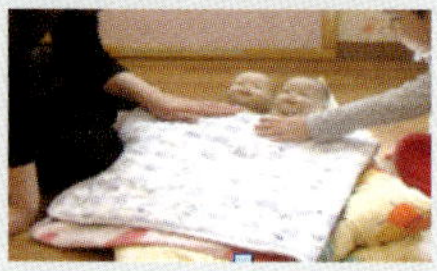
4수준	아기 인형 재워 주기 놀이를 하며 교사가 불러 주는 반복되는 자장가 노래의 리듬에 맞추어 아기 인형을 토닥여 보는 것을 격려한다.	

프로교사 되기

- 교사는 하루일과와 관련된 어휘를 자연스럽게 반복 사용하여 영아가 일과 흐름의 규칙성을 자연스럽게 이해하도록 한다.

  예: "(영아가 이유식을 먹도록 도움을 주며) 간식 다 먹고 나면 바깥놀이 나가는 시간이지"
  "(영아가 낮잠을 자도록 토닥여 주며) 낮잠 자고 나서 맛있는 간식 먹자. 간식 먹고 놀이하고 있으면 엄마가 데리러 오실 거야."
- 규칙성이 있는 노래와 말놀이에 맞추어 간단한 동작을 반복적으로 제시함으로써 청각 또는 동작을 통한 규칙성을 경험하도록 한다.

  예: "(짝짜꿍 짝짜꿍을 말과 동작으로 표현하며) ○○야, 짝짜꿍! 짝짜꿍!"
  "(눈은 어디 있나 노래를 해당 신체를 짚는 동작과 함께하며) 눈은 어디 있나? 여기! 코는 어디 있나? 여기! 입은 어디 있나? 여기!"
- 영아가 하루일과 흐름의 규칙성을 인식할 수 있도록 반복적이고 안정적인 하루일과를 계획하고 실행한다.

- 놀이활동과 전이활동, 일상생활 활동을 시작하거나 진행할 때 어휘, 리듬, 음률이 반복되는 노래를 일정하게 사용하여 영아가 다음 일과를 예측할 수 있도록 한다.
- 반복되는 부분을 영아에게 직접 알려 주거나 강조하기보다는 자연스럽게 인식할 수 있도록 돕는다.

2) 0~1세 수학 활동계획 실행 및 평가

<table>
<tr><th colspan="2">활동 1. 이곳은 어디일까?</th></tr>
<tr><td>활동목표</td><td>• 어린이집의 새로운 환경에 관심을 가진다.
• 도움을 받아 주변의 공간을 탐색한다.
• 주변 사물의 모양을 지각한다.
(자연탐구 〉 수학적 탐구하기 〉 주변 공간 탐색하기)</td></tr>
<tr><td>활동자료</td><td>어린이집 실내</td></tr>
<tr><td>활동방법
(1, 2 수준)</td><td>1. 엄마 품에 안겨 어린이집에 등원한다.
– 안녕, ○○야. 이곳은 어린이집이란다.
– 여기는 어딜까?
– ○○가 생활할 ○○반 교실이란다.
– 이곳에 무엇이 있는지 살펴보도록 할까?
2. 어린이집에 들어와서 보육실까지 가기 전 환경을 눈으로 바라보며 이야기해 준다.
– 여기에 창문도 있네.
– (벽면이나 모빌 등의 환경을 보며) 여기 예쁜 나비도 있구나.
– 안녕 ○○가 어린이집에 왔네.
– “우리 ○○ 교실은 어디에 있을까?
– 찾았다. 여기가 바로○○반이구나. 똑똑똑.
– 안에는 무엇이 있을지 들어가 볼까?
</td></tr>
</table>

평가 및 주의사항	• 영아가 어린이집과 보육실 환경에 천천히 적응할 수 있도록 매일 반복하여 탐색한다. • 처음 입소 시 적응 기간에는 양육자와 함께 어린이집을 둘러 볼 수 있도록 해 주고, 이후에는 교사가 역할을 대신해 준다.

활동 2. 어디로 갔을까?	
활동목표	• 교사 품에 안겨 어린이집과 보육실 환경을 탐색한다. • 있고 없는 상황을 지각한다. • '있다'와 '없다'를 구별한다. • '한 개'와 '여러 개'를 구별한다. **(자연탐구 〉 수학적 탐구하기 〉 주변 공간 탐색하기)**
활동방법 (2, 3, 4 수준)	1. 교사 품에 안겨 우리 반 보육실을 바라본다. – 우와, ○○반에는 뭐가 있을까? 2. 영아를 안고 보육실의 이곳저곳을 이야기해 주며 탐색해 본다. – 어? 이것은 무엇이지? 딸랑이구나. – 파랗고 동그란 딸랑이구나! – 어? 딸랑이가 어디로 갔을까? – 짜잔~ 여기 있네! – 어? 또 딸랑이가 없어졌네? – 여기 있네! – 딸랑딸랑 소리가 나는 딸랑이가 여기에 있네. – 우와, ○○반에는 예쁜 딸랑이가 많이 있구나. – 한 개, 두 개, 세 개 ~ 예쁜 딸랑이가 많이 있구나. 
평가 및 주의사항	• 보육실은 밝고 가정과 같이 편안한 분위기로 구성한다. • 영아의 흥미를 끌 수 있는 흔들리는 모빌이나 딸랑이 등 소리가 나거나 움직이는 놀잇감 등으로 환경을 구성해 준다. • 모빌은 흔들어도 떨어지지 않도록 주의해서 고정해야 하며, 영아의 바로 머리 위에는 설치하지 않도록 한다.

2 2세 영아를 위한 수학활동

1) 수학적 탐구하기

영아가 많고 적음을 구별하게 되면서 세 개가량의 구체물을 말하며 세어 보고, 일대일 대응해 보면서 수량을 인식하게 되는 데에 중점을 두고 있다. 영아에게 자신을 중심으로 물건의 위치, 거리를 경험해 보도록 함과 동시에 환경 속에서의 자신의 위치를 탐색해 보도록 하며 다양한 사물과 놀잇감으로 놀이하면서 모양을 지각하도록 하며, 영아가 두 물체의 크기, 길이, 무게를 비교해 보고 관련 어휘를 경험해 보도록 하는 데 중점을 둔다. 또한, 영아가 주변 환경에서 반복되는 무늬, 색, 모양, 소리 등을 살펴보고 규칙성에 관심을 갖도록 하고 있으며, 영아가 자기 나름의 기준을 통해 물건을 나누고 자신 소유의 물건과 타인 소유의 물건을 구분하도록 하는 데 중점을 두고 있다.

(1) 2세 내용범주별 세부내용

2세 '수학적 탐구하기' 세부내용

<table>
<tr><th>내용범주</th><th>내용</th><th>1 수준</th><th>2 수준</th></tr>
<tr><td rowspan="8">수학적 탐구하기</td><td rowspan="3">수량 인식하기</td><td colspan="2">많고 적음을 구별한다.</td></tr>
<tr><td>두 개가량의 수 이름을 말해 본다.</td><td>세 개가량의 구체물을 말하며 세어 본다.</td></tr>
<tr><td colspan="2">구체물을 일대일로 대응해 본다.</td></tr>
<tr><td rowspan="2">공간과 도형에 관심 가지기</td><td colspan="2">나를 중심으로 익숙한 위치, 장소를 인식한다.</td></tr>
<tr><td colspan="2">주변 사물의 모양에 관심을 가진다.</td></tr>
<tr><td>차이에 관심 가지기</td><td colspan="2">주변 사물의 크기(속성의 차이)에 관심을 가진다.</td></tr>
<tr><td>단순한 규칙성에 관심 가지기</td><td colspan="2">주변에서 단순하게 반복되는 규칙성에 관심을 가진다.</td></tr>
<tr><td>구분하기</td><td colspan="2">주변 사물의 같고 다름에 따라 구분한다.</td></tr>
</table>

(2) 내용범주별 지도원리 및 유의점

① 수량 인식하기

'수량 인식하기'는 2세 영아가 생활 장면에서 익숙한 사물의 수량을 인식하게 되는 내용이다. 구체적으로 '수량 인식하기'는 '많고 적음을 구별하는 것', '두 개가량의 수 이름을 말해 보는 것', '세 개가량의 구체물을 말하며 세어 보는 것','구체물을 일대일로 대응해 보는 것'으로 구성되어 있다. 이를 통해 영아가 수학적 탐구의 기초를 확립하게 하기 위함이다.

수준별 활동 예시

* 수량 인식하기

수준	활동개요	사진
1수준	숟가락으로 열매를 종류별로 옮겨보고 그릇에 담아보면서 많고 적음을 구별해 본다.	
2수준	구슬의 모양에 따라 구슬을 분류해 보고, 세 개가량의 구슬을 숫자로 세어 본다.	

출처: 제3차 어린이집 표준보육과정교사용 지침서

프로교사 되기

- 교사는 일상생활에서 자연스럽게 '많다', '적다' 등의 수량을 비교하는 어휘를 사용하여 영아가 많고 적음에 대한 언어적 표현과 수량에 대한 개념을 자주 경험하고 익힐 수 있도록 한다.
  예: "밤은 그릇에 가득 차 있고 호두는 그릇에 반만 들어 있네. 밤이 호두보다 더 많구나!",
  "세모 모양 구슬은 몇 개 있을까? (구슬을 영아와 손으로 하나씩 가리키며) 한 개, 두 개.. 두 개 있구나."
  "세모 모양 구슬이 동그라미 모양 구슬보다 더 많이 있네."
- 물건을 나누어 줄 때나 간식을 먹을 때 등 일상적인 상황에서 교사가 보여 주거나 영아가 직접 참여하면서 일대일 대응을 경험할 수 있도록 한다.
  예: "(간식 접시를 나누어 주면서) ○○이 접시, □□이 접시, △△이 접시 모두 하나씩 접시를 가졌네. 이제 포크도 하나씩 나누어 가져 볼까요?"

- 보육실에 모양 구슬이나 열매, 같은 모양의 블록 여러 개 등 영아가 수량을 경험하고 비교할 수 있는 놀잇감을 제공한다.
- 일상생활에서 수에 관련된 어휘를 사용하거나 수 세어 보기, 일대일로 대응하는 모습을 보여 주어 영아가 자연스럽게 참여하도록 하고, 모든 놀이 상황에서 수를 세어 보거나 숫자에 대한 질문을 하면서 영아가 세어 보게 하지 않도록 유의한다.

② 공간과 도형에 관심 가지기

'공간과 도형에 관심 가지기'는 2세 영아가 자신을 중심으로 사물의 위치, 장소, 거리를 인식하는 것과 주변에서 매일 접하는 사물의 모양을 탐색하도록 하는 내용이다. 구체적으로 '공간과 도형에 관심 가지기'는 '나를 중심으로 익숙한 위치, 장소를 인식하는 것'과 '주변 사물의 모양에 관심을 가지는 것'으로 구성되어 있다. 이를 통해 영아가 자신의 움직임을 통한 사물의 위치, 장소, 방향의 변화에 관심을 갖고 자신과 사물, 사물과 사물의 방향, 거리를 지각하며 사물의 모양을 인식하는 능력을 증진하기 위함이다.

수준별 활동 예시

* 주변 사물의 모양에 관심 갖기

수준	활동개요	사진
1수준	이 벽돌블록을 넓게 늘어뜨리고 그 위에 다시 한번 쌓아 식탁 모양을 구성해 본다.	
2수준	벽돌블록을 세워 네모난 폐쇄공간을 만들어 아기침대를 구성해 본다.	

출처: 제3차 어린이집 표준보육과정 교사용 지침서.

프로교사 되기

- 영아가 자신의 몸을 움직이거나 스스로 사물을 움직여 자신과 사물, 사물과 사물의 위치, 방향, 거리를 경험하고 익숙한 공간에서 자신이 어디에 있는지 인식하도록 상호작용한다.

  예: "(영아가 미끄럼틀 앞으로 다가가면) ○○가 미끄럼틀 옆으로 왔네. 어디에 있다가 미끄럼틀 옆으로 왔니?" "(영아 가까이에 곰 인형을 놓으며) 곰 인형이 ○○와 가까워졌네. (곰 인형을 영아와 떨어뜨려 놓으며) 곰 인형이 ○○와 멀어졌네. ○○야, 곰 인형을 더 멀리 떨어뜨려 볼까?"
- 도형의 이름을 인식하고 자주 접하는 사물의 모양을 도형으로 표현하도록 상호작용한다.

  예: "(구슬 끼우기를 하는 영아에게) 동그란 구슬을 끈에 쏙 끼웠네. 다음에는 어떤 모양의 구슬을 끼울까?"

  "(간식 시간에 빵을 보며) ○○야, 빵은 어떤 모양일까? 그렇구나! 네모난 모양이구나!"
- 영아 스스로의 힘으로 이동 가능한 사물을 배치하고 영아가 익숙한 환경에서 사물을 원하는 위치와 방향으로 옮기도록 허용한다.
- 여러 가지 모양의 자연물을 씻고, 말리고, 안전하게 다듬어 놀잇감으로 활용한다.
- 영아가 언어로 표현한 공간과 도형에 대한 내용이 교사가 인식한 내용과 다르다 할지라도 수정해 주려 하기보다는 "○○는 그렇게 생각했구나!"라고 표현하여 영아가 공간과 모양에 대한 표현을 할 수 있도록 돕는다.

③ 차이에 관심 가지기

'차이에 관심 가지기'는 2세 영아가 일상생활 속에서 주변 사물에 관심을 갖고 사물의 크기, 길이, 무게 등의 차이를 탐색하도록 하는 내용이다. 구체적으로 '차이에 관심 가지기'는 '주변 사물의 크기(속성의 차이)에 관심을 가지는 것'으로 구성되어 있다. 이를 통해 영아가 두 가지 사물의 속성을 분명히 인식하고 비교하고 순서를 인식할 수 있는 능력을 증진하기 위함이다.

수준별 활동 예시

* 차이에 관심 가지기

수준	활동개요	사진
1수준	길게 잘라진 종이를 이어 붙여보면서 종이 길이의 길고 짧음을 살펴본다.	
2수준	공과 원통의 크기, 길이를 비교해 보고 원통형에 공을 굴러가게 해 본다.	

출처: 제3차 어린이집 표준보육과정 교사용 지침서.

프로교사 되기

- 영아가 사물을 충분히 탐색하여 사물의 속성을 분명히 인식한 후, 비교하기, 순서 인식하기와 관련된 상호작용을 시도한다.
  예: "(실외놀이터를 나가기 위해 신발을 꺼내어 살펴보는 영아에게) ㅇㅇ는 운동화를 신고 왔구나! ㅁㅁ도 운동화를 신고 왔구나! 누구의 운동화가 얼마나 큰지 대볼까?"
  "쌓기 컵이 있네. 쌓기 컵을 늘어뜨려 보았구나! 컵 속에 작은 컵을 넣어도 보았네. 그다음에는 어떤 컵을 넣어 볼까?"
- 영아가 실내외 놀이활동에서 접하는 다양한 사물의 크기, 길이, 무게를 비교해 보고 순서 짓도록 상호작용한다.
  예: "(두 개의 서로 다른 크기의 블록을 보고 있는 영아에게) 어떤 블록이 더 크니? 어떤 블록이 더 작니?"
  "(두 장의 서로 다른 크기의 나뭇잎을 보고 있는 영아에게) 나뭇잎을 가지고 있네. 어떤 나뭇잎이 더 크니? 어떤 나뭇잎이 더 작니? 지금 가지고 있는 나뭇잎보다 더 큰 나뭇잎을 찾아볼까?
- 영아가 놀이활동 속에서 물체를 비교해 볼 수 있도록 다양한 크기와 길이, 무게의 쌓기 컵, 블록, 자연물, 인형 등을 제시한다.
- 영아가 산책 나가기 위한 준비를 하거나 간식을 준비하고 먹을 때 등의 다양한 실외활동과 일상생활에서 사물의 속성을 비교할 수 있도록 한다.

- 영아가 자신의 물건, 신체를 친구와 비교해 볼 때 크거나 작은 것은 특징이며 크거나 작은 것이 좋고 나쁜 것과 연관되지 않음을 이야기한다. 또한, 아직 두 가지 정도의 사물을 비교해 보는 것이 적절한 연령인 영아에게 지나치게 많은 수량의 물건을 비교하고 순서 지어보도록 하지 않도록 유의한다.

출처: 제3차 어린이집 표준보육과정 교사용 지침서.

④ 단순한 규칙성에 관심 가지기

'단순한 규칙성에 관심 가지기'는 2세 영아가 벽지, 옷, 포장지, 그림 등에서 단순하게 반복되는 무늬, 색을 경험하고 동화, 동시, 노래, 율동에서 반복되는 어휘와 문장, 리듬, 동작을 인식하는 등 주변 생활용품이나 환경, 동화, 노래, 율동에서 단순한 규칙성을 경험하는 내용이다. 구체적으로 '단순한 규칙성에 관심 가지기'는 '주변에서 단순하게 반복되는 규칙성에 관심을 가지는 것'으로 구성되어 있다. 이를 통해 영아가 주변 환경의 단순한 규칙성에 관심을 갖고 이를 다양한 방법으로 표현해 보는 능력을 증진하기 위함이다.

수준별 활동 예시

* 단순한 규칙성에 관심 갖기

수준	활동개요	사진
1수준	교사가 친구 이름을 넣어 불러 주는 반복적인 음률과 리듬의 노래에 반응하면서 친구를 가리키는 동작을 규칙적으로 해 본다.	
2수준	친구와 함께 반복적인 음률, 리듬, 문장의 노래를 부르며 규칙 있는 동작과 역할을 경험한다.	

출처: 제3차 어린이집 표준보육과정 교사용 지침서.

- 영아가 그림책에서 반복적으로 나타나는 인물의 특정 동작이나 단어(의성어, 의태어 등), 문장을 탐색하도록 상호작용한다.

  예: "『두드려 보아요』 그림책을 보고 있구나! 선생님과 함께 볼까?('두드려 보아요.'가 나오면 함께 두드리는 동작을 하며) 두드려 보아요!"

"고슴도치가 여기서 무엇이라고 말할까? 그래, '누가 내 머리에 똥 쌌어'라고 하지!"

- 영아가 일상생활에서 자주 접하는 음악에서 반복되는 리듬, 멜로디, 노랫말에 관심을 갖도록 상호작용한다.

  예: "(노래 '겨울바람'을 '손이 시려워 꽁! 부터 겨울바람 때문에'까지 반복해서 불러 보며 꽁! 부분에 한 손을 치켜들고) 손이 시려워! 꽁! 발이 시려워! 꽁!"

  "('엄지 어디 있어' 노래를 부르며) 다음 손가락은 어떤 손가락으로 할까?"

- 보육실에 색, 모양이 반복적인 포인트 벽지, 벽면 구성 등을 배치하여 영아가 간단한 규칙성을 자연스럽게 느낄 수 있도록 한다.
- 실외놀이를 하거나 산책을 나갈 때 보도블록의 모양, 색에서 간단한 규칙성을 느낄 수 있도록 계획한다.
- 영아에게 규칙이 있는 부분을 알려 주기 위하여 그림책, 음악의 반복되는 부분만을 별도로 들려주거나 반복되는 부분을 교사가 직접 알려 주기보다는 영아가 자연스럽게 일상생활과 놀이를 하면서 스스로 알아가도록 활동을 계획한다.

⑤ 구분하기

'구분하기'는 2세 영아가 관심 있는 놀잇감이나 사물의 차이점을 인식하고 영아 나름의 한 가지 기준을 만들어, 같고 다른 것을 모으는 경험을 하는 내용이다. 구체적으로 '구분하기'는 '주변 사물의 같고 다름에 따라 구분하는 것'으로 구성되어 있다. 이를 통해 영아가 한 가지 속성을 기준으로 사물을 비교하고 순서 짓는 능력을 증진하기 위함이다.

수준별 활동 예시

* 주변 사물 구분하기

수준	활동개요	사진
1수준	보육실에 배치되어 있는 놀잇감의 사진을 보고 실물 놀잇감을 찾아 같은 놀잇감인지 구분해 본다.	
2수준	친구들의 낮잠 이불을 비슷한 것끼리 모아보고 친구 사진과 낮잠 이불 사진을 연결해 본다.	

출처: 제3차 어린이집 표준보육과정 교사용 지침서.

프로교사 되기

- 영아가 오감각을 다양하게 활용하여 놀잇감, 생활용품을 구분해 보도록 격려한다.

  예: "(토끼 먹이 주기 놀이를 하는 영아에게) 토끼에게 먹이를 주고 있구나! 어, 이쪽 토끼는 노랑 당근을 가지고 있네. 노랑 당근을 주어 볼까?"

  "(천의 촉감과 동물인형의 촉감을 연결시키는 놀이를 하는 영아에게) 토끼를 만져 보았구나! 토끼를 만져 보니 어떤 느낌이 드니? 토끼를 만졌을 때와 느낌이 비슷한 천을 찾아볼까?"
- 영아가 때에 따라 기준을 달리하는 것을 수용하고 새로운 기준을 만들도록 격려한다.

  예: "자동차를 바구니별로 모았네? 이쪽 바구니에 있는 자동차는 어떤 자동차야?"

  "어? 이쪽 바구니에도 파란 자동차와 빨강 자동차가 함께 모여 있고 저쪽 바구니에도 파란 자동차와 빨강 자동차가 함께 모여 있네. (영아의 이야기를 들은 후) 어머나! 창문이 있는 것과 없는 것으로 자동차를 모아 놓았구나! 재미있는 생각을 하였네."
- 영아가 일상생활에서 간단한 구분하기를 시도해 볼 수 있도록 교구장과 놀잇감 정리 바구니에 자리 표시를 하여 놀잇감을 구별하여 정리할 수 있도록 한다.
- 영아가 교사의 도움을 받아 자신의 개인 사물함에 양말, 모자 등을 넣음으로써 자신의 것과 다른 사람의 것을 구별하도록 한다.
- 영아가 자기 나름의 기준을 만들어 구분하도록 충분히 배려하고 교사가 기준을 지시적으로 제시하지 않도록 유의한다.

2) 2세 수학 활동계획 실행 및 평가

활동 1. 집을 찾아 주세요	
활동목표	• 다양한 놀잇감을 탐색하고 놀이해 본다. • 놀잇감 바구니와 교구장에 붙어 있는 사진을 보고 자리를 찾아 정리해 보는 습관을 기른다. **(자연탐구 〉 수량 지각하기 〉 주변 공간 탐색하기)**
활동자료	교실의 놀잇감, 바구니, 놀잇감 사진, 교구장
활동방법 (1, 2 수준)	1. 영아들과 함께 교실의 놀잇감을 탐색하며 놀이한다. – OO가 비행기 놀이를 하고 있구나. – 위윙~ 비행기가 어디로 가고 있니?

활동방법 (1, 2 수준)	– ○○는 동물원 놀이를 하고 있구나. – 우리 교실에는 여러 가지 놀잇감이 많이 있구나! 2. 놀이활동 후 영아와 함께 놀잇감과 같은 사진이 부착된 자리를 찾아 정리해 보도록 한다. – ○○야, 선생님과 함께 비행기를 정리해 볼까? – 이 비행기는 어디에 정리해야 할까? – ○○가 비행기 자리를 찾아볼 수 있겠니? – 와~ 비행기와 똑같은 그림이 있는 곳에 정리를 잘 해 주었구나. – 이 동물인형은 어디에 두어야 할까? – ○○가 동물인형 자리를 찾아볼 수 있겠니? – 와~ 똑같은 그림이 있는 곳에 잘 정리해 주었구나. 
평가 및 주의사항	• '요기 저기' 노래를 부르며 흥미 있게 놀잇감의 자리를 알아볼 수 있다. • '모두 제자리' 노래를 부르며 놀잇감을 제자리에 정리하는 활동을 반복해 볼 수 있다. • 매일 일과 중 여유 있는 정리정돈 시간과 놀이식 접근을 통하여 제자리에 정리정돈하는 습관을 기른다.

3 3~5세 유아를 위한 수학활동

2019년 교육부와 보건복지부에서는 유치원과 어린이집의 공통 교육과정인 '2019 개정 누리과정'을 수립하고 고시하였다. 이는 2020년 3월부터 유아교육기관에 적용된다. 개정 누리과정에서는 '유아 · 놀이 중심'의 공통 교육과정을 수립하고 5개 영역의 통합적인 이해가 요구되어지고 있다. 유아교육 현장에서 이를 이해하고 실천하는 데 도움을 주기 위해 「2019 누리과정 해설서」, 「2019 놀이실행자료「와 「2019 놀이이해자료」를 함께 발행하여 현장에 지원하고 있다.

'2019 개정 누리과정'의 자연탐구 영역의 목표를 살펴보면 '탐구하는 과정을 즐기고, 자연과 더불어 살아가는 태도를 가진다.'이며, 세부내용은 첫째, '일상에서 호기심을 가지고 탐구하는 과정을 즐긴다.' 둘째, '생활 속의 문제를 수학적, 과학적으로 탐구한다.' 셋째, '생명과 자연을 존중한다.'의 내용으로 구성되어 있다. 목표와 내용범주 및 내용은 다음과 같다.

1) 자연탐구 영역의 이해

목표: 탐구하는 과정을 즐기고, 자연과 더불어 살아가는 태도를 가진다.

1) 일상에서 호기심을 가지고 탐구하는 과정을 즐긴다.
2) 생활 속의 문제를 수학적, 과학적으로 탐구한다.
3) 생명과 자연을 존중한다.

내용범주	내용
탐구과정 즐기기	주변 세계와 자연에 대해 지속적으로 호기심을 가진다.
	궁금한 것을 탐구하는 과정에 즐겁게 참여한다.
	탐구과정에서 서로 다른 생각에 관심을 가진다.
생활 속에서 탐구하기	물체의 특성과 변화를 여러 가지 방법으로 탐색한다.
	물체를 세어 수량을 알아본다.
	물체의 위치와 방향, 모양을 알고 구별한다.
	일상에서 길이, 무게 등의 속성을 비교한다.
	주변에서 반복되는 규칙을 찾는다.
	일상에서 모은 자료를 기준에 따라 분류한다.
	도구와 기계에 대해 관심을 가진다.
자연과 더불어 살기	주변의 동식물에 관심을 가진다.
	생명과 자연환경을 소중히 여긴다.
	날씨와 계절의 변화를 생활과 관련짓는다.

(1) 생활 속에서 탐구하기(수학활동)

'생활 속에서 탐구하기'의 목표와 내용을 살펴보면 다음과 같다.

먼저 목표로는 '생활 속의 문제를 수학적, 과학적으로 탐구한다.'이다.

내용으로는 '물체의 특성과 변화를 여러 가지 방법으로 탐색한다.', '물체를 세어 수량을 알아본다.', '물체의 위치와 방향, 모양을 알고 구별한다.', '일상에서 길이, 무게 등의 속성을 비교한다.', '주변에서 반복되는 규칙을 찾는다.', '일상에서 모은 자료를 기준에 따라 분류한다.', '도구와 기계에 대해 관심을 가진다.'이다. 즉, 유아가 물체의 특성과 변화를 여러 가지 방법으로 탐색하고, 물체를 세어 수량을 알아보고, 물체의 위치와 방향 · 모양을 알고 구별하며, 길이와 무게 등의 속성을 비교하고, 반복되는 규칙을 찾아보고, 모은 자료들을 기준에 따라 분류하며, 도구와 기계에 관심을 가지고 생활 속의 문제를 다양하게 탐구하는 과정이다(교육부 · 보건복지부, 2019).

다음은 '2019 개정 누리과정의 자연탐구 영역' 중 수학과 관련된 '생활 속에서 탐구하기'에서 유아들의 경험의 실제를 바탕으로 내용의 이해를 발췌해 보았다.

내용 이해	유아 경험의 실제
물체의 특성과 변화를 여러 가지 방법으로 탐색한다. 유아가 주변에서 쉽게 발견할 수 있는 친숙한 물체나 물질의 크기, 모양, 색, 냄새, 소리, 질감과 같은 기본적 특성에 관심을 갖는 내용이다. 나아가 그 물체나 물질을 자르고 섞는 등 다양한 방법으로 변화시켜보며, 변화되는 특성과 변화되지 않는 특성이 무엇인지 탐색해 보는 내용이다.	우리밀 과자를 만드는 과정에서 유아들은 버터와 계란, 밀가루를 숟가락으로 휘저으며 놀라운 표정으로 말한다. "어? 이것 봐! 반죽이 점점 갈색으로 변하고 있어.", "색깔이 진하게 변한다.", "점점 찐득찐득해지고 있어.", "섞는 게 힘들어. 이제 네가 해 봐."
물체를 세어 수량을 알아본다. 유아가 일상에서 수에 관심을 가지고, 수량을 세어 많고 적음 및 수량의 변화를 알아보는 내용이다.	유아들이 모여 하고 싶은 놀이에 대해 자유롭게 이야기를 나누고 있다. 민지: 야, 우리 같이 놀자. 뭐 할까? 현우: 나는 술래잡기. 민지: 나는 꼬마야 줄넘기할래. 현우: 우리 손들어서 정하자. 술래잡기하고 싶은 사람 손! … 한 명, 두 명, 세 명. 그러면 줄넘기하고 싶은 사람 손! 민지: 똑같잖아. 술래잡기도 3명이고, 줄넘기도 3명이잖아.

내용 이해	유아 경험의 실제
물체의 위치와 방향, 모양을 알고 구별한다. 유아가 자신과 물체를 기준으로 앞, 뒤, 옆, 위, 아래 등 공간 안에서 위치와 방향을 알아가는 내용이다. 유아가 주변 환경에서 네모나 세모, 둥근 기둥, 상자 모양 등을 찾고 다양한 모양에서 공통점과 차이점을 알아가는 내용이다. **일상에서 길이, 무게 등의 속성을 비교한다.** 유아가 일상에서 길이나 무게 등 측정 가능한 속성을 알고, 이 속성을 기준으로 물체를 비교하여 순서 지어 보는 내용이다. 이 과정에서 유아는 자신의 신체를 비롯하여 다양한 물체를 활용하고, 다양한 비교 어휘를 사용하면서 순서를 지어보는 내용이다.	유아들이 숨바꼭질을 한다. 한 유아가 "선생님, 쉿! 나 여기 밑에 숨어 있다고 말하면 안 돼요."라고 말하곤 미끄럼틀을 올라가는 계단 아래쪽으로 들어가 숨는다. "내 앞에 계단이 있으니까 친구들에게 난 잘 안 들키겠지? 하하."라고 혼잣말을 하며 웃는다.  복도에서 5세 수진이가 3세 승우와 4세 민석이를 만난다. 수진이가 "내가 키 재 줄게. 너희 둘이 여기에 서 봐."라고 말한다. 승우와 민석이가 등을 마주 대고 서자 수진이는 "네가 좀 더 큰데. 내가 누가 무거운지도 봐 줄게." 하며 두 유아를 차례로 뒤에서 두 팔로 안고 들어 올린다. 수진이는 "너보다 얘가 좀 더 무거워." 하며 웃는다.

<table>
<tr><th>내용 이해</th><th>유아 경험의 실제</th></tr>
<tr><td>주변에서 반복되는 규칙을 찾는다.
유아가 생활 주변에서 사물이나 사건의 양상이 일정한 순서로 반복 배열되는 것에 관심을 갖고 즐기며, 반복되는 배열에 숨어 있는 질서와 규칙을 발견하여 다음에 올 것이 무엇인지를 예측하는 내용이다.

일상에서 모은 자료를 기준에 따라 분류한다.
유아가 일상생활에서 흥미와 관심에 따라 필요한 자료를 다양한 방법으로 모으고, 수집한 자료의 공통점과 차이점을 탐색하며, 이를 하나 또는 그 이상의 다양한 기준(예: 모양, 크기, 색깔 등)에 따라 정리하고 조직해 보는 내용이다.

도구와 기계에 대해 관심을 가진다.
유아가 일상생활에서 사용하는 다양한 도구와 기계에 관심을 가지고 직접 사용해 보면서, 도구와 기계가 우리의 생활에 어떠한 도움을 주는지에 대해 관심을 가지는 내용이다.</td><td>바깥 놀이터에서 유아가 친구들에게 "우리 이 열매 모으자. 개미는 이걸 좋아하거든." 하며 제안하자, 유아들이 "여기 많다."라고 말하며 바닥에 떨어진 작은 열매를 줍기 시작한다. 한 유아가 솔방울을 내밀자, "아니야. 솔방울은 너무 커. 좀 작은 게 필요해. 동그랗게 이거랑 똑같이 생긴 것만." 하고 말한다. 잠시 후 유아들이 주운 열매를 모으고, "이것 봐, 진짜 다 똑같은 열매다.", "그런데 여기 빨간 건 잘 익은 건가?", "내일 오면 개미가 빨갛게 익은 건 다 먹었겠지?"라고 말하며 빨간 열매와 초록 열매를 골라낸다.

유아들이 선생님과 함께 콩나물무침 요리를 하고 있다. 작은 절구를 보던 한 유아가 "와! 맷돌이다."라고 말하자, 다른 유아들이 "저건 콩콩 찧는 거야.", "맷돌이 아니고...?" 하며 선생님을 쳐다본다. 선생님은 "이건 절구인데."라고 말하자, 유아들이 "오늘 콩나물무침에 쓰려고요?" 하고 묻는다. 선생님은 "그래. 이걸로 깨소금을 만들어 볼까?"라고 말하며 절구 안에 깨를 넣는다.</td></tr>
</table>

2) 3~5세 수학활동

수학활동의 실제로는 수와 연산의 기초개념 알아보기, 공간과 도형의 기초개념 알아보기, 기초적인 측정하기, 규칙성 이해하기, 기초적인 자료 수집과 결과 나타내기 등을들 수 있다. 다음은 활동의 실제 예를 제시해 보았다. 단 2019 개정 누리과정에서는 3~5세 연령 통합과 더불어 수준별 활동내용이 삭제되었음을 알 수 있다.

<table>
<tr><th colspan="2">활동 1. 우리 교실에 있는 모양 친구들</th></tr>
<tr><td>활동목표</td><td>• 여러 가지 모양을 구분하고 분류해 본다.
• 우리 교실에 있는 다양한 모양을 찾아 분류해 본다.
(자연탐구 〉 수학적 탐구 〉 공간과 도형 개념 형성하기 〉 수량 지각하기)</td></tr>
<tr><td>활동자료</td><td>여러 가지 ○, ◇, △ 모양의 카드, 우리 교실에 있는 놀잇감, 사물의 사진카드, 모양판</td></tr>
<tr><td>활동방법</td><td>1. 모양이 붙은 모양카드를 보며 이야기 나눈다.
– ○○은 무슨 모양일까?
– 맞았어. 바로 ○○라고 해!
– 이것은 무슨 모양일까?
– 저것은 무슨 모양일까?
2. 유아가 다양한 방법으로 모양을 찾아볼 수 있도록 한다.
– 이번에는 우리 교실에서 같은 모양을 찾아볼 수 있겠니?
– 우와~ 우리 교실에 있는 시계가 ○○ 모양이구나!
3. 유아가 교실에서 모양을 찾아볼 수 있도록 한다.
– 이번에는 모양 판에 같은 모양끼리 분류해 볼 수 있겠니?
– 우와~ 우리 교실에는 ○○모양이 제일 많구나!
– 함께 세어 볼까?
</td></tr>
<tr><td>평가 및
주의사항</td><td>• 새로운 모양을 발견할 수 있도록 격려한다.
• 그림카드에 없는 것은 직접 그려서 분류해 볼 수 있도록 한다.
• 유아가 교실 환경에서 탐색할 수 있는 기회를 충분히 준다.</td></tr>
</table>

출처: 교육과학기술부 · 보건복지부 (2013). · 3-5세 · 연령별 · 누리과정 · 교사용 · 지침서.

활동 2. 자연물 분류하기	
활동목표	• 여러 가지 모양을 구분하고 분류해 본다. • 산책활동 시 들판에 있는 다양한 식물의 잎 모양을 관찰 수집해 보고 분류해 본다. **(자연탐구 〉 수학적 탐구 〉 공간과 도형 개념 형성하기 〉 수량 지각하기)**
활동자료	수집 바구니, 다양한 자연물의 잎, 모양 카드, 모조전지, 색연필 등
활동방법	1. 산책을 통하여 다양한 모양의 잎을 수집해 본다. (산책 전 사전 활동으로 이야기 나누기를 통하여 다양한 잎에 대해 이야기 나누고 관찰해 보도록 하며, 유의할 점에 대해서도 미리 이야기를 나누고 식물 보호에 주의를 기울인다.) 2. 다양한 모양이 붙여진 모양카드를 보며 우리가 수집해 온 잎의 모양과 유사한 것끼리 분류해 본다. 3. 수집해 온 잎의 크기에 따라 분류해 본다. 4. 작은 것부터 큰 순서대로 잎을 서열화해 본다. (큰 것부터 작은 순으로 반대로도 해 본다.) 5. 동일한 모양 잎과 다른 모양 잎을 패턴화해 본다. 6. 수집한 잎을 함께 세어 본다. – ○○은 무슨 모양일까? – 맞았어. 바로 ○○라고 해! – 이것은 무슨 모양일까? – 저것은 무슨 모양일까? (유아가 다양한 방법으로 모양을 찾아볼 수 있도록 한다.) – 이번에는 모양카드와 비슷한 한 모양끼리 나누어 볼 수 있겠니? – 우와~ 여러 가지 모양이 있구나! 동그란 모양, 세모 모양, 별 모양도 있네! – 이번에는 또 어떻게 나누어 볼 수 있을까?(유아들이 다양한 방법으로 분류아이디어를 내 보도록 한다.) – 이번에는 크기순으로 서열화를 해 볼까? – 이번에는 패턴놀이를 해 보도록 하자! 7. ~○○◆○○( )○○ 등으로 유아의 의견과 놀이를 해 볼 수 있다. – 이번에는 우리가 수집한 잎을 함께 세어 볼까? 
평가 및 주의사항	• 새로운 모양을 발견할 수 있도록 격려한다. • 그림카드에 없는 것은 유사한 쪽으로 분류해 볼 수 있도록 한다. • 유아 스스로 분류기준과 다양한 패턴을 만들어 볼 수 있도록 격려한다. • 여유 있게 시간을 안배하고 확장활동으로 조형놀이(베끼기, 찍기, 구성하기 등)로 연계할 수 있다.

출처: 교육과학기술부 · 보건복지부 (2013). · 3-5세 · 연령별 · 누리과정 · 교사용 · 지침서.

참고문헌

참고문헌

가영희 · 성낙돈 · 안병환 (2010). 교육학개론. 서울: 동문사.

교육과학기술부 (2013). 3-5세 누리교육과정 해설서. 교육부.

교육과학기술부 · 보건복지부 (2013). 3-5세 연령별 누리과정 교사용 지침서.

교육과학기술부 · 보건복지부 (2013). 3-5세 연령별 누리과정 해설서.

교육과학기술부 · 보건복지부 (2013). 3세 누리과정에 기초한 어린이집 프로그램.

교육과학기술부 · 보건복지부 (2013). 4세 누리과정에 기초한 어린이집 프로그램.

교육부 · 보건복지부 (2020). 2019 개정 누리과정. 교육부.

권영례 (2003). 유아수학교육. 경기: 양서원.

권영례 · 이순형 (2008). 유아수학교육. 서울: 한국방송통신대학교출판부.

김현자 · 서명원 · 박경난 · 박근주 (2008). 영유아 수과학교육의 이론과 실제. 서울: 창지사.

김희진 · 김언아 · 홍희란 (2004). 영아를 위한 프로그램의 이론과 실제. 서울: 창지사.

라정숙 (2012). 유아수학교육. 서울: 문음사.

문연심 (2009). 통합적 접근에 기초한 영유아 수학교육. 경기: 양서원.

보건복지부 (2012). 5세 누리과정에 기초한 어린이집 프로그램.

보건복지부 (2013). 어린이집 표준보육과정에 기초한 0-2세 영아보육프로그램.

보건복지부 (2013). 제3차 어린이집 표준보육과정.

보건복지부 (2013). 제3차 어린이집 표준보육과정 교사용 지침서.

서동미 · 윤은미 · 문주형 (2005). 유아의 수 세기능력과 수 세기에 대한 인식. 유아교육학논집, 9(2), 169-187.

신현옥 · 김동춘 · 이수경 · 김영숙 · 류칠선 (2004). 유아를 위한 수학교육. 서울: 교문사.

안경숙 · 김소향 (2015). 영유아 수학교육. 경기: 양서원.

임성애 (2009). 영유아 놀이와 교육. 경기: 교문사.

원경미 (2005). 요리활동을 통한 유아의 언어 양상에 관한 연구. 단국대학교 석사학위논문.

이경우 · 홍혜경 · 신은수 · 진명희 (2000). 유아 수학교육의 이론과 실제. 서울: 창지사.

이숙 · 문혁준 · 강희경 · 공인숙 · 김정희 · 심희옥 · 안선희 · 안효진 · 이미정 · 이희경 · 천희영 · 한미현 (2013). 인간행동과 사회환경(개정). 서울: 창지사.

이숙재 (2008). 유아를 위한 놀이의 이론과 실제. 서울: 창지사.

이순형 · 권혜진 · 민하영 · 권기남 · 최나야 · 김지현 · 민미희 · 조우미 (2015). **영유아 수학지도**. 경기: 교문사.

이화도 (2009). **유아인지발달**. 서울: 창지사.

장영희 (1999). **영아교육과정**. 경기: 양서원.

정희영 · 이성복 · 김성원 · 윤선화 · 김정희 · 김선아 · 방승미 (2014). **유아발달**. 경기: 파워북.

천혜경 (2009). 영아 수학적 탐색활동 프로그램 개발 및 효과. 전남대학교 대학원 박사학위논문.

천혜경 · 홍혜경 (2009). 영아의 수학적 탐색활동 실태 및 교사의 인식조사. **유아교육연구**, 29(5), 65-93.

천혜경 · 홍혜경 (2009). 영아 수학적 탐색활동 프로그램 개발 및 효과: 만 2세 영아를 중심으로. **유아교육학논집**, 13(4), 137-162.

한유미 (2009). **유아수학교육**(개정). 서울: 창지사.

한유미 (2013). **유아수학교육**(개정증보). 서울: 창지사.

홍혜경 (2010). **영유아를 위한 수학교육**. 경기: 공동체.

홍혜경 (2005). **유아 수학능력 발달과 교육**. 경기: 양서원.

홍혜경 (2007). 유아의 기하도형 합성과 분할의 발달적 수준. **유아교육연구**, 27(6), 165-185.

홍혜경 (2010). **영유아를 위한 수학교육**. 경기: 공동체.

황의명 · 조형숙 · 서동미 (2014). **유아수학교육**. 경기: 정민사.

Baroody, A. J. (1987). *Children's mathematical thinking: A developmental framework for preschool, primary, and special education teachers*. New York: Teachers College press.

Baroody, A. J. (2000). Does mathematics instruction for three to five year olds really make sense?. *Young Children*, *55*(4), 61-76.

Charlesworth, R. (2000). *Experiences in math for young children* (4th ed.).

Clarlesworth, R., & Lind, K. (2009). *Math education for young children*. Cengage Learning.

Clements, D. H., & Sarama, J. (2000). Young children's ideas about geometric shapes. *Teaching Children Mathematics*, *6*(8), 482-488.

Clements, D. H., & Sarama, J. (2002). The role of technology in early childhood learning. *Teaching Children Mathematics*, *8*(6), 340-343.

Copple, C., & Bredkamp, S. (2009). *Developmentally appropriate practice*. National Association for Early Young Children.

Emerson, M. J., & Miyake, A. (2003). The role of inner speech in task switching: A dual-task investigation. *Journal of Memory and Language*, *48*, 148-168.

Fuson, K. C. (1988). *Children's counting and concepts for number.* New Yrok: Springer-Verlag.

Fuson, K. C. (1990). Conceptual structures for multiunit numbers: Implications for learning and teaching multidigit, addition, subtraction, and place value. *Cognition and Instruction, 7*, 343-403.

Fuson, K. C., & Kwon, Y. (1992a). Korean children's single-digit addition and subtraction: Numbers structured by ten. *Journal for Research in Mathematics Education, 23*, 148-165.

Fuson, K. C., & Kwon, Y. (1992b). Korean children's understanding of multidigit addition and subtraction. *Child Development, 63*, 491-506.

Galliste, C. R., & Gelman, R. (1992). Preverbal and verbal counting and computation. *Cognition, 44*, 43-74.

Gardner, H. (2006). *Multiple intelligences: New horizons in theory and practice.* Basic Books.

Geary, D. (1995). *Children's mathematical development: Research and practical applications.* American Psychological Association Press.

Geist, E. (2008). *Children are born mathematicians-supporting mathematical development, Birth to age 8.* Pearson : NJ.

Ginsburg, H. P. (1989). *Children's arithmetic: How they learn it and how you teach it* (2nd ed.). Austin, TX: PRO-ED.

Johnson, J. E., Christie, J. F., & Wardle, F. (2005). *Play, development and early education.* Boston: Allyn and Bacon.

Kamii, C. (1988). *Number in preschool and kindergarten: Educational implications of Piaget's theory.* National Association for the Education of Young Children. Washington, D. C.

Kirova, A., & Bhargava, A. (2002). Learning to guide preschool children's mathematical understanding: A teacher's professional growth. *Early Childhood Research & Practice, 4*(1), 1-19.

NAEYC (2006, 2013). NAEYC academy for early childhood program accreditation ⟨on line available⟩. http://www.naeyc.org/academy/standards.

NAEYC (2007). *NAEYC early childhood program standards and accreditation criteria: the mark of quality in early childhood education.* Washington, DC: NAEYC.

National Council of Teachers of Mathematics (2000). *Principles and Standards for School Mathematics.* Reston, VA: Author.

Piaget, J. (1964). Development and learning. In R. E. Ripple a & V. N. Rockcastle (Eds.), *Piaget rediscovered: a report on the conference of cognitive studies and curriculum development* (pp. 7-20). Ithaca, NY: Cornell University.

Piaget, J. (1965). *The child's conception of number*. New York: Norton.

Sarama, J., & Clements, D. H. (2006). Mathematics in kindergarten. *Young Children*, *61*(5), 38-41.

Seedfelt, C., & Galper, A. (2010). 활동중심의 유아수학교육. 오은순 외 5인(공역). 서울: 창지사. (원저 2008 출판)

Seedfelt, C., Galper, A., & Stevenson-Gracia, J. (2012). *Active experiences for active children: Mathematics*. Pearson Education, Inc.

Shaw, J., & Blake, S. (1998). *Mathematics for young children*. Columbus, OH: Merrill.

Shilling, W. A. (2002). Mathematics, music, and movement: Exploring concepts and connections. *Early Childhood Education Journal*, *29*(3), 179-184.

Siegler, R. S. (1991). In young children's counting, procedures precede principles. *Educational Psychology Review*, *3*, 127-135.

Smith, S. P. (1997). *Early childhood mathematics*. Needham Heights, MA: Allyn and Bacon. Stamford, CT: Delmar Thomson Learning.

Starkey, P., & Cooper, R. R., Jr. (1980). Perception of numbers by human infants. *Science*, *210*, 1033-1035.

Wynn, K. (1992a). Addition and subtraction by human infants. *Nature*, *358*, 749-750.

Wynn, K. (1992b). Children's acquistion of the number words and counting system. *Cognitive Psychology*, *24*, 220-251.

저자 소개

서소정 경희대학교 아동가족학과 교수
문혁준 가톨릭대학교 아동학전공 교수
김정희 총신대학교 유아교육과 교수
부성숙 경기대학교 유아교육과 교수
신희이 부천대학교 유아교육과 교수
강인숙 부천대학교 유아교육과 강사
김민석 전) 부천대학교 유아교육과 교수

제3판)

아동수학지도

초 판 1쇄 발행 2016년 9월 5일
초 판 2쇄 발행 2017년 7월 10일
개 정 2쇄 발행 2019년 8월 22일
제3판 3쇄 발행 2023년 1월 16일

지 은 이 | 서소정 · 문혁준 · 김정희 · 부성숙 · 신희이 · 강인숙 · 김민석
펴 낸 이 | 김기섭
편 집 인 | 김지연 · 이혜란
펴 낸 곳 | 창지사 www.changjisa.com
08589 서울시 금천구 가산디지털 1로 83 파트너스타워 1차 9층
전화 (02)719-2211~3
팩스 (02)701-9386
등 록 | 1977년 4월 28일 · 제1-421호

ISBN 978-89-426-1320-5 (93370)

값 19,000원